HEYNE

Christoph Sonntag, geb. 1962 in Waiblingen, ist seit über 25 Jahren zu Gast auf deutschen Bühnen und zählt zu den bekanntesten Kabarettisten im Land. Der Durchbruch gelang ihm mit seinem Programm »AZNZ – Alte Zeiten Neue Zeiten«. Er ist regelmäßig auf SWR3 zu hören und hat bereits mehrere Bücher veröffentlicht, u.a. *Schwäbisch für Anfänger* im Langenscheidt Verlag.

Christoph Sonntag

So, jetzt wär des au g'schwätzt

Warum man uns Schwaben
gerne mal gernhaben kann

WILHELM HEYNE VERLAG
MÜNCHEN

MIX
Papier aus verantwortungsvollen Quellen
FSC® C014496
FSC
www.fsc.org

Verlagsgruppe Random House FSC® N001967
Das für dieses Buch verwendete
FSC®-zertifizierte Papier *Holmen Book Cream*
liefert Holmen Paper, Hallstavik, Schweden.

Originalausgabe 1/2015

3. Auflage

Printed in Germany
Redaktion: Johann Lankes, München
Umschlaggestaltung und Motiv:
Hauptmann & Kompanie Werbeagentur, Zürich,
unter Verwendung eines Fotos von Markus Palmer
Satz: Buch-Werkstatt GmbH, Bad Aibling
Druck und Bindung: GGP Media GmbH, Pößneck

ISBN: 978-3-453-60334-9

www.heyne.de

Für Oscar

Inhalt

Einleitung

Zugegeben, das ist eine wirklich gute Frage: Warum sollte man uns Schwaben gerne mal gernhaben können? Oder sollen? Viele mögen uns ja schon! Oder, sagen wir so: das, was wir liefern. Wer etwas auf sich zählt, wirtschaftlichen Erfolg hat und frische Luft mag, jagt gerne im offenen Porsche 911er Cabrio 4S durch die Gegend. Andere lieben die gediegenen, gepflegten Limousinen von Daimler. Dritte schätzen uns für unsere stabile Arbeitsmarktlage, die hohen Löhne, die bei uns bezahlt werden, und den hohen Lebenswert, den unser Ländle bietet. Die einen gehen gern im herrlichen Bodensee baden oder wandern auf der Schwäbischen Alb über das Biosphärengebiet. Die anderen lieben die pulsierende, wach geküsste Metropolenprinzessin Stuttgart.

Wenn aber ein »Außerschwäbischer« gefragt wird, wie er es denn mit den Schwaben hält, verzieht er vorsichtshalber die Augenbraue. Es ist einfach schick, zu uns eine gewisse Distanz zu wahren. Wer die Schwaben mag oder ihren Dialekt schätzt, hat Angst, dass er sich damit als Liebhaber der Provinzialität outet. Mein Professor in Freising an der TU München im Studiengang Landschaftsplanung hat sich immer einen Spaß gemacht, bei der Vorlesung auf eine Wortmeldung von mir mit einem klischeehaften Schwabenwitz zu antworten. Also habe ich nach dem fünften Semester an der TU in Berlin weiterstudiert. Dort geschah Folgendes: In einer Projektgruppe mussten wir eine planerische Studienarbeit über zwei Semester hinweg erledigen. Als es darum ging, diese Arbeit im Plenum dem Professor vorzustellen, wählte die Projektgruppe einstimmig mich als Protagonisten aus. Ich war darüber sehr erstaunt und fragte meine Kommilitonen überrascht, was denn in Dreiteufels Namen ausgerechnet mich für diese Aufgabe auszeichne. Daraufhin ergriff eine aus Hannover stammende Mitstudentin das Wort und sagte: »Weißt du, Christoph, mit meinem Reinlaut ist alles, was ich sage, wie in Stein gemeißelt. Der Professor wird uns darauf festnageln, und es gibt keinen Ausweg mehr. Wenn aber du das machst, sagst du: ›... mir hamm des a bissle so rum geplant, und no hemmor halt denkt, es wär gscheit, wemmor dann den Weg so rum legt, weil dann do a bissle mehr Platz für den Spielplatz isch ...‹, dann bekommt unsere ganze, konkrete Planung plötzlich etwas Spielerisches, was man jederzeit wieder ohne Gesichtsverlust zurücknehmen kann. Diese Aufgabe kannst nur du für uns machen!«

Ich musste tatsächlich 24 Jahre alt werden, um erleben zu dürfen, dass man meinem Dialekt etwas Positives abgewinnen kann. Ich habe damals diese Herausforderung angenommen. Am Ende meines Vortrages sagte der Professor zu mir: »Sie haben das alles schon sehr konkret geplant! Aber, im richtigen Leben müssen Sie so etwas einem Gemeinderat vorstellen, der fühlt sich dann überrannt und wird Ihnen das um die Ohren hauen! Das ist, wie wenn der in eine Gaststätte geht und nicht weiß, was er da zum Essen vor sich stehen hat!«

Daraufhin hielt ich unsere schriftliche Erklärung zur Planung in die Luft und antwortete: »Deshalb hemmor ja dem Gemeinderat hier no a Speisekarte gschriebe!«

Selbst der Professor musste lachen und gab uns für die Arbeit eine glatte Eins. Um ehrlich zu sein, es war vielmehr eine Eins bis Vier; egal, wir hatten den Schein.

Ich spielte damals schon als Kabarettist regelmäßig in allen großen Städten, vornehmlich vor kleinem Publikum. So auch im legendären »Senftöpfchen« zu Köln. Dort wurde Alfred Biolek, damals absoluter Topstar und Frontmann der ARD, auf mich und meine Kunst aufmerksam. Er lud mich zum Gespräch ein und wollte mir wirklich helfen. Bei der interessanten Unterhaltung sagte er mir Folgendes: »Du musst allerdings damit beginnen, hochdeutsch zu arbeiten. Ich kann dich nur dann mit ins Fernsehen holen, wenn du anständig sprichst; Schwäbisch hat leider keine Zukunft!«

Ich kann heute noch das Gefühl wachrufen, mit dem ich damals von Köln zurück nach Berlin gefahren bin. Ich fühlte mich mit einem Geburtsmakel behaftet und beschloss, ihn auszumerzen, und bin damit in die Schwabenfalle getappt: Ich habe ab sofort Hochdeutsch gesprochen. Oder eben das, was wir Schwaben für Hochdeutsch, die Berliner jedoch immer noch für tiefstes Schwäbisch halten. Dazu meldete ich mich bei der Sprecherziehung an und lernte in vielen mühevollen »Abraham-saß-nah-am Abhang«-Unterrichtsstunden, die schwäbische Farbe aus meiner Sprache zu verbannen. Und mit jeder Stunde, die ich dazu nehmen musste, fühlte ich mich mehr als Verräter: Diese Dialektsprache war einfach ein Teil von mir, und ich spürte immer mehr, dass ich nicht bereit war, sie abzulegen. Genauso wenig wie ich bereit gewesen wäre, mir den linken Arm abzuhacken, bloß weil das dann in Deutschland besser ankommt.

Dann hakte ich lieber mein Studium mit dem Ablegen der Diplomarbeit ab, zog zurück nach Waiblingen bei Stuttgart, fand wieder zu meinem Dialekt zurück und ließ mich vom Erfolg überrennen. Gut, es kennt mich heute nicht jeder in Mecklenburg-Vorpommern, aber fast jeder in Stuttgart. Und ich frage Sie: Was ist schöner?

Ich habe mich dem Schwabenland verschrieben, weil es mich von sich aus nie losgelassen hat. Ich bin dazu verdammt, es zu lieben, seit ich mich ihm ausnahmslos an den Hals geworfen habe. Und ich mache es gerne, denn die Liebe wird zunehmend erwidert. Auf diesem Weg möchte ich Sie gerne durch dieses Buch mitnehmen. Vielleicht mögen Sie uns Schwaben ja am Ende der Lektüre ein bisschen lieber? Dann hätte das Buch schon seinen Zweck erfüllt. Vielleicht schauen Sie danach auch nur etwas anders auf uns und verstehen Ihre Abneigung gegen uns besser? Auch damit wären wir schon zufrieden. Denn wir Schwaben sind ja, wie man weiß, genügsam. Ons langt scho ganz wenig!

Viel Spaß beim Lesen!

Ihr Christoph Sonntag

Der Schwabe und die Erotik

Bei der Überlegung, wie ich dieses Buch anpacken, schreiben und sortieren soll, fiel die Entscheidung: Ich beginne einfach mit dem Schönsten, was das Leben zu bieten hat – der Erotik. Und schiebe im Folgekapitel das Zweitschönste nach: das Essen. Viele von Ihnen werden die Nase rümpfen und sagen: Schwabe und Erotik? Das hört sich doch an wie Reiner Calmund und Magersucht oder wie Wladimir Putin und sexuelle Vielfalt. Leider kann ich Ihnen bereits im ersten Kapitel dieses Buches nicht voll widersprechen; jahrhundertelang hat der Schwabe bei der Partnerwahl nämlich romantische Gefühle hintangestellt – Werte wie Grundbesitz, ein Eigenheim oder zumindest ein zuteilungsreifer Bausparvertrag waren da schon eher primäre Punkte, die bei der Suche nach dem passenden Partner im Vordergrund standen und selbigen in ein romantisches Licht tauchen konnten. Esoterisch ausgedrückt: Eine dicke Geldbörse versetzt den Besitzer in monetäre Schwingung, und die kommt beim Gegenüber als Sex-Appeal und Attraktivität an.

Auch will der Schwabe bei der entscheidenden Frage gerne auf Nummer sicher gehen und formuliert einen Heiratsantrag daher oft sehr vorausschauend: »Dädsch du mi eventwell möga, wenn i di au möga däd?«

Bei derlei rational gesteuerten Annäherungsversuchen

fällt es natürlich schwer, sich den Schwaben im Bereich der Körperlichkeit als feurigen Liebhaber vorzustellen. Und in der Tat: Die Kombination Schwabe und Erotik geht auf den ersten Blick so wenig zusammen wie Sigmar Gabriel und ein Volkshochschulen F-Kurs im »Ausdruckstanz«.

Allerdings scheint es ja doch irgendwie mit der Fortpflanzung zu klappen, denn mit 1,36 Kindern pro Paar (Frage: Wer bekommt bei einer Trennung eigentlich die 0,36 Kinder und wie viel zahlt man laut Düsseldorfer Tabelle so einem Drittels-Balg an Unterhalt?) liegt das Ländle genau im bundesdeutschen Schnitt. Spitzenreiter hier ist übrigens Sachsen mit 1,48 Kindern – verständlich, dass man dort umgehend vom Reden zum Tun kommt, denn zu lange Gespräche im sächsischen Dialekt könnten sicher jede erotische Stimmung im Handumdrehen zerstören.

Wir sehen: Ihrer Pflicht zur Arterhaltung kommen die Schwaben ebenso mehr schlecht als recht nach wie der Rest der Deutschen; ob dies aber auf besonders befriedigende Weise geschieht, das sei mal dahingestellt.

Hier soll es nun also eher um das »Wie« gehen. Auch im Bereich der Liebe hat die Sozialisation durch den Pietismus, über den ich in diesem Buch noch reden werde, natürlich ihre Spuren hinterlassen, denn neben der Arbeit und der Gottgefälligkeit hatten wilde amouröse Vergnügungen bei uns wenig Platz. Und noch heute lebt mancher Schwabe im Spannungsfeld zwischen Erregung und Disziplin, was das erotische Vergnügen angeht.

Auch im Bereich der ehelichen Treue sind die Wurzeln des Pietismus nicht zu verleugnen, denn der Schwabe tut sich hier schwer, aus den vorgegebenen Mustern auszubrechen. Auf die Frage nach Seitensprüngen antwortet er gern: »Oh, wenn no's schlechte Gwissa net wär.«

Mancher findet aber doch einen Weg, Gewissen und Lustgewinn in Einklang zu bringen: »Meiner Frau bleib i treu – und mit de andere wechsle halt so ab.«

Allzu routiniert scheint der Schwabe aber nicht zu sein, wenn es ums Verbergen von außerehelichen Affären geht: Beide liegen im Bett, als plötzlich das Telefon klingelt. Sie nimmt den Hörer ab und sagt: »Isch in Ordnung, ade.«

»Wer war denn des?«, fragt der Liebhaber.

»Des war mein Mann. Er hot gsagt, er käm später, weil er mit dir no a Viertele trinkt.«

Auch statistisch lässt sich nachweisen, dass der Schwabe im Bereich des Fremdgehens eher zurückhaltend agiert. In der Rangliste der Bundesländer liegt er mit Rheinland-Pfalz und Bremen an vorletzter Stelle. Spitzenreiter ist Brandenburg – klar, was soll man dort abends auch sonst noch groß anderes machen?

Schwabe und Sex – eine Welt voller Widersprüche. Das sieht man allein an der Kleidung. Schon der berühmte Kittelschurz, den die schwäbische Hausfrau früher anscheinend nur beim Zubettgehen ablegte – und vielleicht nicht einmal da – stellt ja ein höchst unerotisches Kleidungsstück dar, das jegliche körperlichen Vorzüge der Frau verbirgt. Man könnte sich vorstellen, dass sich die fanatischen Islamisten bei der Erfindung der Burka am Kittelschurz orientiert und diesen dann weiterentwickelt haben.

Auch über das »Darunter« gibt es viele böse Witze – so wie die Frage, warum schwäbische Frauen keine Stringtangas tragen. Weil man die später nicht noch jahrelang als Putzlappen weiterbenutzen kann! Einzige denkbare Folgenutzung: Zahnseide!

Auf der anderen Seite waren es zwei Schwaben, welche im 19. Jahrhundert im kleinen Ort Heubach eine Firma gründeten, die heute vor allem für verführerische Unterwäsche steht: Triumph. Der Kaufmann Michael Braun und der Korsettmacher Johann Gottfried Spießhofer eröffneten 1886 dort eine Korsettmanufaktur. Anfangs ging es natürlich eher um das Verhüllen, Wärmen und Schützen, aber schon bald wurden die ersten Dessous entwickelt.

Zwischen Kittelschurz und Strapse – das beschreibt das Spannungsfeld ganz gut, in dem sich der Schwabe erotisch bewegt!

Auch in der schwäbischen Geschichte finden sich durchaus einige Schwerenöter, die sich gern den fleischlichen Genüssen hingegeben haben. So soll Herzog Carl Eugen von Württemberg (1728–1793) es gar so wild getrieben haben, dass die Zahl seiner Nachkommen völlig unüberschaubar gewesen sein soll. Und da er sein Erbgut so nachhaltig verstreut hat, müsste es ja auch irgendwo noch in der schwäbischen Gesellschaft vorhanden sein!

Friedrich Schiller war ebenfalls dem weiblichen Geschlecht ganz und gar nicht abgeneigt, und selbst die baden-württembergischen Ministerpräsidenten haben sich immer bemüht, dem Land Kinder zu schenken. Überraschend allerdings, dass die meisten Kinder ausgerechnet Erwin Teufel in die Welt setzte – ein Mann, der die hocherotische Ausstrahlung einer Nasenscheidewand-OP versprüht!

Sein Vorgänger Lothar Späth trennte sich übrigens nach 51 Ehejahren von seiner Frau. Dazu passt der Witz vom

Ehepaar, beide fast 100, die sich scheiden lassen wollen. Der Scheidungsrichter fragt fassungslos: »Ja, warum wollen Sie denn jetzt noch auseinandergehen?« Antworten die beiden unisono: »Mir henn halt gwartet, bis die Kender nehme lebet!«

Manchmal gibt es auch den etwas plumpen Versuch, schwäbische Eigenheiten mit Erotik zu verknüpfen, um ein Geschäft daraus zu machen. So wurde 2009 in Fellbach bei Stuttgart ein sogenanntes Flatrate-Bordell eröffnet. Für 100 Euro sollten die Freier so oft und so lange, bis halt, na ja. Als ich das erste Mal davon gehört habe, hab ich mir spontan einen dicken schwitzigen Mann im All-inklusive-Restaurant vorgestellt, wie er sich am Büfett fünf Wiener Schnitzel auf den Teller lädt und doch schon beim ersten schlapp macht.

Inzwischen ist das Projekt allerdings gescheitert: Es hatten sich Bürgerinitiativen gebildet, und schließlich war dieses Geschäftsmodell auch den Behörden mehr als suspekt. Die Betreiber wurden verhaftet, vor Gericht gestellt und wegen Zuhälterei und weiterer Delikte zu Haftstrafen verurteilt.

Und doch: Manchmal obsiegt beim Schwaben auch heute noch die Aussicht auf einen finanziellen Vorteil über die Lust. Wie bei Frieder S., der nach einem harten Arbeitstag an der Bar sitzt und sich einen Drink genehmigt, einen kuhwarmen Trollinger, als diese wunderschöne und sexy junge Frau hereinkommt. Sie sieht so gut aus, dass Frieder sie nicht aus den Augen lässt und sie mit seinen Blicken verschlingt.

Die Frau bemerkt dies auch gleich und geht direkt zu ihm hin. Noch bevor sich Frieder für sein aufdringliches Benehmen entschuldigen kann, sagt die Frau: »Ich tue alles, absolut alles, was du von mir verlangst, ganz egal, wie ausgefallen deine erotischen Wünsche sind, für 100 Euro und unter einer Bedingung.«

Überrascht fragt der Frieder: »Was wär des no fir a Bedingung?«

Die Frau antwortet unumwunden: »Du musst das, was du von mir wünschst, in nur drei Worten sagen.« Frieder überlegt für einen Moment, holt seine Brieftasche heraus, blättert langsam zwei 50 Euroscheine auf den Tisch und gibt sie der Frau. Dann schaut er tief in ihre Augen und sagt mit sonorer, warmer Stimme: »Streich – mei – Haus!«

Nun sollen einige Beispiele aber noch zeigen, dass der Schwabe inzwischen durchaus auf einem guten Weg ist, die traditionelle Verklemmtheit der Vergangenheit abzulegen, und sich auch einfach mal fallen lassen kann. In Stuttgarter Clubs und Discos und auf den Volksfesten geht es mittlerweile nicht minder zur Sache als in anderen Metropolen. Darüber hinaus gibt es im Ländle noch ein paar besonders interessante Einfälle in Sachen erotisches Vergnügen.

So existiert ein Schiff mit dem sinnigen Namen *MS Schwaben,* welches normalerweise entspannte Fahrten für Rentner und Familien über den Bodensee anbietet. Zweimal im Jahr allerdings verwandelt es sich in einen schippernden Swingerklub. Einmal spricht es dabei sogar Freunde der härteren Gangart aus dem SM-Bereich an und sticht dann als »Torture ship« in See – ob es an diesem Tag dann in »SM Schwaben« umgetauft wird, ist allerdings nicht bekannt.

Inzwischen haben sich allerdings auch hier kritische Geister zu Wort gemeldet, die das schwäbische Love-Boat allzu unzüchtig finden. Dabei passt die ganze Sache doch gut nach Konstanz, welches schon früh bewiesen hat, gar keine so lustfeindliche Stadt zu sein. Während des Konstanzer Konzils vor 600 Jahren diskutierten zahlreiche Kirchenvertreter nicht nur über den Kurs der Kirche, sondern waren daneben wohl auch durchaus dankbar über Ablenkung der anderen Art, denn über 700 Prostituierte sollen sich damals in der Stadt aufgehalten haben – notiert wurde das übrigens vom offiziellen Konzilschreiber. Das heißt, wenigstens einer hatte damals abends Zeit zum Arbeiten.

Noch heute erinnert die neun Meter hohe Statue der »Imperia« am Konstanzer Hafen an die Damen, die damals für die horizontale Unterhaltung der Kirchenmänner sorgten. Passenderweise wurde diese Statue vor 20 Jahren übrigens von den Bodensee-Schiffsbetrieben initiiert. Dann passt das ja auch wieder zur *MS Schwaben.*

Der künstlerische Schöpfer der »Imperia«, Peter Lenk, ist übrigens einer, der bundesweit erotische Diskussionen auslöst. Er hat das Kunstwerk »Friede sei mit Dir!« geschaffen, das den *Bild*-Chefredakteur Kai Diekmann darstellt mit einem fünfstöckigen Penis. Das Kunstwerk ziert die Ostfassade des Rudi-Dutschke-Hauses in Berlin, den Redaktionssitz der linksalternativen Tageszeitung *taz.* Damit sollte eigentlich die in Sichtweite liegende Redaktion der *Bild*-Zeitung provoziert werden, groteskerweise gab es aber vor allem Ärger mit den emanzipierten Damen der *taz,* die nicht frühmorgens unter einem übermächtigen Penis das Verlagshaus betreten wollten, was wiederum genüssliche wochenlange Berichterstattung der *Bild* nach sich zog. Ironie der Geschichte halt! Jedenfalls hat sich Peter Lenk mit diesem Kunstwerk bundesweite Aufmerksamkeit verschafft.

Sogar einer eher biederen Transportmöglichkeit wie der Bahn kann schwäbischer Einfallsreichtum noch etwas in Sachen Erotik abgewinnen. Assoziiert man diese Art der Fortbewegung doch eher mit nervigen Wartezeiten, engen Abteilen und überdrehten Kegelvereinen, so fährt ab und an von Stuttgart aus ein ganz besonderer Zug, der dem Begriff Verkehrsmittel eine ganz neue Bedeutung verleiht.

Der »unverschämte Zug« bietet neben einigen Party-Waggons zum Abfeiern auch Möglichkeiten, sich diskret zurückzuziehen und noch intensiver zu vergnügen. Ob irgendwann auch der freundliche Brezelverkäufer zusteigt, konnte ich bei meinen Recherchen allerdings nicht herausfinden. Solche Möglichkeiten können ja dabei helfen, etwas mehr Schwung in das eingeschlafene Liebesleben einer langjährigen Ehe zu bringen. Immer noch günstiger, als einen teuren und langwierigen Scheidungsprozess durchzustehen!

Manchmal allerdings hilft auch das Schicksal weiter: Auf der Schwäbischen Alb wird die Bäuerin vom Pferd getötet. Bei der Beerdigung kondolieren alle Einwohner des Dorfes, wobei die Männer immer besonders lang beim Bauer stehen bleiben und der Witwer jedes Mal energisch den Kopf schüttelt.

Der Pfarrer geht davon aus, dass jeder den Witwer danach fragt, ob man ihm irgendwie helfen könnte. Also fragt er ihn ebenfalls: »Kann dann wenigstens i äbbes für Sie tun?«

»Noi danke. Des isch aber nätt, weil Sie senn bis jetzt der oinzigschde, wo mi des frogt!«

»Warum haben Sie denn dann bei jedem, der Ihnen kondoliert hat, den Kopf geschüttelt?«, fragt der Pfarrer verwirrt.

»Ach so! Dia henn älle gfragt, ob se den Gaul kaufe könnet, der mei Weib hedabbt hodd!«

»Ha«, empört sich da der Pfarrer, »da henn die Männer Ihne aber ein erbärmliches, pietätloses Schauspiel bote!« – »Noi«, entgegnet der Witwer, »für des gscheite Pferdle oifach z'wenig Geld!«

Die schwäbische Küche

Wenn ich an schwäbische Küche denke, fällt mir unweigerlich meine Oma Hermine ein. Diese lebte in Waiblingen in einem großen Haus. Sie führte zusammen mit ihrem Mann, meinem Opa Oskar Kaden, eine Holz verarbeitende Fabrik, die Skier, Schlitten und Kinderspielzeug herstellte. Man stelle sich dieses Eldorado für spielende Kinder vor: Tausende Quadratmeter Fabrikfläche, in der man am Wochenende Säge-, Hobel- und andere Höllenmaschinen anstellen und sich an dem entstehenden Lärm halb erschrecken und halb erfreuen konnte. Dazu kamen zahllose Speicher, in denen Holzrädchen, Stäbchen, Holzplatten, Nägel, Schrauben und allerlei anderes spannendes Zeug in rauen Mengen lagerten.

Das darf man sich jetzt aber nicht zu harmonisch und zu romantisch denken: Das war lebensgefährlich! Wie oft sind wir knapp am rotierenden Sägeblatt vorbeigestolpert! Wie oft haben wir bei unseren ausgiebigen Spaziergängen über die Fabrikschrägdächer unser Leben riskiert, wie oft sind wir fast an die Hochspannungsleitung gekommen, die knapp über den Dächern führte, und wie oft haben wir Feuer im Holzschuppen gelegt, was glücklicherweise letztendlich immer wieder zu löschen war.

In dieser kleinen Fabrik arbeiteten etwa ein Dutzend Männer, und es war Usus, dass diese samstags nach der

Arbeit bei meiner Großmutter allesamt im Wohnzimmer zum Mittagessen eingeladen waren.

Dieser Kochsamstag war ein Traum für uns Kinder: Die Oma stand etwa um 6:00 Uhr früh auf und schürte als Erstes den Herd an, denn dieser war noch mit Holz betrieben. Unsere Mutter, die den Samstag gerne auch einmal zum Ausschlafen nutzte, schickte uns alle rasch vom oberen Stock runter, und so hatte Oma uns an der Backe. Auch dies darf man sich nicht zu pädagogisch und waldorf-romantisch vorstellen: Wir waren der Oma lästig, weil wir sie bei ihrer wichtigen Arbeit störten, und das hat sie uns auch immer wieder klar zu verstehen gegeben. Dennoch war es für uns Kinder eine große Freude, sie und ihre Kochhilfe, Tante Elsa, beim Kochen zu beobachten: Im Keller gab es ein Riesenfass, in dem mindestens 100 eingelegte Eier waren. Die Vorräte waren immens! Auf dem Speicher oben war eine riesige Mehltruhe, in der sich nach meinem heutigen Gefühl mindestens zwei Zentner Mehl befunden haben: Der Krieg war in den 1960er-Jahren noch nicht lange genug beendet, als dass man sich nicht vorsichtshalber schon auf den nächsten einstellen würde.

Wir Kinder sprangen den ganzen Samstag früh zwischen Omas und Tante Elsas Beinen umher, rissen mal einen Topf runter, kriegten mal Ärger und mal ein wie zufälliges, zärtliches Streicheln über den Kopf. Heute würde ich sagen: Wir wurden überhaupt nicht betreut, aber wir durften überall dabei sein! Ich halte das für wichtiger als alles, was wir momentan an Pädagogik an unseren Kindern teilweise verbrechen.

Und: Wir durften von allem probieren. Und so lernten wir als Kinder spielerisch, wie Kochen geht: wie man Teig herstellt, wie man ihn gehen lässt, wie man daraus Nudeln oder Spätzle zaubert, wie man Fleisch mariniert – einfach alles!

Als kleines Kind konnte ich so bereits den Zauber erleben, den die liebevolle Essenszubereitung mit sich bringen kann, und durfte die Kraft der sozialen Effekte erfahren, die das darauf folgende gemeinsame Essen später mit sich bringt. Das hat mich alles auf eine Weise gefördert und weitergebracht, dass mir die heutigen, modernen Kinder oft von Herzen leidtun, die so etwas nicht erleben dürfen. Das war der Hauptgrund, weshalb ich mit meiner gemeinnützigen »Stiphtung« im Jahre 2011 die Aktion: »Ernährungswochen« ins Leben gerufen habe. Dabei geben wir Kindern aus Werkrealschulen, die in der Regel leider Gottes mikrowellenerprobte Schlüsselkinder sind, wenigstens eine Woche lang das Hochgefühl, das ich meine ganze Kindheit hindurch haben durfte (www.ernaehrungswochen.de).

Früher war das Kochen noch stark mit dem Faktor »Sparen« verbunden; meine Oma hatte eine Freundin im Nachbarort, die dort eine kleine Landwirtschaft betrieb. Diese Freundin, die von meiner Oma witzigerweise mit: »Grüß Gott, Frau Neidhardt«, begrüßt wurde und die mit meiner Oma bis in die hohen Tage hinauf per »Sie« war, knatterte zweimal die Woche mit ihrem Moped nach Waiblingen und brachte das mit, was ihre Landwirtschaft momentan zu bieten hatte. Und genau dies wurde dann gegessen. Damals war Regionalität noch kein modisches Schlagwort, sondern blanke Realität. Deshalb war die schwäbische Küche seinerzeit vor allem sättigend und nüchtern, das hat sich über die Jahre und Jahrzehnte massiv geändert!

Der Schwabe hat sich nicht nur im Bereich der wissenschaftlichen Erfindungen einen Namen gemacht, er hat auch in der Kulinarik einige Beiträge geleistet, die weit über die Grenzen Württembergs hinaus bekannt sind. Die Laugenbrezel und ihre Geschichte gehören dazu, und ich werde im Verlauf des Buches auf sie zurückkommen. Nun aber zu den typischen schwäbischen Speisen inklusive den beiden großen schwäbischen Nationalgerichten Spätzle und Maultaschen!

Spätzle: die schwäbische Antwort auf die Pasta

Woher kommt bzw. was bedeutet der Begriff »Spätzle« denn überhaupt? Einige behaupten, das Wort leite sich vom Italienischen »spezzato« (Gestückeltes, Geschnetzeltes) her. Die meisten Schwaben selbst neigen eher der Theorie zu, dass »Spätzle« ursprünglich »Spatzen« hießen, wie sie im Oberschwäbischen auch heute noch vereinzelt genannt werden. Denn anfangs wurden sie noch nicht vom Brett geschabt, sondern es wurden mit der Hand oder einem Löffel Teigstücke geformt und ins kochende Wasser gelegt. Vielleicht erinnerte die Form der Teigstücke an den Spatz. Erst später ging man dazu über, die »Spatzen« mit dem Messer von einem Brett ins Wasser zu schaben. Dadurch war es natürlich auch einfacher, die einzelnen Stücke kleiner zu machen – sodass aus den »Spatzen« die »Spätzle« wurden.

Hört sich doch viel plausibler an als die erste Variante, oder?

Geschichtlich betrachtet, kann man nachweisen, dass Spätzle mindestens schon im 18. Jahrhundert existiert haben. Zur Spätzleherstellung wurde vor allem Dinkel verwendet, denn dieses Getreide konnte auch gut in kargeren Regionen wie der Schwäbischen Alb angebaut werden.

Der Teig der Spätzle wird aus Mehl, Eiern, Salz, Öl und ein wenig Wasser angerührt. Dieser Teig wird als Batzen auf das Nudelbrett befördert und dann mit einem Messer oder Schaber in das siedende Nudelwasser geschabt.

Man erkennt schon, dass die Zubereitung der Spätzle eine durchaus zeitraubende Angelegenheit war. Gerade ältere traditionelle schwäbische Hausfrauen werden aber darauf bestehen, dass echte Spätzle nur solche sind, die von Hand geschabt wurden. Es soll Mütter gegeben haben, denen es bei der zukünftigen Frau ihres Sohnes weniger auf Konfession, Stand oder Vermögen ankam, sondern darauf, ob die Schwiegertochter in spe in der Lage war, Spätzle zu schaben. War diese Prüfung bestanden, so konnte der Junge beruhigt in den Hafen der Ehe entlassen werden.

Trotzdem sind viele kochende Frauen und Männer dankbar für ein Instrument, dessen Anblick die traditionellen Hausfrauen die Nase rümpfen lässt, welches aber im Alltag die Herstellung von Spätzle, gerade für eine hungrige mehrköpfige Familie, sehr erleichtert und beschleunigt. Und wer einmal eine Kindermeute um sich versammelt hatte, die lautstark nach Essen verlangte, der wird alle Traditionen über Bord schmeißen und für jedes Hilfsmittel dankbar sein. Erweisen wir also unsere Reverenz einem Mann, der dem schwäbischen Haushalt die Spätzlepresse hinzugefügt hat!

Robert Kull, geb. 1887, aus Bad Cannstatt kommend, war eigentlich Maschinenschlosser und hatte damit natürlich schon einmal gute Voraussetzungen, um die Spätzlepresse zu erfinden.

Da er die Spätzle und seine Frau gleichermaßen liebte, sann er darüber nach, wie er seiner Gattin die Herstellung seiner Leib- und Magenspeise etwas einfacher machen konnte. Die Lösung war dann so simpel wie genial: Man brauchte nur einen Topf mit Löchern und eine Art Stempel, mit dessen Hilfe der Teig durch die Löcher geschoben wurde – fertig war die häusliche Spätzlesproduktion.

Kull nannte seine Erfindung »Spätzles-Schwob«. Er wäre kein echter Schwabe gewesen, hätte er aus der zuerst rein privat gedachten Errungenschaft nicht im Handumdrehen eine Geschäftsidee gemacht – was ihm sicher bis heute die schwäbischen Hausfrauen und -männer danken.

Eine leichte Arbeit ist die Spätzleherstellung auch mit der Spätzlepresse nicht geworden, aber wenigstens kann man sich so genug Muskeln für einen selbstbewussten Händedruck erarbeiten. Und auch das kommt einem schwäbisch vor: »I mach heut a bissle meh Spätzle wie sonschd und schpar mir so uff der andere Seite des Saugeld für dr Fitnessclub!«

So begann im Januar 1936 dann also die serienmäßige Produktion und im selben Jahr erhielt Kull dann auch das ersehnte Patent für seine Erfindung, die nun offiziell »eine Teigpresse aus einem mit Teigaustrittslöchern versehenen Topf und einem Handstempel« war – so kompliziert wie der Titel war auch der Weg zum Patent, denn die deutsche Bürokratie hatte sich dafür drei lange Jahre Zeit gelassen. Früher war also doch nicht alles besser, sondern vieles oft genauso nervig.

Später kam der Hebel dazu, der das Pressen erleichterte, und Kulls Enkel Max Mauz machte die »Spätzles-

Schwob« durch eine neue Legierung spülmaschinenfest und ermöglichte es, dass sich der Stempel zur Säuberung aushängen ließ. Ein großer Fortschritt, denn gerade die Reinigung des Geräts von den hartnäckigen Teigresten hatte die Spätzlesliebhaber oft viel Nerven gekostet. Und wer gedacht hätte, dass man so ein Instrument in Gottes Namen auch einmal nicht vollständig geputzt in den Schrank zurücklegen könnte, der lese bitte das Kapitel »Kehrwoche« in diesem Buch.

Dass die Spätzlepresse durch Zweckentfremdung weitere interessante Dinge erschaffen kann, zeigte Dario Fontanella, Sohn eines Italieners und einer Deutschen. Er drückte 1969 zum ersten Mal Vanilleeis durch die Spätzlepresse – heraus kam das Spaghetti-Eis!

In einem Interview mit dem *Handelsblatt* berichtet Fontanella, dass bei den ersten Vorführungen Kinder sogar in Tränen ausgebrochen seien, da sie Eis und nicht Spaghetti erwartet hatten. Heute kennt natürlich jeder diese interessante Kombination aus italienischer Küche und schwäbischem Erfindungsreichtum. Dario Fontanella hatte diese Idee in Mannheim. Man muss wissen: Mannheim liegt in der Kurpfalz, und der Kurpfälzer ist ein zerrissenes Wesen.

Wenn man ihm sagt, er sei Badener, reagiert er sehr verschnupft mit: »Nein, ich bin Kurpfälzer!« Wenn man ihm sagt, er sei Schwabe, hat man eine Faust im Gesicht. Wenn man ihm aber zusichert, er sei durch und durch Kurpfälzer, antwortet er beleidigt: »Aha, für dich gehöre ich also nicht mit zu Baden-Württemberg, oder was?«

Was ich damit sagen möchte: Die Chance, ins Fettnäpfchen zu treten, ist bei einem Kurpfälzer ähnlich groß wie bei einem passionierten Hobbyjäger, der sich versehentlich beim Veganerkongress einfindet in der fälschlichen Annahme, er sei beim Kongress der deutschen Metzger.

Dazu kommt ein Konflikt, der genauso umstritten ist wie das Wembley-Tor 1966: Während die Mannheimer Kurpfälzer der festen Ansicht sind, ihr genialer Carl Benz habe das Auto erfunden, behaupten wir Schwaben dies von unserem genialen Gottlieb Daimler aus Bad Cannstatt.

Jedenfalls, ich gastiere mit meiner Kabarett-Liveshow regelmäßig in Mannheim in einem großen Theater. Kürzlich habe ich mir dort einmal den Spaß erlaubt zu sagen: »Mannheim ist eine tolle Stadt! Sie hat uns viel Großartiges geliefert! Zum Beispiel das Spaghetti-Eis! Gut, wir Schwaben haben dafür das Auto erfunden …«

Mein lieber Mann, brach da ein Tumult im Saal los, beim Sprung ins Fettnapf-Großbecken war ich parallel dazu mit der langen Nadel im Wespennest. Ich muss immer noch grinsen, wenn ich dran denke, aber den Gag lass ich künftig lieber weg. Sagen wir: in der Kurpfalz.

Zurück zur Späzlespresse. Die wurde auch mal ganz anders eingesetzt: Eine 60-jährige Frau aus Stuttgart nutzte die Spätzlepresse nämlich infamerweise dazu, um ihren Lebensgefährten aus Eifersucht ins Jenseits zu schicken. Mehrere Zeitungen, zum Beispiel die *Süddeutsche* und die *Welt*, berichteten über den aufsehenerregenden Fall.

Die Frau hatte auf den schlafenden Mann eingeschlagen, woraufhin dieser zwar erwachte und sich zu wehren versuchte, dann aber durch circa ein Dutzend Treffer mit dem Küchengerät das Zeitliche segnete. Sogar ein Teil der Spätzlepresse sei dabei abgebrochen. Die Frau selbst schlug sich dann auch noch gegen den Kopf, erlitt aber nur eine Platzwunde und fiel dazu in Ohnmacht.

Die Täterin landete schließlich in der Psychiatrie, da sie wegen einer psychischen Erkrankung als schuldunfähig eingestuft wurde. Es handelte sich übrigens um eine gebürtige Koreanerin – ohne hier irgendwie diskriminierend sein zu wollen: Eine echte schwäbische Hausfrau hätte sicher nie dieses wunderbare Küchengerät so missbraucht! Die hätte dann eher wohl zum preisgünstigen Gift gegriffen, aber wir wollen nicht im Abgrund wühlen!

Was nun das Servieren der Spätzle angeht, so werden sie von den meisten Menschen wohl als Beilage betrachtet, aber der wahre Spätzles-Freund weiß, dass man sie auch sehr gut alleine genießen kann – im Schwäbischen sehr beliebt, gerade bei Kindern, die bekannten »Spätzle mit Soß«. Wo Sprösslinge aus anderen Regionen bei der Frage nach dem Wunschessen im Restaurant oft laut ausrufen: »Pommes mit Ketchup«, da entscheidet sich das gut erzogene Schwabenkind natürlich für das einheimische Gericht. Ist ja auch viel gesünder als die frittierten Kartoffelstangen!

Sehr lecker kommen die Spätzle auch mit einer leichten Zuckerung von Semmelbröseln daher. Natürlich funktionieren sie auch als Beilage ganz hervorragend, wie uns dieser kleine Witz ums »Äffle und Pferdle«, zwei Zeichentrickfiguren des heute im SWR aufgegangenen Senders SDR, zeigt:

Das Äffle sitzt vor einem Teller mit Spätzle. Kommt das Pferdle und fragt: »Wilsch du die ganze Spätzle alloi uffessa?«

Darauf sagt das Äffle: »Ha no, I ess no an Bolle Fleisch drzua.«

Perfekt funktionieren sie also in Kombination mit einem echten Schwergewicht der schwäbischen Küche:

dem »Roschdbrata« (Rostbraten) – zumeist ein mehrere Hundert Gramm schweres Stück Rindfleisch, begraben unter einem Berg von Zwiebeln. Mit einer ordentlichen Portion Spätzle dazu also genau das Richtige für den kleinen Hunger zwischendurch. Oder aber die ebenfalls sehr sättigenden Linsen mit Spätzle, dazu natürlich noch ein paar Saitenwürste! Und im Idealfall: noch ein Stück Bauchspeck vom Schwein.

Merke also: In Schwaben würde man sogar einen Reiner Calmund satt bekommen!

Vor den echten schwäbischen Spätzle hat sich inzwischen sogar die EU verneigt und sie damit de facto als wertvolles Kulturgut anerkannt: Denn wie immer bei erfolgreichen Produkten, fanden sich niederträchtige Trittbrettfahrer, die von der anerkannten Köstlichkeit profitieren wollten und die Bezeichnung für irgendwelche minderwertigen und auf keinen Fall schwäbischen Nudelwaren verwendeten.

Doch dem wurde glücklicherweise 2012 ein Riegel vorgeschoben: Da stellte nämlich die EU die Begriffe »Schwäbische Spätzle und Knöpfle« unter Schutz! Fortan durften nur Spätzle, die tatsächlich in Schwaben hergestellt wurden, diesen Titel tragen.

Ziel dieses Gebotes: Regional bedeutsame Produkte sollen vor Nachahmung geschützt werden! Gleiches gilt übrigens auch für die Maultaschen! Richtig so – damit hat sich die EU doch mal gelohnt, wurde ja auch Zeit!

Es gibt sogar eine baden-württembergische Meisterschaft im Spätzleschaben – diese findet von Zeit zu Zeit in der Fessler Mühle in Sersheim statt. Es gibt immer eine reiche Zahl an Bewerbern, von denen dann 15 bis 20 in die Auswahl kommen.

Man geht in zwei Kategorien an den Start: traditionelle Spätzle und spezielle Spätzle, zum Beispiel Kässpätzle oder Kräuterspätzle. Die Teilnehmer dürfen ihre eigenen Gerätschaften mitbringen und haben dann 20 Minuten Zeit. Allerdings geht es hier nicht nur um die Menge der produzierten Spätzle. Kriterien für die Jury sind laut der Zeitung *Heilbronner Stimme:* »Fingerfertigkeit beim Schaben, Präsentation und Optik, Bissfestigkeit, Gabelresistenz und Geschmack« – dagegen scheint der Job einer Eislaufjury bei Olympischen Spielen eine Leichtigkeit zu sein!

Typisch Schwabe: Wenn schon, dann richtig!

Für die Gewinner der beiden Kategorien gibt es Sonderpreise, für alle Teilnehmer aber auf jeden Fall einen 12,5-Kilo-Sack Spätzlemehl.

Die Spätzle brauchen sich vor ihren italienischen Vettern keinesfalls verstecken – ihr Siegeszug hat inzwischen auch den hohen Norden unseres Landes erreicht: So gibt es mittlerweile in Berlin und Hamburg Spätzleshäuser – gell, do glotsch?

Maultaschen

Das zweite Gericht, für das die schwäbische Küche praktisch weltbekannt ist, sind die Maultaschen. Von Thaddäus Troll werden sie in seinem Buch *Deutschland deine Schwaben* wie folgt beschrieben:

»In einem unliebsamen Gewand verbirgt sich ein delikater Kern. Sie schmecken hehlinge gut. Außen pfui und innen hui, überspitzt ausgedrückt. Eine leichenfarbene Hülle aus Nudelteig entsagt jedem optischen Reiz und wirkt appetitzügelnd. Aber wie köstlich ist die reiche Fülle.«

Um ihre Erfindung ranken sich einige interessante Legenden – der Leser mag für sich selbst entscheiden, welche die glaubhafteste ist.

Zum einen gibt es da die Geschichte der Margarete von Tirol, die 1318 geboren und schon mit zwölf Jahren verheiratet wurde. Ihr Ehemann, der sogar vier Jahre jünger (!) gewesen sein soll, war aber wohl gar kein so netter Kerl. 1341 reichte es der Gräfin der Erzählung nach, und sie ließ ihren Gatten aus der Burg werfen.

Dummerweise vergaß sie dabei, sich vor dem Abschied vom ungeliebten Mann irgendwie um eine Scheidung zu kümmern. Das war damals ohnehin ungleich schwieriger als heute, wo man ja in einigen Ländern als Ehemann die Beziehung auch per SMS beenden kann!

Für Margarete nahm das Unglück seinen Lauf, als sie später erneut und diesmal mit wohl größerer Zuneigung heiratete. Als Folge dieses Fehlverhaltens traf sie der Kirchenbann, und sie musste aus Tirol fliehen und verbrachte den Rest ihres Lebens dann in Wien. Wenn Sie mich fragen, wo ich lieber leben würde, in Tirol oder in Wien, aber gut … Ihr verstoßener Ehemann jedenfalls verbreitete angeblich die schlimmsten Geschichten über seine Gattin, unter anderem, dass sie extrem hässlich sei. Dies ist historisch nicht wirklich belegt und war wohl eher eine Art mittelalterlicher »Shitstorm« des Geschassten. Und im Übrigen: Wenn mir heute Männer erzählen, wie hässlich, ekelhaft und dumm ihre »Ex« doch sei, stelle ich mir immer die Frage, wie blöd dann der Mann erst sein muss, wenn er auf so eine reingefallen ist. Gut, Margaretes Ex hatte halt auch die Kirche auf seiner Seite und nannte sie sogar »Maultasch«, damals die Bezeichnung für eine Dame, die dem horizontalen Gewerbe nachging. Irgendwann sagte man ihr sogar nach, sie habe einen schiefen Mund.

Die Verbindung zu den Maultaschen war nun die, dass ihre Leibspeise gefüllte Teigtaschen gewesen seien, die sie auch bis ins Schwäbische gebracht habe.

Dies ist nun die erste Variante – die zweite ist dann doch etwas netter, und mit ihr wird sich der Schwabe wohl auch eher identifizieren können. Sie spielt zur Zeit des Dreißigjährigen Krieges, da die Menschen ohnehin von Krankheit, Hunger und Verwüstung durch marodierende Soldaten gestraft waren. Zu dieser Zeit kamen die Mönche des Klosters Maulbronn zu einem Stück leckeren Fleisches. Dummerweise geschah dies gerade während der Fastenzeit.

Was nun tun? Die heutige Hausfrau macht es sich leicht und öffnet die Gefriertruhe, aber solcherlei technische Hilfsmittel gingen zum einen den Mönchen damals ab, zum anderen hatten sie wohl schon lange darben müssen, und beim Anblick des Fleisches lief ihnen das Wasser im Mund zusammen.

Da kam ihnen die großartige Idee, das Fleisch zwar zu konsumieren, dieses aber vor den Augen des Herrn zu verbergen. So wurde die Köstlichkeit einfach in einem Teigmantel versteckt und gegessen, daher auch der andere Name der Maultasche: »Hergottsbscheißerle«.

Auf der einen Seite muss man sich nun fragen, was das für Mönche waren, die ihrem eigenen Herrn nicht einmal zutrauten, diesen kleinen Betrug zu durchschauen. Andererseits wäre man heute schon froh, wenn sich die Missgriffe der katholischen Kirche nur auf die Speisenzubereitung bezögen!

So ganz übel hat der Herr den Mönchen ihre kleine Täuschung aber wohl nicht genommen, denn von Konsequenzen wird nichts berichtet. Wahrscheinlich war er selbst erfreut, dass seine Diener auf diese Weise eine so schmackhafte Speise erfunden hatten.

Die Maulbronner Mönche haben diese Legende auf ganz schwäbische Art und Weise für sich genutzt: Heute bieten sie den Besuchern des Klosters diverse Maultaschengerichte an mit Fleisch, Lachs oder Gemüse und sogar zum Mitnehmen.

Davon abgesehen, lohnt alleine schon die wundervolle Klosteranlage für einen Besuch.

Am besten schmecken natürlich die selbst gemachten Maultaschen, zu denen sich in Kochbüchern und im Internet zahlreiche Rezepte finden. Allerdings ist man in der heutigen hektischen Zeit oft auch dankbar für die gekaufte Variante, die in kürzester Zeit zubereitet werden kann. Die Fertigmaultaschen sind natürlich ein echter Exportschlager geworden. Marktführer ist die Firma Bürger, die 1934 in Stuttgart-Feuerbach gegründet wurde.

Anfangs stellte man vor allem Mayonnaise und Ochsenmaulsalat her, erst in den 1960er-Jahren nahm die serienmäßige Produktion der Maultasche ihren Anfang. Heute hat die Firma ihren Sitz in Ditzingen und ein Werk in Crailsheim und produziert täglich allein 1,5 Millionen Maultaschen, dazu noch viele anderen Arten von Nudelgerichten. Maultaschen, Spätzle und Schupfnudeln werden inzwischen von Bürger sogar bis nach Asien exportiert. (Allerdings wird bei den Bürger-Maultaschen sicher kein Hunde- oder Katzenfleisch verwendet – es scheint aber auch in China zu schmecken.)

»Gaisburger Marsch«

Beim »Gaisburger Marsch« handelt es sich keinesfalls um ein zackiges Musikstück aus der Kaiserzeit, sondern um einen interessanten Eintopf. Hier gelingt dem Schwaben nämlich eine wohlschmeckende Vereinigung, die auch nicht so einfach ist: Kartoffeln und Nudeln! Darum heißt der »Gaisburger Marsch« im Volksmund auch »Verheiratete«. Und, mal ehrlich, wenn man nun weiß, dass der Schwabe so unterschiedliche Zutaten wie Kartoffeln und Nudeln zu einem positiven Gericht vereinen kann, der weiß, warum das im Bindestrichland sogar mit Badenern und Württembergern so gut klappt.

Möchte man einen »Gaisburger Marsch« zubereiten, so kocht man eine Rinderbrühe, richtet das Fleisch in Würfelform zusammen mit den gekochten Kartoffeln und Spätzle auf einem Teller an und gießt die Brühe einfach darüber. Als Krönung wird das Ganze mit goldbraun gebratenen Zwiebeln und gehackter Petersilie verfeinert.

Nun will ich auch noch die Herkunft des Namens »Gaisburger Marsch« erklären. Dazu gibt es zwei Versionen. Einmal heißt es, Stuttgarter Offiziersanwärter hätten dieses Gericht geliebt und sich auf dem Weg von ihrer Kaserne in eine Gaisburger Gaststätte immer an die gewohnte militärische Marschordnung gehalten.

Eine andere Version besagt, dass Gaisburger Männer einst in Kriegsgefangenschaft kamen und von ihren Frauen mit Essen versorgt wurden. Um diesen kräftigenden Eintopf den Gatten zu bringen, mussten die Frauen jeden Tag zum Gefängnis marschieren.

Welche Fassung nun die historisch korrekte ist, dem Schwaben ist es egal. Die Bewohner des Stuttgarter Stadtteils Gaisburg haben das Gericht auch gleich zum Anlass genommen, ein mehrtägiges Fest im Sommer auszurichten. Übrigens soll der »Gaisburger Marsch« auch Lieblingsgericht des ehemaligen Bundespräsidenten Horst Köhler sein, der es bei seinem Amtsantritt sogar seinen Gästen servieren ließ. Man sieht: Es muss nicht immer Kaviar sein!

Ironie des Schicksals, dass gerade bei Köhler als Liebhaber eines »militärischen Gerichts« dann seine Äußerungen zu Auslandseinsätzen der Bundeswehr Grund für seinen späteren Rücktritt waren.

»Saure Rädle«

Der Schwabe kann mit der Kartoffel an sich nicht so viel anfangen. Sein bester Freund ist und bleibt der Nudelteig in verschiedenen Variationen. Wenn die Kartoffel dann doch auf den Tisch kommt, dann muss sie auch entsprechend verarbeitet werden, damit sie dem Schwaben mundet – also entweder gleich mit Spätzle zusammen, so wie beim »Gaisburger Marsch«, als leckerer Kartoffelsalat oder eben als »Saure Rädle«.

Was die Zubereitung angeht, so gibt es natürlich verschiedene Varianten, vom Grundsatz her ist sie aber recht einfach: Kartoffeln kochen, pellen, auskühlen lassen und dann einfach in Scheiben (Rädle) schneiden. In zerlaufener Butter werden Schalottenringe angeschwitzt, Mehl kommt drüber, rühren, rühren, rühren, bis alles hellbraun ist, und dann ablöschen. Dazu Essig und Gewürze und das Ganze circa 30 Minuten köcheln lassen.

Wahrlich ein typisch schwäbisches Gericht: schmeckt gut, geht schnell und ist günstig. Will man das Gericht noch etwas aufmotzen, so kann man es mit Saitenwürsten genießen. Das kommt dann aber wohl eher für Feiertage infrage!

Restesuppe

Die Restesuppe war zu Hause oft mit das Beste, was es zum Essen gab. Und, ich gebe offen zu, ich bin heute noch der Meister im Restesuppe-Machen.

Meistens muss ich sie im Verborgenen herstellen, denn wenn die Familie sieht, was alles drin ist, mag sie nicht mehr mitessen. Wenn sie es aber nicht weiß, genießt sie sie und will noch einen zweiten und dritten Teller davon haben. Das Schöne an der Restesuppe ist, dass sie dreifach schwäbische Gefühle bestätigt:

1. Wir haben gespart.
2. Wir haben nix verkommen lassen.
3. Wir haben gut gegessen.

Eigentlich ist eine Restesuppe wie ein spannendes Fußballspiel: Man schaut sich das Material an, schätzt nüchtern seine Chancen ein, stellt sich vor, was möglich wäre – was aber nachher als Spielergebnis rauskommt, ist doch immer wieder dem Zufall und dem Glück überlassen. Mal mixt man ein Stückchen Restfleisch in die Suppe, was ihr den letzten kulinarischen Schliff gibt. Und manchmal überwiegt einfach ein Geschmack, sei es sauer, salzig oder herb, und man muss zugeben: Heute kriegt die Suppe nur ein »Befriedigend«. Egal, gegessen wird sie trotzdem!

Ein deutschlandweit weltberühmter Werbeslogan

Kommen wir nun zu einem Produkt, welches an sich nun wirklich keine schwäbische Erfindung ist, das hier aber trotzdem erwähnt werden soll, weil es jeder in Deutschland kennt – das Seitenbacher-Müsli. Hier geht es allerdings weniger um die Besonderheit des Produktes, sondern um einen ausgefallenen Werbeschachzug.

Seitenbacher wurde 1980 in Waldenbuch gegründet, der heutige Sitz ist in Buchen – damit zwar im Badischen, aber der Firmengründer, Willi Pfannenschwarz, war ein echter Schwabe. Insofern ist es nicht verwunderlich, dass ihm möglicherweise die Kosten für die Produktwerbung zu hoch erschienen und er sich deshalb vielleicht dachte, das könne er auch selbst. Gesagt, getan – seit den 1990er-Jahren wirbt Seitenbacher in Radiospots für seine Produkte. Gesprochen werden die Spots vom Chef selber – auch seine Tochter durfte schon ran. Die wenig professionelle Herangehensweise merkte man natürlich sofort, sie ließ Seitenbacher aber sofort bekannt werden. Wenn man heute nach einer Müslisorte gefragt wird, werden die meisten Menschen spontan: »Seitenbacher!«, antworten, ob ihnen der Spot nun gefällt oder nicht. Wobei ich ehrlicherweise niemand kenne, der ihn mag! Aber auch niemand, der ihn nicht kennt! Der Spot ist wie eine furchtbar dicke, hässliche, alte Frau, die mit Push-up-BH, Stöckelschuhen und einem quietschgelben Minirock über den Marktplatz läuft – jeder schaut ihr nach!

Viele finden diese Machart ganz entsetzlich, aber der Ausruf: »Seitenbacher Müsli – lecker, lecker, lecker!«, ist jedem geläufig und hat auch schon diverse Kabarettisten und Comedians inspiriert, auch wenn es hier gar keiner Parodie bedarf, denn das Original ist eigentlich nicht verschlechterbar.

Aber immerhin: günstig war's und erfolgreich!

Sogar die *FAZ* widmete Willi Pfannenschwarz im letzten Jahr einen Artikel, in dem berichtet wird, dass aus dem Hause Seitenbacher inzwischen Powerriegel und »Muscle Pasta« kommen, die vom Sohnemann in Florida an Kraftsportler verkauft werden. Und sogar hierzu gibt es Radiospots, die in den USA laufen – und natürlich auch auf Englisch vom Vater gesprochen werden: »Seitenbacher – easy to eat, hard to spell«, heißt das dann.

Dies nur als Warnung für alle Touristen, die in Florida unterwegs sind und plötzlich aus dem Radio die bekannte Stimme aus der Heimat vernehmen! Ganz ruhig bleiben, das Lenkrad festhalten – es stecken weder Vodoo noch böse Geister dahinter, und das Beruhigendste daran: Es ist, wie wenn man den Spot in Deutschland hört – das Unheil ist in ein paar Sekunden vorüber!

Spitzenküche mit Spitzenköchen

Der Schwabe hat der Welt erfolgreiche Dichter, Denker, Sportler und Erfinder geschenkt – und natürlich auch Vorreiter im Bereich der Spitzenkochkunst, die sich dort selbstsicher bewegen, ohne ihre Wurzeln zu verleugnen.

Vincent Klink

Prominentester Vertreter der schwäbischen Spitzenköche ist sicher Vincent Klink. Der Mann ist ein absolutes Multitalent: Er macht Musik, er schreibt, er philosophiert, er ist TV-Star – und zwischendrin, fast wie nebenbei, scheint er auch noch hervorragend zu kochen.

In seiner Vita gibt es nur einen kleinen Schönheitsfehler – er wurde in Gießen geboren. Man muss seinen Eltern aber zugutehalten, dass sie rasch die Flucht aus dem Hessischen ergriffen haben, sodass der Junge dann wenigstens im Schwäbischen, genauer in Schwäbisch Gmünd, aufwachsen konnte.

Sicherlich hätte er der hessischen Küche auch gut getan, oder was soll man von einem Land halten, welches als liebstes einheimisches Gericht »Grüne Soße« wählt – so zumindest geschehen in einer Umfrage des Hessischen Rundfunks. Mehr noch: Was soll man überhaupt von einem Land halten, das Roland Koch dreimal zum Ministerpräsidenten gewählt hat? Ich war natürlich damals als Kabarettist dankbar dafür, aber verstehen können muss man es nicht!

Vincent Klink besuchte ein Klosterinternat bis zur Mittleren Reife und machte dann eine Lehre zum Koch. Anschließend verpflichtete er sich für zwei Jahre bei der Bundeswehr, was ein überzeugter Kriegsdienstverweigerer wie ich natürlich nicht nachvollziehen kann. Aber gut, er war jung und brauchte das Geld. Im Übrigen war er dort nicht nur als Panzerkommandeur tätig, sondern auch als Koch.

RAUM FÜR PERSÖNLICHE WORTSPIELNOTIZEN DES GESCHÄTZTEN LESERS ZUM THEMA:

→ GULASCHKANONE
→ BLAUE BOHNEN
→ EISBOMBE
→ VERLORENE EIER
→ GRANATAPFEL – KOMPOTT
→ (...)

Anfang der 1970er-Jahre arbeitete Klink in Spitzenrestaurants in Rastatt und München. Hier zeigt sich, dass der Schwabe durchaus aufgeschlossen ist, sich auch in fremden Kulturen mit seltsamen Sitten und Gebräuchen zu bewegen, von deren Eigenarten zu lernen und sich die Erkenntnisse daraus zunutze zu machen.

1974 – mit 25 Jahren – eröffnete er den »Postillon« in Schwäbisch Gmünd. Keine vier Jahre später zierte es ein Michelin-Stern! Viele Eltern von heute wären froh, wenn ihr Kind so zielgenau im künftigen Beruf einlaufen würde, wie Vincent Klink dies tat! Heutzutage ist man ja schon dankbar, wenn das eigene Kind mit 29 Jahren – nach sieben unbezahlten Praktika, drei abgebrochenen Studiengängen und einer halbjährigen Reise um die Welt zwecks Selbstfindung – für sich selbst herausgefunden hat, welche Umschulung möglicherweise nun infrage kommt. Voraussetzung: Papa geht hin und erledigt den Papierkram der Anmeldung, kauft ein Auto und mietet unmittelbar vor der Schule einen Parkplatz!

Klinks Vater war übrigens Tierarzt und redete es seinem Sohn aus, es ihm gleichzutun. Die Begründung lieferte Klink in einem Interview mit der *Süddeutschen Zeitung:* »So lange studieren, um in den Hintern von Kühen herumzuwühlen.«

Mein Schwiegervater ist ebenfalls Tierarzt. Wenn ich sein monatliches wirtschaftliches Ergebnis sehe, würde ich sagen: Dafür kann man auch mal einer Kuh in den Hintern fahren, aber gut.

Anfang der 1990er-Jahre zieht Klink von Schwäbisch Gmünd nach Stuttgart-Degerloch um und eröffnet das bis heute legendäre Lokal »Wielandshöhe«. Für diesen Umzug liefert er eine überaus schlau-schwäbische Begründung. Damals sei nämlich die Promillegrenze gesenkt worden, und da die meisten Gäste sowieso aus dem Raum Stuttgart gekommen seien, habe er befürchtet, dass viele dann den Weg nach Gmünd nicht mehr auf sich nehmen würden. Klar, zum guten Essen gehört halt auch ein gutes Viertele. Oder zwei. Oder so. Und wahrscheinlich hat Vincent Klink damals schon geahnt, dass es durch den Bau des Einhorn-Tunnels durch Schwäbisch Gmünd dort verkehrstechnisch für viele Jahre kein Vor und Zurück mehr geben würde.

Den Stern hatte er zwar mal kurz verloren, aber der Schwabe lässt sich halt auch von Rückschlägen nicht aus der Ruhe bringen und neigt zu unkonventionellen Lösungen. So gibt Klink an, nach dem Stern-Verlust ein paar Köche verprügelt und zwei rausgeworfen zu haben. Sicher findet dieser Tipp keinen Platz in einem Buch für moderne Menschenführung, aber gewirkt hat es ja anscheinend, denn schon nach einem Jahr war der Stern wieder da.

Interessant auch Klinks Worte, die er immer wieder in seinem »Tagebuch« auf der Homepage seines Restaurants (www.wielandshoehe.de) an seine Gäste richtet.

»Um unsere Gäste vor Enttäuschung zu warnen: Bei uns essen Sie in keinem weihevollen Gourmettempel. Wir verstehen uns als Gasthaus, in dem der wahre Genießer zufriedengestellt werden soll. Es säuselt keine Musik, und man darf auch laut lachen. Elegant ist es bei uns sowieso. Wir servieren Bestes aus der Region, aber auch Geflügel oder Fisch von der Atlantikküste und alles auf feinstem Tischtuch und in üppigem Blumenschmuck. Verzierungen, Deko oder ähnlichen Firlefanz gibt es bei uns nicht. Wir sind auch nicht daran interessiert, dass man unsere Küche Sterneküche nennt, und ebenso empfindet Vincent Klink sich nicht als Sternekoch. Freut sich jedoch sehr, dass dem Guide Michelin und dem Gault Millau seine ursprüngliche Kochweise gefällt.

Und ganz nebenbei: Unsere Lieblingsgäste besuchen uns nicht wegen der schönen Aussicht, sondern wegen der kompromisslosen Qualität der Speisen. Auch sagen sie nicht: ›Oh, sieht das schön aus!‹ Sondern bejahen mit: ›Hmm, es schmeckt!‹ Sollte es einmal nicht schmecken, äußern Sie sich bitte gleich vor Ort und nicht Tage später, man kann ja über alles reden. Also, genug der Predigt, frohe Zeiten wünscht

Vincent Klink«

Das ist typisch – auch wenn der Schwabe in den höchsten Sphären schwebt, so bleibt er doch mit beiden Füßen auf dem Boden!

Seiner Liebe zur Kochkunst dient er nicht nur in der Küche, sondern auch auf dem Papier. Er ist als Autor und Herausgeber tätig. Fast 15 Jahre lang gab er die Zeitschrift *Häuptling Eigener Herd* heraus. Auch hier wieder ein gewiefter Schachzug: Die Autoren erhalten kein Honorar, sondern werden mit einem Festmahl belohnt. Und sein biografisches Werk *Sitting Küchenbull* ist ausgesprochen lesenswert!

Darüber hinaus ist Klink in Fernseh-Kochsendungen präsent und ein großer Jazzliebhaber, der selbst Bassflügelhorn und Trompete spielt und mit dem Jazz-Pianisten Patrick Bebelaar auf großen Festivals auftritt.

Unglaublich, wie viel Talent in einen Menschen reinpasst – aber wie immer gilt: Ohne Fleiß kein Preis. Auch dies bestimmt ein Sprichwort, das im Schwäbischen erfunden wurde. Wo sonst?

Jörg Mink

Ein anderer Starkoch ist der 1960 in Stuttgart geborene Jörg Mink, der im Gegensatz zu Vincent Klink einen etwas anderen Weg gegangen ist. Seine Küchensozialisation hat Mink nach eigener Aussage beim Helfen in der Küche seiner Großmutter erfahren. Da kommt mir gerade der etwas wehmütige Gedanke, was aus mir hätte werden können, wenn meine Oma mich in der Küche nicht nur geduldet, sondern vielleicht sogar mehr einbezogen hätte. Vielleicht wäre ich dann heute erfolgreicher Koch, bekannt durch seinen »Sonntagsbraten«. Nun ja, Chance verpasst! Im Gegenzug hätte nämlich Jörg Mink Kabarettist werden können, und wissen Sie was? Das hätte der Mann mit dem Schalk im Nacken hingekriegt!

Nach der Ausbildung in Stuttgart zog es auch Mink erst nach München, bevor er im Stuttgarter Feinschmecker-Restaurant »Hirsch Weinstuben« Küchenchef wurde. Seit 1984 ist er dann als selbstständiger Gastronom tätig. Neben seiner Tätigkeit im Ländle bekochte er fünf Jahre lang viele prominente Gäste in seinem »Restaurant Mink's Berlin«. Das kann er wirklich gut, ich habe selbst erlebt, wie er mir acht wichtige Stunden meines Lebens raubte. Das ging so:

Ich hatte im Jahre 2007 den Auftrag, die Verleihungsfeierlichkeiten zum »Multimedia-Award« in Berlin zu moderieren. Das war meine erste große, national beachtete und beobachtete Moderation, und im Rückblick muss ich zugeben, dass ich damals überhaupt nicht wusste, wie man so was macht. Wenn ich heute einen Moderationsauftrag annehme, so informiere ich mich rechtzeitig über die Inhalte, schreibe meine Moderation, frage beim Auftraggeber danach noch mal Details ab und bin dann am Tag der Moderation sehr themensicher. Damals bin ich einfach einen Tag früher nach Berlin geflogen in der großen Hoffnung: Das wird schon irgendwie gehen.

Ich begab mich also tags zuvor in die Landesvertretung nach Berlin und hatte große Mühe, bei all den Menschen, die vor allem damit beschäftigt waren, die Logistik für die kommende Veranstaltung zu stemmen, Inhalte abzufragen. Verschiedene Menschen gaben mir verschiedene Kopien mit verschiedenen Informationen, die sich gerne auch widersprachen. Mit all diesem Material ging ich in mein Hotel, das damals im Hochsommer über keine Klimaanlage verfügte. Jedenfalls ist mir beim Zusammenstupfen der Informationen nicht nur von außen, sondern auch von innen so heiß geworden, dass ich irgendwann in diesem winzigen Zimmer in der Unterhose vor dem kleinen Schreibtisch saß und die aufkeimende Panik zu bändigen versuchte. Zwar gab es damals schon Internet, was aber in meinem Hotelzimmer schlecht bis gar nicht funktionierte, und so musste ich in diesen Vorbereitungsstunden auch noch mindestens zehnmal beim Veranstalter anrufen, um bestimmtes fehlendes Wissen abzufragen oder scheinbare Widersprüche zu lösen.

Irgendwann war dann das ganze Material mehr schlecht als recht zusammengetragen, jetzt galt es, dies stichwortartig auf Moderationskarten zusammenzufassen. Heute mache ich das am Computer und drucke die Infos am Ende, farbig markiert, auf den durchnummerierten Moderationskarten aus, sodass ich alles gut lesen kann und stets den Überblick über die ganze Veranstaltung habe. Natürlich hab ich im Hotelzimmer nicht über einen Drucker verfügt und musste deshalb diese Heidenarbeit auch noch von Hand erledigen. Wenn ich heute Lust habe, spontan schlechte Laune zu kriegen, muss ich nur an diese Stunden im Hotel denken. So war es irgendwann Abend geworden, ich saß schon seit mindestens acht Stunden – zumeist fluchend und schimpfend – an dieser Arbeit.

Die Moderationskarten waren fertig beschrieben, aber noch nicht durchgearbeitet und erst recht nicht verinnerlicht, dazu sehr unübersichtlich und wegen der Handschriftlichkeit eher verwirrend denn hilfreich.

Aber es half nichts: Ich hatte furchtbaren Hunger und beschloss nun Folgendes:

1. Taxi rufen!
2. Zu dem Steakhouse fahren, in dem ich als Student immer nur einmal im Jahr essen war, nämlich dann, wenn Mama Geld geschickt hatte, und wo sich als Gegenpol zu meiner momentanen Befindlichkeit noch mutmaßlich positive Gefühle aus meiner Vergangenheit befinden müssten.
3. Einen Salat, ein Steak, eine Folienkartoffel essen.
4. Dazu ein Bier trinken – nicht mehr!!!
5. Nach maximal zwei Stunden wieder hier am Schreibtischchen sitzen und weiterarbeiten!

Gesagt, getan. Ich hielt mich strikt an Punkt eins bis vier und trat nach dem Essen nach draußen. Der Plan war, noch ein wenig den Kurfürstendamm entlangzuschlendern, Geist und Seele auszulüften und erst dann wieder ins Taxi zu springen und zurück an die Arbeit zu gehen.

Tja, und auf diesem kurzen Spaziergang begegnete ich Jörg Mink. Nachstehend gebe ich unsere Unterhaltung wortwörtlich wieder. Zuvor als Ergänzung: Ich kannte Jörg Mink bis dato noch nicht. Und über folgenden Scherz würde er heute lauthals lachen: »Das war vorher eine sehr, sehr schöne Zeit!«

»Ja leck me doch, dess isch doch der Sonntag! Kennsch du mi net? I ben der Mink!«

»Mink?«

»Auf, Sonntag, i hann dahande ums Eck a klois Lokäle, da gange mr gschwend nieber!«

»Au, i hann ganz wenig Zeit!«

»Awa, oi Gläsle goht immer!«

»Aber bloss ois!

»Mindeschtens!«

Zehn Minuten später saßen wir außen vor seinem Lokal und tranken ein Gläschen schwäbischen Rotwein. Irgendwie an diesem Abend gesellten sich wie von Zauberhand nicht nur noch mehrere Gläser Wein zu uns, sondern auch noch Gäste, die kamen, gingen, sich neu sortierten und wieder ergänzten. Ich erinnere mich wirklich gut daran, dass ich an diesem Abend mindestens ein Dutzend Mal erwähnt habe, dass ich nun umgehend gehen müsse, weil ich noch dringend für den nächsten Tag eine Moderation fertig zu bearbeiten habe – meine letzte Erinnerung ist die, dass mich schließlich gegen 4:30 Uhr in der Frühe der Chauffeur eines wichtigen Europaministers ins Hotel gefahren hat.

Über das Aufwachen meines Körpers Stunden später, der Rückkehr meines Geistes in selbigen und meine Maßnahmen gegen Kopfschmerz und Panik möchte ich, Ihr Einverständnis, liebe Leserin und lieber Leser, voraussetzend, den Mantel des Schweigens hüllen. Meine Moderation am Abend ist dann – trotz des Zusammentreffens mit und Kennenlernens von Jörg Mink – einigermaßen gut geglückt; allerdings fällt mir beim Schreiben dieser Zeilen gerade auf, dass ich für die Moderation des »Multimedia-Awards« seither nie mehr angefragt oder gebucht wurde. In Amerika wäre dies ein Grund dafür, Jörg Mink mit einer millionenschweren Schadensersatzklage zu überziehen.

Aber so ist er: ein Magnet und ein Ofen, in jedem Falle warm und anziehend. Die Berliner Promis köderte er allesamt mit den typisch schwäbischen Gerichten – so beruht seine Freundschaft mit Promifriseur Udo Walz darauf, dass dieser Minks Maultaschen so lieben gelernt habe. In einem Gespräch mit der *Stuttgarter Zeitung* berichtet Mink über einen Absturz mit Udo Jürgens in einer Bar; Ausgangspunkt sei die Diskussion über die richtige Zubereitung von Kutteln gewesen. Tja, auch Promis sind Menschen, die essen und trinken müssen – und schon ist man im Gespräch.

Sein Berliner Lokal gab Mink allerdings nach fünf Jahren 2008 auf, weil sich ihm im heimatlichen Ländle eine ganz besondere Herausforderung bot: Er nahm sich erfolgreich vor, die Gastronomie des Schlosses Solitude oberhalb von Stuttgart wiederzubeleben. Daneben eröffnete er gleich eine neue Eventlocation (»Mink's Fine Dining«) und ist mit einem Team auf dem Stuttgarter Volksfest und Sommerfest dabei.

Zudem war Jörg Mink auch für eineinhalb Jahre zum Mannschaftskoch des VfB Stuttgart geadelt. Das kam so: Im Jahre 2007 war Armin Veh schon mal Trainer des VfB. (Der VfB wechselt seine Trainer wie andere die Unterhosen, aber das steht auf einem anderen Blatt.) Jörg Mink ist und war damals schon mit Veh befreundet und rief ihn eines Tages unvermittelt an mit der Frage, ob man nicht zusammen kurz ein Gläschen Wein trinken wolle. Das sei eine ausgesprochen hübsche Idee, antwortete Armin Veh, und das würde er auch sehr gerne tun, bloß: er sei dummerweise gerade in Dubai im Trainingslager mit dem VfB.

Jörg Minks flapsige Antwort: »Alles klar, bleib da, ich komme!«

Wir alle hauen so einen Blödsinn gerne mal raus, aber die allerwenigsten machen danach das, was Mink getan hat: Er packte seinen Koffer, ging zum nächsten Flughafen und flog nach Dubai.

Dort trat er unangekündigt auf Armin Veh zu, klopfte ihm von hinten auf die Schulter, und als dieser sich umdrehte, sagte Mink: »I wär jetzt do – wo isch dor Wein?«

Später hatte er den Trainer gefragt, wie denn das Essen für die Spieler sei. Ja, schon in Ordnung, antwortete Veh, aber es gehe eben nichts über einen guten Zwiebelrostbraten! Daraufhin begab sich Jörg Mink zum Küchenchef des Hotels in Dubai und fragte ihn, ob es denn möglich sei, dass er am kommenden Tag für die Spieler ein typisch schwäbisches Fleischgericht herstellen dürfe, was der interessierte Küchenchef gerne zuließ. An diesem Abend nach dem Essen stand Erwin Staudt, damaliger VfB-Präsident, auf, hielt eine kurze Ansprache auf den Gast und fragte die Spieler, was sie denn vom Essen gehalten hätten. In den aufbrausenden Jubel hinein erklärte Staudt: »Und ab jetzt, wo wir international spielen werden, ist Mink unser Mannschaftskoch!«

Das war er dann eineinhalb Jahre lang. Er erzählt diese Geschichte natürlich gerne und natürlich auch gerne dann, wenn es schon ein bisschen spät ist und man im Kreis mit Gleichgesinnten zusammensitzt. Wann immer Schwaben darunter sind, wird er mit der Frage konfrontiert: »Ond? Was hosch no do dorfür griagt?«

Und dann zeigt Mink mit seiner Antwort, wie weltmännisch der Schwabe sein kann: »Mannschaftskoch vom VfB, des isch a Ehrenamt! Do gibts nix! Des macht mr so!«

Und doch, eines gibt zu denken: Solange Mink Mannschaftskoch war, spielte der VfB ganz vorne in der Bundesliga mit. Vielleicht sollte man Jörg Mink fragen, ob er den Fans zuliebe nicht wieder mal für eine gewisse Zeit für den Verein den Kochlöffel schwingen will?

Mink kochte in Los Angeles, in Peking, in Südafrika – und tut es heute noch regelmäßig in Singapur im dortigen »Stuttgart Black Forest Cafe«. In Singapur ist er übrigens auch Fernsehstar, denn dort wurden zwei Folgen mit ihm als Koch abgedreht. Dabei hat er ein schwäbisches Englisch (»Schwänglisch«) gesprochen, das sogar Günther Oettinger die Neidesblässe ins Gesicht treiben muss!

Sante de Santis

Die Schwaben lieben natürlich ihre Maultaschen und Kässpätzle, sind aber auch aufgeschlossen gegenüber der ausländischen Küche – nur gut muss sie halt sein!

Da gibt es dann problemlos Integrationsmöglichkeiten für Spitzenkräfte aus anderen Regionen. Zum Beispiel für den 1965 in Rom geborenen Sante de Santis. Dort besuchte er eine Hotelfachschule und war danach in verschiedenen Hotels in der italienischen Hauptstadt tätig. Ende der 1980er-Jahre machte er dann noch einen Abstecher nach London, bis er dann in der größten, wichtigsten und schönsten Metropole dieser Welt anstrandete: in Stuttgart.

Auch hier kochte er sich durch mehrere Lokale durch: »Hotel Intercontinental«, »Copthorne Hotel«, »Restaurant Fresko« und war im »Varieté Zelt« als Souschef und

Showkoch tätig – gut, für so was sind Italiener ja prädestiniert, und es ist viel besser, sie zeigen ihr dramatisches Talent am Herd als auf dem Fußballplatz, denn wer kann sich einen Mario Balotelli als Koch vorstellen? Der fliegt ja immer hin!

Den einprägsamen schillernden Namen brachte Sante de Santis ja schon von Geburt an mit – andere müssen lange über so was nachdenken, und dann kommt doch wieder nur ein »Conchita Wurst« oder »Milli Vanilli« als Künstlername raus.

Diese Fähigkeit, nicht nur gut kochen zu können, sondern selbige auch noch mit einem gewissen Showtalent zu begleiten, brachte ihm regelmäßige Auftritte bei der VOX-Sendung »Kochduell« ein. Daneben verfasste er einige Bücher zur italienischen Küche. Inzwischen hat er natürlich längst sein eigenes Lokal, sich aber auch hier immer wieder neu erfunden und erst vor wenigen Jahren einen neuen Trend zur alten Tradition eingeleitet. Sein »Ristorante all Italiana« hat er 2011 zur »Trattoria San Pietro« umgestaltet.

»Alles ist jetzt zwangloser, unkonventioneller, kommunikativer. Essen heißt schließlich nicht nur, Nahrung aufzunehmen, sondern gemeinsame Zeit mit der Familie, mit Freunden zu verbringen, soziale Kontakte zu pflegen, Kultur zu leben. Anstatt auf Tellern werden die Gerichte wie bei mir zu Hause in Töpfen, Pfannen und Schüsseln serviert. Jeder bedient sich selbst, bestimmt, wie viel er wovon und in welcher Zusammenstellung möchte.«

Dass er nah am Volk bzw. an seinen Gästen ist, zeigt auch die Tatsache, dass er nicht nur Kochkurse anbietet, sondern dass man sogar mit ihm zusammen in Urlaub fahren kann! Wohin? Natürlich nach Italien! Wer Lust hatte, der konnte im Spätsommer 2014 mit Sante durch Umbrien reisen.

Schon die Reiseart zeigt, dass der Starkoch ganz und gar nicht abgehoben ist, denn man ist per Vespa unterwegs! Auch durch Stuttgart ist er oftmals auf dieser Vespa zu sehen, und, ganz ehrlich, das ist die Situation, wo einem als sensitivem Menschen sogar ein Geschöpf aus Blech und Draht leidtun kann. Sagen wir so, Sante de Santis wäre der ideale Mann, um die Energiewende zu stemmen, denn wenn er sich nachts im Bett einmal umdreht, dann hat er schon eine hinter sich. Natürlich, Köche sind glaubwürdiger, wenn sie nicht spindeldürr daherkommen, aber aus gewichtspolitischer Sicht ist keiner glaubwürdiger als unser Sante de Santis.

Und noch etwas: Italiener neigen ja bekanntermaßen dazu, gut kochen zu können, beim Fußball gerne hinzufallen und leidenschaftlich zu singen. Nicht jeder Italiener singt gut, gerne tun sie es aber alle.

Sante de Santis singt gut und deshalb noch lieber als jeder andere Italiener. Es vergeht kaum ein Abend in seiner »Trattoria San Pietro« im Alten Landtag von Stuttgart, wo er sich nicht am Schluss noch an einen altertümlichen Computer setzen würde, ein altertümliches Karaoke-Programm aufruft und dann leidenschaftlich laut zur Playbackmusik die Gesangslinie mitschmettert. Noch mal: Das macht er wirklich gut! Und doch: Ich habe einmal ein »Date« in seinem Lokal gehabt und dass nicht nur aus diesem Abend, sondern aus der gesamten Sache nichts geworden ist, führe ich bis heute noch auf Sante de Santis Gesangseinlage nach dem Essen zurück.

»Brunnenwirt«

Der »Brunnenwirt« ist nicht etwa der Spitzname eines weiteren herausragenden schwäbischen Gastronomen, sondern ein Lokal an sich – allerdings eines, in dem weder Vincent Klink noch Jörg Mink oder Sante de Santis wahrscheinlich jemals kochen werden. Auch wenn dies sicher mal eine ganz interessante Kombination wäre!

Der »Brunnenwirt« befindet sich in Stuttgart in direkter Nähe zum dortigen Rotlichtviertel, und mancher wird sagen, dass der »Brunnenwirt« auch das Beste am Stuttgarter Rotlichtviertel ist.

Die Kundschaft ist naturgemäß bunt gemischt: Die in der Nachbarschaft tätigen Damen gehören genauso dazu wie jene Herren, die sich vor oder nach der Inanspruchnahme ihrer Dienste noch eine Stärkung gönnen. Natürlich nutzen auch viele sonstige Nachtschwärmer die Möglichkeit, zu später bzw. früher Stunde noch eine günstige und schnelle Essensmöglichkeit zu finden.

Hier drängt sich der Begriff einer schnellen Nummer geradezu auf, die Bratwurst ist Programm, und im Szenefachjargon wird der winzige Imbiss mit dem grandiosen Ausstoß deshalb auch »Nutten-Mensa« genannt. Ich gehe dort abends sogar dann essen, wenn ich keinen Hunger habe, denn was man dort erlebt, ist grandios. Es gibt eigentlich nur vier Speisen: Currywurst, Fleischküchle spezial, Pommes und Schweinebauch. Letzterer wird von beiden Seiten gnadenlos schwarz gebraten und gilt als Verkaufsrenner. Die Bestellung klingt dann etwa so:

»I kriag oin Bauch, schee schwarz, ond a Pommes rotweiß.«

Hans-Peter Grandl

Es ist eine besondere Kunst, Qualität auf den Teller zu zaubern, so wie Klink und Mink es tun. Es ist auch eine besondere Kunst, schnell und günstig zu bewirten wie der »Brunnenwirt«. Es ist aber auch eine besondere Kunst, riesige Menschenmengen schnell und hinlänglich zu bedienen. Eine Kunst, die oft unterschätzt wird, die aber hohe logistische und organisatorische Anforderungen stellt.

Nicht jeder kann wie einst der liebe Heiland aus fünf Fischen und zwei Broten eine Mahlzeit für 5000 Menschen zubereiten. Außerdem sind die Menschen heute sowieso viel anspruchsvoller. Sie würden Fragen stellen wie: »Ist das Brot aus Natursauerteig?«, »Wo genau kommen die Fische her?«, »Wurden in den Netzen auch Delfine mitgefangen?« oder: »Ich habe eine Weißmehlallergie!«

Tja, und schon hätte sogar der Herr Jesus ein Problem!

Daher will ich nun noch einen Mann vorstellen, der es sich zur Aufgabe gemacht hat, viele hungrige Mäuler zu stopfen. Hans-Peter Grandl ist der Herr des größten Zeltes auf dem Cannstatter Wasen und dem Frühlingsfest (5800 Plätze), gibt sich aber nicht mit einer bloßen Massenabfertigung zufrieden, sondern weiß, dass man den verwöhnten Gästen auch immer etwas Besonderes bieten muss: So gibt es neben dem Zelt noch einen überdachten Biergarten, dessen Dach sich auf Knopfdruck bei gutem Wetter nach Cabrioart öffnen lässt. Auch kulinarisch lässt man sich immer wieder Neues einfallen: Auf dem Frühlingsfest feierte die »Maultasche to go«-Premiere.

Und in den zwei größten und wichtigsten Veranstaltungslocations vom Metropölchen, der Porsche-Arena und der Schleyer-Halle, und bei vielen anderen großen Events sorgt Grandls Team für hervorragende Verköstigung. Hans-Peter Grandl ist ein Mensch, dessen Herz mindestens so groß ist wie sein Gastronomenbauch. Viele meiner gemeinnützigen Projekte, die über meine »Stiphtung Christoph Sonntag« im Kleinen die Welt verbessern, wären ohne diesen Menschen und seine großzügigen Zustiftungen überhaupt nicht denkbar gewesen! Und dabei ist der »König vom Cannstatter Wasen« auf eine herrlich selbstbewusste Art bescheiden. Eines unserer ersten Stiftungsprojekte war bekanntermaßen die Sanierung eines Stuttgarter Sees, des »Max-Eyth-Sees«, in die über eine Million Euro an Geld und Sachleistungen geflossen sind. Am Ende der Aktion, als klar war, dass das Projekt ein ökologischer Erfolg wird, hat mir der Direktor einer kleineren Stuttgarter Bank den Vorschlag gemacht: Er spendet 2000 Euro für ein großes Sonnensegel über unser »Klassenzimmer am See«, wo Jugendliche im Freien Unterricht erhalten. Seine Bedingung war allerdings, dass auf diesem 100 Quadratmeter großen Sonnensegel dann weithin sichtbar das Logo seiner Bank erscheinen würde. Das war so clever schwäbisch, dass es schon wieder unverschämt war: Andere zahlen die Aktion, und die Bank wird als Spender wahrgenommen.

Daraufhin habe ich Hans-Peter Grandl angerufen, der sich wirklich unglaublich großzügig gezeigt und sogar an seinem 50. Geburtstag seine Gratulanten anstelle von Geschenken um Spenden für unseren See gebeten hat, und habe ihm das Angebot gemacht, das Segel mit seinem Logo zu bedrucken. Seine Antwort: »Ha noi, des brauche mr net. Mir gohts um der See, wenn der sauber isch, no isch mirs recht. Ond wer wisse will, dass i do mitgholfe hann, der kriegst au anders raus!«

Das ist schwäbische Größe! Wir können alles – auch großzügig sein. Und kochen (siehe oben). Und trotzdem und bei allem geht auch dem Grandl der hinterfotzigknitze Schwabe nicht ab; wer sich ein bisschen auskennt in der Werbewelt, der weiß, dass Großplakate sehr werbewirksam sind, die Flächen in der Stadt aber begehrt, lange ausgebucht und teuer sind.

Irgendwann hat sich Hans-Peter Grandl ein Haus gekauft mitten in der Hauptstätter Straße in Stuttgart, dort, wo Tag für Tag sechzigtausend Autos vorbeifahren. Und komischerweise muss immer kurz vor dem Frühlingsfest im April und dem Cannstatter Wasen im September an der Fassade seines Hauses dringend etwas repariert werden. Dazu wird ein großes Gerüst aufgebaut, auf das vorne ein kosmisch-großes Plakat gehängt wird, das unübersehbar auf den Wasen hinweist. Natürlich wird dieses Gerüst vom Amt nur über die Baumaßnahmenzeit hinweg genehmigt, und die ist eben oft nicht identisch mit der Zeit, in der der Wasen stattfindet.

Aber man ahnt gar nicht, wie oft Handwerker dann trotz Ankündigung nicht kommen, das bestellte Material falsch war und man aufs richtige warten muss und manchmal ist dann nach Fertigstellung das Wetter so schlecht, dass man mit dem Abbau des Gerüstes noch eine Woche warten muss. Ich bewundere Grandls Geduld mit diesem Haus, das ständig kaputt ist und nie rechtzeitig repariert werden kann. Einziger Trost mag sein, dass die eingesparten Kosten fürs Plakat bei Weitem alles übertreffen; er könne das Haus sogar leer stehen lassen und würde trotzdem noch rechnerisch besser fahren, als wenn er so ein großes Plakat kommerziell aufhängen ließe.

Das ist schwäbische Anarchie: clever, frech, witzig. Und im Hintergrund immer geschäftstüchtig. Wir sehen: so was macht in Schwaben nicht mal vor den Köchen und Gastronomen halt!

Göckelesmaier

Und dann gibt es da noch eine ganze Dynastie, die nun schon seit über 80 Jahren die Gäste aus nah und fern auf den Volksfesten in Stuttgart und anderswo verköstigt.

Begonnen hat diese Erfolgsgeschichte allerdings schon 1928, als ein junger Bäcker namens Karl Maier vom Backen zum Eisverkaufen wechselte. Verständlich, wenn man an die frühen Arbeitszeiten in der Backbranche denkt! Als Eisverkäufer kann man entschieden länger schlafen, denn wer isst schon Eis zum Frühstück? Wahrscheinlich deshalb wechselte er bereits nach wenigen Jahren vom Eis zur Bratwurst, die wird nämlich ab elf Uhr und über das ganze Jahr hin gegessen!

Die Weiterentwicklung kommt dann 1938: Vom Oktoberfest inspiriert, eröffnet Maier die erste Hähnchenbraterei Baden-Württembergs auf dem Cannstatter Wasen. Dabei entwickelt er eine spezielle Rezeptur zum Würzen, die selbst heute noch so geheim ist wie die Formel für Coca-Cola. Wobei die Rezeptur von Cola als geknackt gilt: irgendwas + Zucker + Zucker + Zucker + Zucker + Wasser + Kohlensäure = verkaufsfertig.

Kurz unterbrochen durch Weltmachtsfantasien eines kleinen Österreichers mit fragwürdiger Frisur, zweifelhaftem Bart und schweren logopädischen Störungen, nimmt Karl Maier 1947 den Betrieb wieder auf. Da sich auf dem Volksfest gleich mehrere Maiers tummeln, erhält er 1949 den Spitzenamen »Göckelesmaier« – und damit sein Alleinstellungsmerkmal.

Maier erweist sich weiter als gewiefter Geschäftsmann, eröffnet weitere Volksfeste in Baden-Württemberg und holt sich eine Bayerin als Unterstützung in sein Unternehmen. Praktischerweise wird auch gleich geheiratet, so entfallen schon einmal Gehaltskosten. So wird Karl Maier dann mit 67 Jahren sogar noch Vater. Den persönlichen Dingen widmet sich der schwäbische Unternehmer halt immer erst dann, wenn's Geschäft sicher laufe duhd!

Als er 1973 im Alter von 73 stirbt, führt seine Frau das Geschäft weiter, unterstützt von der Familie der Nichte ihres Mannes. Auch dies eine herausragende Leistung, denn man muss daran denken, dass das noch Zeiten waren, in denen man die Frauen zumeist ausschließlich bei der Kinderbetreuung und im Haushalt sah; Ursula von der Leyen war noch weit weg! Zu Recht erhielt Josefine Maier dafür sogar die Ehrenmedaille der Stadt Stuttgart – das will schon was heißen, wenn eine Frau aus Bayern damit ausgezeichnet wird!

1998 war dann der nächste Karl Maier (junior) so weit, das Geschäft zu übernehmen. Und im Jahr 2000 wurde der nächste Karl Maier geboren; man muss sich keine Sorgen machen, dass es für ihn noch keine familieninternen Berufspläne gibt! Das ist schwäbische Schläue, denn so kann man auch die nächsten Jahrzehnte das »Karl Maier«-Briefpapier weiterverwenden.

2006 führt die Frau von Karl Maier jr., Daniela Maier, den sogenannten Damenwasen ein: Hier dürfen Frauen mal feiern, ohne in Gefahr zu geraten, dass allzu alkoholisierte Herren der Schöpfung ihnen gegenüber ihr Innerstes nach außen kehren. (Dies ist natürlich nur sinnbildlich gemeint!) Außerdem können sie sich in Ruhe über Schuhe, Kindererziehung und Männer unterhalten.

Ich habe schon mehrmals das Vergnügen gehabt, den Damenwasen mit einem kurzen Auftritt und einer kurzen Begrüßung zu starten. Viele Männer beneiden mich darum, denn beim Damenwasen gilt: Wenn man schon mal da ist, dann bleibt man auch noch ein Stündchen!

Heute sind die Göckelesmaiers auf sechs großen Festen in Baden-Württemberg aktiv. Und da der nächste Karl Maier schon bereitsteht, dürfte sich daran auch in der nächsten Zeit nichts ändern! Außerdem gibt es seit 2003 auch noch Zwillingsmädchen, denen sicher auch eine Zukunft im elterlichen Betrieb bevorsteht.

Mit dem Ausschlafen, welches vielleicht ihr Vorfahr Karl Maier 1928 bei seinem Wechsel vom Bäcker zum Eisverkäufer im Hinterkopf hatte, wird es sicher schon lange nichts mehr. Würde einem echten schwäbischen Unternehmer aber sowieso nicht ernsthaft in den Sinn kommen! Daniela und Karl Maier sind große und leidenschaftliche Unterstützer meiner gemeinnützigen Stiftung. Unter anderem veranstalten sie auf dem Volksfest regelmäßig einen Sonntag für unsere »Stiphtung«, das Motto ist »Trinken für den guten Zweck!« und fünfzig Cent pro Maß gehen an die gute Sache. Das gibt einem die Chance, bei der Polizeikontrolle nach dem Wasen ganz entlarvend zu gestehen: »Ich wollte ja schon seit Stunden heimfahren, aber, Herr Wachtmeister, mal ehrlich, irgendwie müssen wir doch alle zusammenhalten, wenn es darum geht, die Welt zu verbessern!«

Der schwäbische Dialekt

Eine Szene auf der Stuttgarter Königstraße: Treffen sich ein Chinese, der kein Japanisch spricht, und ein Japaner, der nicht Chinesisch kann.

Sagt der Japaner: »Ich glaube, du bist nett, aber ich verstehe dich nicht!«

Antwortet der Chinese: »Wie bitte? Kann sein, dass du nett bist, aber ich verstehe dich nicht!«

Entgegnet der Japaner: »Was sagst du?«

Darauf der Chinese: »Wie bitte?«

Kontert der Japaner: »Sag mal, willst du mich hier provozieren, oder was?«

Der Chinese: »Ich habe den Eindruck, du bist aggressiv!«

Der Japaner: »Ich schlag dich gleich!«

Der Chinese haut wortlos zu, der Japaner schlägt zurück, der schwäbische Polizist kommt und zieht die Streithähne auseinander: »Jetzt höret doch auf mit Haue, schwätzet doch lieber mitanander!«

Haben wir, liebe außerschwäbische Leser dieses Buches, das Hauptproblem schon erkannt? Ihr versteht uns einfach oft nicht! Dabei sind wir doch so einfach zu verstehen – zumindest bei uns daheim. Andererseits haben wir in Deutschland ein Dialektkaleidoskop, das sich ein Amerikaner nicht vorstellen kann: In Deutschland, einem

Land, das nicht einmal so groß ist wie der US-Bundesstaat Kalifornien, existieren laut Wikipedia 53 verschiedene Mundarten. Wir fahren von Baden-Württemberg so weit nach Norden wie der durchschnittliche Amerikaner zum abendlichen Bowlen und haben es bei der Ankunft mit einer völlig anderen Sprache zu tun. Wir überqueren in zwei Stunden Autofahrt mehr Dialektgrenzen, als der Ami überhaupt Worte kennt.

Um uns also mögen zu können, müsst ihr natürlich verstehen können, was wir Liebenswertes von uns geben! Ihr müsst aufhören damit, an der vordergründigen, schwäbisch-grummeligen Nuschelgrenze hängen zu bleiben. Schafft euch durch diese Barriere und entdeckt uns in unserer ganzen Sprachschönheit. Und glaubt nicht, dass wir das nicht wissen!

»Wir können alles. Außer Hochdeutsch.«

So haben wir uns in unserer Imagekampagne auf die uns eigene, bescheiden-angeberische Art und Weise bei euch Außerschwäbischen vorgestellt.

Bevor wir auf diesen Spruch und seine Herkunft genauer eingehen, sollten wir erst mal einen Blick darauf werfen, wo denn überhaupt Schwäbisch gesprochen wird. Für den Norddeutschen gibt es südlich der Mainlinie ja sowieso nur zwei Dialekte: Schwäbisch und Bayrisch. Besonders ignorante Zeitgenossen denken ja sogar nur an Bayern, wenn sie von Süddeutschland reden.

Dabei wird, um die Verwirrung zu perfektionieren, in einem Teil Bayerns eine Art Schwäbisch gesprochen, nämlich im Regierungsbezirk Schwaben. Hauptstadt dieser Region ist Augsburg (»Augschburg«), und sie umfasst auch das Allgäu. Tipp: Man sollte flugs das Weite suchen, wenn man einem Allgäuer unterstellt, er spreche Schwäbisch!

Der Schwerpunkt des Reinschwäbischen liegt aber natürlich im Bundesland Baden-Württemberg. Tipp: Genauso flugs, wenn nicht sogar noch flüger das Weite suchen, wenn man einem Badener unterstellt, er spreche Schwäbisch.

Konzentrieren wir uns also auf den württembergischen Teil des Bindestrich-Bundeslands, welcher gemeinhin mit Schwaben gleichgesetzt wird. Natürlich gibt es »Grenzregionen«, in denen beide Dialekte aufeinanderstoßen und Mischformen bilden, zum Beispiel im Pforzheimer Raum. Sehr schön, dass genau hier von beiden Seiten her gesehen folgender Witz Furore macht: »Wo liegt die Grenze zwischen Genie und Wahnsinn?«

»Bei Pforzheim!«

Das ist unsere Stärke: Jede der zwei Seiten, badisch und schwäbisch, einigt sich auf einen Witz, bei dem sich jeder nach Belieben auf die bessere Seite rüberdefinieren darf. So geht Integration!

Im Norden wiederum, wo Schwaben an Franken grenzt, kommt schon wieder das Fränkische ins Spiel und erweitert die babylonische Dialektverwirrung. Wie soll da einer durchblicken, wenn schon wir's nicht tun?

Und natürlich können auch im Württembergischen selbst schon wenige Kilometer große Unterschiede innerhalb des schwäbischen Dialekts ausmachen. Es gibt bei uns Ortschaften, die nur zwei Kilometer voneinander entfernt liegen, aber auffallend unterschiedliche Idiome benutzen. Wenn die Entfernung dann noch größer wird, kann der geneigte Zuhörer sogar den Eindruck gewinnen, dies seien nicht zwei Varianten der gleichen Sprache, sondern gleich Chinesisch und Japanisch. Man fragt sich mitunter zu Recht, wie ein Bewohner der Schwäbischen

Alb und ein Südschwarzwälder, die beide ausgeprägte Dialekte ihrer Heimatregion sprechen, miteinander ohne Simultandolmetscher über die Runden kommen sollen. Zum guten Glück würden diese beiden ohnehin niemals miteinander sprechen.

Woher stammt dieser Sprachenreichtum? Er hat seinen Ursprung natürlich in einer Zeit, da die Menschen oft kaum über ihr Heimatdorf hinauskamen und so auch die sprachlichen Grenzen keine Chance zur Aufweichung hatten. Damals war es schon ein großes gesellschaftliches Ereignis, wenn der örtliche Großbauer ein paar Stück Vieh aus dem Nachbardorf zu sich holte. Oder sogar eine Frau.

Die folgenden beiden Witze veranschaulichen eindrucksvoll die damalige allgemeine Abschottung:

So wollte einmal ein badischer Knecht beim Schwabenbauern anheuern. Der Schwabe war grummelig und sehr misstrauisch und lehnte das Angebot erst kategorisch ab. Der Badener sagte, er verfüge aber über ganz besondere Fähigkeiten: Er könne mit Tieren reden. Das möchte der Bauer genau wissen, denn seine Kuh gibt seit Wochen keine Milch mehr. Der badische Knecht geht zu besagter Kuh, flüstert ihr etwas ins Ohr, hält seinen Mund vor das Maul der Kuh und berichtet dann: »Deine Kuh hat ein Magenproblem. Lass sie ein paar Kamillenkräuter fressen, und sie wird wieder Milch geben!«

Der Bauer gibt ihr Kamille, bleibt aber skeptisch. »Jetzt ganga mir no zom Pferd, des lahmt nämlich seit ra Weile!«

Der Knecht spricht mit dem Pferd und erzählt danach: Es habe unter seinem rechten Hinterhuf einen Nagel stecken.

Der Bauer nimmt das Eisen ab, entdeckt tatsächlich einen Nagel, zieht ihn heraus, und das Pferd läuft wieder.

»Bevor i di nemm, musch no mit zu de Schweinen gange, i hann a eine Sau, die nemme uffstoht!«

Auf dem Weg zum Schweinestall bemerkt der Bauer, wie die Ziege dem badischen Knecht etwas zumeckert und dieser erstaunt stehen bleibt. Daraufhin der schwäbische Bauer: »Hör net uff die domme Ziege! Mai Frau war drei Woche em Krankahaus ond i war an dem Obend betrunka!«

Ein andermal sagt der Bauer zum Nachbarn: »Du, da hinta, auf deiner großa Wies, da vergnügt sich grad an Badener mit deinor Frau!«

Dem Bauern kocht augenblicklich das Blut hoch, er ergreift Spaten, Axt und Rechen und rennt wie von der Tarantel gestochen erbost los, um wenige Augenblicke später ganz entspannt und gemächlich wieder zurückzukommen.

»Und«, fragt der Nachbarsbauer, »hosch se gsäh?«

Antwort: »Jawoll, aber dess isch gar net mai Wiesle!«

In den heutigen Zeiten, da viele junge Menschen ihre Heimat zum Arbeiten oder Studieren verlassen und die Medien die große weite Welt bis ins letzte Dorf tragen, gleicht sich die Sprache immer mehr an, auch der Dialekt. Oft entstehen heute eher Soziolekte, die bestimmte Gruppen miteinander verbinden und für den Außenstehenden häufig wie eine Geheimsprache anmuten.

Als Beispiel sei die Jugendsprache genannt. Begriffe wie »yolo«, »bitchfight« oder »babo« prallen an der älteren Generation – also alle über 20 – oft wirkungslos ab wie ein Gummiball.

»Easy! Chill mal, Digger! Yo, man, five!«

Wenn Sie wissen wollen, was das heißt, fragen Sie bitte nicht den Autor, sondern dessen Kinder!

Trotzdem gilt: Noch immer spielen Dialekte eine wichtige Rolle in der Sprache – und gerade das Schwäbische bedingt oft eine sofortige Identifikation des Sprechers.

So kam auch der bereits benannte, geniale Schachzug: »Wir können alles. Außer Hochdeutsch«, im Zuge unserer Imagekampagne für Baden-Württemberg zustande. Warum nicht den Spieß umdrehen? So hat sich dieser Slogan, erstmals 1999 von der Leine gelassen, sehr schnell in ganz Deutschland verbreitet.

Der Spruch beweist eine gehörige Portion von gut kalkulierter Selbstironie, denn der Schwabe weiß durchaus, dass sein Dialekt ihn einzigartig und leicht identifizierbar macht. Indem wir damit ganz offen unsere größte offensichtliche Schwäche benannt haben, konnten wir die vielen anderen, kleineren Schwächen selbstbewusst unter Verschluss halten. Natürlich soll es einige wenige echte Schwaben geben, die in der Lage sind, ein völlig dialektfreies Schriftdeutsch zu sprechen, aber diese absolute Minderheit können wir an dieser Stelle vernachlässigen.

Dem Schwaben bleiben also nur zwei Möglichkeiten: Er kann zum einen zu seiner sprachlichen Besonderheit stehen oder aber versuchen, sie zwanghaft zu kaschieren. Dies wird allerdings meistens schiefgehen, der Schwindel fliegt auf, und er steht erst recht als Provinzdepp da.

Wer von Ihnen, geschätzter außerschwäbischer Leser dieses Buches, je belauschen konnte, wie unser damaliger Ministerpräsident Erwin Teufel stets versucht hat, Hochdeutsch zu sprechen, weiß, dass dieses Ansinnen einer völlig misslungenen kieferorthopädischen Behandlung gleicht.

In Auftrag gegeben wurde diese Kampagne von der damaligen Landesregierung, deren Chef der eben genannte CDU-Ministerpräsident Erwin Teufel war. Dieser war zwar von einer Bodenständigkeit, die ihn im Ländle sehr beliebt machte, aber als peppige Identifikationsfigur für ein erfolgreiches Bundesland war er so geeignet wie eine Portion Kässpätzle als Diätvorschlag.

Selbst Pressekonferenzen, auf denen er die wirtschaftlichen Erfolge Baden-Württemberg präsentierte, brachten die meisten Zuhörer an die Grenze ihrer psychischen Belastbarkeit und waren ohne größere Mengen an Koffein oder anderen wachhaltenden Mitteln oft nicht zu überstehen. Von synthetischen Drogen ganz zu schweigen.

Ironischerweise war die Berliner Agentur »Scholz and friends« Ideengeber für den griffigen Slogan, allerdings lange Zeit vor dem Spätzleskrieg in der Hauptstadt Berlin. Trotzdem war es sicherlich eine gute Entscheidung, die vermeintliche Schwäche der Schwaben als ironische Stärke einzusetzen.

Denn man muss es ehrlich sehen: Der schwäbische Dialekt wird im Rest der Republik wenig geschätzt, man macht sich über ihn lustig oder hält ihn schlichtweg für völlig unverständlich. Interessant übrigens, dass das Bayrische, für Nordlichter sicher genauso schwer zu verstehen, oft mit einem ganz anderen Selbstbewusstsein daherkommt. Unvergessen, wie zum Beispiel der Rodler Schorsch Hackl bei seinen Interviewausführungen teilweise mit hochdeutschen Untertiteln unterlegt wurde. (Stichwort »Originalton Süd«) – Zeit also auch für den Schwaben, selbstbewusst mit seiner Sprache umzugehen.

Ein wichtiger Zeitpunkt war ja schon die Wiedervereinigung, denn das Sächsische hängte das Schwäbische dann sehr schnell in der Tabelle der unbeliebtesten Dialekte in Gesamtdeutschland ab. Das hat uns damals ordentlich entspannt und großen Druck von uns abgelenkt. Inzwischen kokettieren auch bekannte Persönlichkeiten mit ihrer schwäbischen Herkunft, selbst Harald Schmidt streute immer wieder schwäbische Sätze in seine Shows ein.

Zum Abschluss dieses Kapitels will ich dem nichtschwäbischen Leser wenigstens noch einige Tipps geben, damit er im fremden Sprachraum einigermaßen zurechtkommt.

Die Verniedlichungsform

Der Schwabe tendiert dazu, zahlreichen Substantiven die Endung »le« anzuhängen. Dies geschieht spielerisch und dient oft gar nicht dazu, die Sache als besonders klein zu beschreiben. Wenn die schwäbische Frau sagt: »I nem a klois Körble mit«, muss das nicht zwangsläufig heißen, dass nach dem Einkauf das Familienkonto nicht trotzdem komplett leer geräumt ist, wie dies die doppelte Verkleinerungsform fälschlich suggeriert. Und wenn der Mann danach erschöpft sagt: »I gang mit meine Kumpels a klois Bierle trinken!«, kann er trotzdem mit einem ordentlichen Affen im Gesicht wieder heimkommen.

Falsche Freunde im Schwäbischen

Manchmal kommt es auch vor, dass der Zuhörer zwar das gehörte Wort identifizieren kann, aber seine Bedeutung im Schwäbischen eine andere ist, als er dachte. Das kann dann durchaus zu schweren kulturellen Missverständnissen führen. Hier will ich einige Beispiele für sogenannte falsche Freunde (Wörter mit gleichem Klang, aber unterschiedlicher Bedeutung) aufführen, die helfen können, solcherlei peinliche Situationen für den Zugereisten oder Touristen zu vermeiden.

Fuaß/Fuß

Der schwäbische »Fuaß« umfasst nicht nur den hochdeutschen Fuß bis zum Knöchel, sondern das gesamte Bein bis an seine Aufhängung oben im Hüftbereich. Wenn ein Schwabe also einer Dame gegenüber das Kompliment macht, sie haben »schene Fiaß«, dann darf sich die Gelobte gerne auch bis dahinauf darüber freuen.

Wohingegen das Kompliment: »Sie henn fei Fiass wie a Rehle!«, keines ist, weil ihm der gedachte Nachsatz folgt: »... nett so dünn, aber so haarig!«

Auch ist es so durchaus möglich, dass ein Schwabe einen »Wadenkrampf im Fuaß« hat – gerade für nichtschwäbische Ärzte eine wichtige Information, um den Patienten wirklich an richtiger Stelle zu behandeln und ihn nicht wegen Halluzinationen in eine andere Abteilung zu überweisen.

Sau/Sau

Verwendet der Schwabe das Wort »sau«, so meint er zumeist nicht das Tier, sondern das hochdeutsche Wort

»rennen«. Gerade im Umgang mit der Ehefrau kann die Verwendung dieses Wortes für den Außenstehenden natürlich überaus irritierend wirken, wenn zum Beispiel der Mann seiner Gattin zuruft: »Sau!«, dann ist dies nicht als Beleidigung, sondern lediglich als Aufforderung zur Eile gemeint. »Sau, Säule, sau!«, fordert ein kleines Schwein zum Davonrennen auf.

Übrigens wird das Tier »Sau« im Schwäbischen verniedlicht (s.o.) als »Säule« bezeichnet. Hier kommt dann problematisierend wieder die Überschneidung mit der Hochdeutschen »Säule« (Bauwerk oder Rettungssäule) ins Spiel. Damit muss man leben, denn hier hängt selbst der Schwabe dann kein »le« mehr an, sprich »Säulele« gibt es nicht!

Im Übrigen gilt »sau« vor einem Adjektiv als Verstärkung desselben. »Saugut« ist zum Beispiel um Längen besser als »gut«, »saugeil« ist um ein Vielfaches geiler als »geil«, und »sauhoch« – ist das Ulmer Münster.

Bühne

Wenn einer ein Haus sucht, so wird ihm in schwäbischen Anzeigen oft eine Bühne mit angeboten. Nun steckt nicht in jedem Schwaben ein Hobbyschauspieler, der im eigenen Heim gleich eine Bühne einbauen lässt. Nein, vielmehr handelt es sich hier um das schwäbische Wort für Dachboden.

Auch die Bühne ist sauber, aufgeräumt und geputzt, das Dach ist mithilfe eines günstigen Förderkredites vollwärmegeschützt, und obwohl dort niemand wohnt und je wohnen wird, sind die Möbel da oben schöner und wertvoller als viele Möbel andernorts im Wohnzimmer. So sind wir halt! Auch wenn niemals eine Operation bei uns im Wohnzimmer stattfinden würde, sind wir doch hygienetechnisch in jeder Sekunde darauf vorbereitet. Der Schwabe lebt nicht wirklich, aber er ist ständig bereit dazu und im Zweifel bestens für alles gerüstet. Der Schwabe sitzt nicht auf dem Balkon, weil er schaffen muss, um das Geld für den geplanten Zweitbalkon reinzuverdienen.

G'schwind/geschwind

Das schwäbische Wort »g'schwind« ist zumeist nicht als Geschwindigkeitsangabe gemeint, sondern charakterisiert eher einen Zeitabstand. Dies wird deutlich am Beispiel: »Wart mal g'schwind!« Der Nichtschwabe könnte hier durchaus verwirrt reagieren, denn entweder man wartet, unterbricht also eine Tätigkeit, oder führt diese schnell, also geschwind zu Ende. Solch scheinbare Widersprüche ertragen wir Schwaben in der uns typischen Dialektik. Wenn Sie das verwirrt, »denket Se oifch gschwend nomal in Ruhe drüber nach«!

Teppich

Hier kommt ein besonders delikater »falscher Freund«, der sicher schon zu dem einen oder anderen Missverständnis zwischen Schwaben und Auswärtigen geführt hat. Wenn der Schwabe vom »Teppich« redet, dann mitnichten von der Auslegeware, sondern von einer wärmenden Decke. Das Angebot, dem fröstelnden Gast einen »warmen Teppich« zu bringen, darf keinesfalls so verstanden werden, dass der Gastgeber ihm Tante Gustls alten Perser um die Schultern werfen wird.

Zeitangaben

Die Mittagszeit beginnt im Schwäbischen von da an, wo früher das Mittagessen auf dem Tisch zu stehen hatte, und endet kurz vor Einbruch der Dunkelheit. Der Schwabe muss arbeiten und hat keine Zeit für genauere Differenzierungen in früher Mittag, später Mittag oder gar Nachmittag. »I hann heut mittag saumäßig viel wegschafft!«, bezeichnet also das Arbeitszeitfenster zwischen 12:00 und 17:30 Uhr. Besser nicht genauer nachfragen, sonst muss man morgen nur mithelfen.

Dies sind natürlich nur ein paar kleine Beispiele, um die gröbsten Missverständnisse auszuschließen. Wie gesagt: Der schwäbische Dialekt ist dermaßen komplex und vielschichtig und überall anders, dass sich der auswärtige Gast oder Zugezogene (»Rei'gschmeckte«) sich ihm nur langsam annähern kann.

Wir wissen natürlich sehr gut, dass viele schon vorab daran scheitern und allein wegen unseres Dialekts von einem Zuzug nach Baden-Württemberg absehen. Das verletzt uns natürlich einerseits, andererseits führt das aber auch zugegeben zu großer innerer Beruhigung: Dann nimmt uns schon keiner den Parkplatz weg. Für den kleinen Zweitwagen. Porsche und Daimler stehen ja sowieso in der Doppelgarage, vor den Fahrrädern, dem Schneepflug und dem eingebauten Wandtresor.

Der sparsame Schwabe

Ein Hoferbe gibt eine Heiratsanzeige auf: »Hoferbe sucht Frau, gerne mit Traktor. Antworten bitte mit Foto (vom Traktor).«

Ein anderer ruft bei seiner Lokalzeitung an und bittet um folgende Anzeige: »Gerda gestorben.« Der für die Lokalanzeigen zuständige Redakteur fragt etwas verwirrt nach, ob das alles sei. Ja, antwortet der Mann, er möchte das möglichst billig haben. Daraufhin entgegnet der Redakteur, er müsse sich nicht so panisch kurz fassen! Schließlich habe er sogar in der billigsten Anzeigenkategorie noch acht Worte frei! Reagiert der Mann spontan: »Schnordnung, no schreibet Se: ›Gerda gestorben. Gebrauchten Golf zu verkaufen. Telefon 53084‹.«

Und da haben wir sie auch schon, jene Eigenschaft, die wie kaum eine andere mit uns Schwaben assoziiert wird: die Sparsamkeit. Da stellt der schlaue Schwabe sogar bei der Partnerwahl andere Faktoren problemlos hinten an. Das ist es, was uns zum erfolgreichsten Bundesland der Republik macht! Die anderen glauben an Liebe auf den ersten Blick, an Romantik und kosmische Zufälle. Wir wissen: »Schönheit vergeht, Hektar besteht!«

Manchmal wird diese schwäbische Sparsamkeit sogar mit ihrem hässlichen Bruder, dem Geiz, verwechselt. Jörg Mink, schwäbischer Promiwirt mit Hang zum Philosophischen, über den an anderer Stelle in diesem Buch schon berichtet worden ist, sagt zu beidem Folgendes: »Der Schwabe ist nicht geizig, sondern sparsam! Es ist nämlich überhaupt nicht verwerflich, wenn man gerne arbeitet, gutes Geld verdient, mit diesem guten Geld ein schönes Haus baut und dieses dann auch noch außen und innen sauber hält!«

Nach Minks Einschätzung sitzt der wahre Geiz in Berlin, denn nur dort habe er zahlreiche Menschen kennengelernt, die geizig seien, wenn es keiner sieht, und das Geld raushauen, wenn jeder guckt!

Dies alles beweist: Geiz ist nicht geil, sondern peinlich, aber Sparsamkeit ist mehrdimensional. Ein normaler Mensch, vulgo ein Außerschwäbischer, hat Geld und kauft sich davon etwas. Danach ist das Geld weg, und er hat etwas, auf das er aufpassen muss, das er pflegen muss, das seinen Wert verliert oder über das er sich sogar im schlimmsten Fall ärgern muss. Ein Schwabe wiederum geht mit diesem Geld zum Händler, lässt sich alles zeigen, wägt sämtliche Vorzüge des einen Produkts gegen die Nachteile des anderen ab – und geht dann, ohne etwas gekauft zu haben, mit einem: »I däd drüber nachdenke!«, und seinem ganzen Geld wieder heim. So nimmt er drei positive Gedanken mit in die Nachtruhe:

1. »Ich habe mein Geld noch.«
2. »Ich habe die Wahl noch.«
3. »Ich muss mich um nichts kümmern.«

Dies zeigt: Des Schwaben wachsamer Blick aufs Geld ist eher von einem wohltuenden Realitätssinn geprägt. Kein Wunder, dass die schwäbische Sparsamkeit immer wieder gerne im positiven Sinne reklamiert wird.

So sah sich ja auch Bundeskanzlerin Angela Merkel als »sparsame schwäbische Hausfrau«, um sich diversen Ausgabeforderungen der Opposition und denen aus den eigenen Reihen zu widersetzen. Bei genauer Prüfung muss man ihr dieses Prädikat aber leider aberkennen, denn seit ihrem Amtsantritt 2005 sind in knapp zehn Jahren die Schulden der Bundesrepublik um über eine halbe Billion Euro gestiegen.

Vielleicht sollte man endlich mal einen echten Schwaben zum Kanzler oder wenigstens zum Finanzminister machen. Wahrscheinlich hätten wir im Handumdrehen einen ausgeglichenen Haushalt samt prallvollem Sparbuch bei der örtlichen Raiffeisenbank im Wahlkreis und Bausparvertrag in Schwäbisch Hall.

Gut, Theo Waigel war zwar Schwabe, aber halt einer aus Bayern. Daher hat's mit dem Sparen bei ihm nicht so richtig geklappt. Und Wolfgang Schäuble ist zwar kein Schwabe, sondern nur Badener, aber immerhin einer aus unserem Bundesland. Deshalb hat er auch nie wirklich was weggespart, aber die Konjunktur hat ihm zumindest in 2014 einen ausgeglichen Haushalt beschert. Und wer wirklich hinter den guten Finanzdaten im Land steckt, das weiß der aufmerksame Leser nach Lektüre des Kapitels »Der Schwabe als Weltmarktführer«.

Nun mag manch einer sagen, dass es heute mit der schwäbischen Sparsamkeit auch nicht mehr so weit her sei, und mit dem Zeigefinger auf das Projekt Stuttgart 21 zeigen, welches ja immer teurer und teurer wird. Dem kann man aber leicht entgegnen, dass die Hauptverantwortlichen ja gar keine Schwaben sind: Der ehemalige Bahnchef Mehdorn wurde in Warschau geboren, sein Nachfolger Grube in Hamburg. Hätte man gleich einen

Schwaben rangelassen, so wäre der Bahnhof wahrscheinlich schon fertig und zudem günstiger ausgefallen. Oder nicht. Warum? Weil das meiste Geld für das Bauprojekt ohnehin aus Brüssel kommt. Uns juckt vor allem die eigene Asche! Woher kommt also der Unmut über Stuttgart 21? Schlüsselfrage dazu: Wo hat Brüssel das ganze Geld her? Natürlich von uns Schwaben. Wir holen es uns auch gerne zurück, aber noch lieber würden wir es gar nicht erst hergeben!

Die Frage drängt sich auf: Worin begründet sich die schwäbische Sparsamkeit eigentlich? Historisch gesehen sind hier zwei Ursachen zu nennen: Zum einen gab es bei uns Zeiten, in denen nicht das ganze Ländle vom wirtschaftlichen Erfolg seiner großen Industriezweige profitierte, sondern in denen man, gerade in kargen Gegenden, durchaus genau hinschauen musste, ob und wie viel man ausgeben konnte. Vor allem auf der Schwäbischen Alb, wo es das Klima oft nicht gut mit den Bauern meinte, war es wichtig, zurückhaltend zu haushalten und auf die Ausgaben zu achten. Sicher liegt hier ein wichtiges Fundament für den Erfindungsreichtum der Schwaben, der in diesem Buch aus guten Gründen mehrfach angesprochen wird.

Zusätzlich befördert wurde diese Grundhaltung durch den sich im 17. und 18. Jahrhundert in Württemberg verbreitenden Pietismus. Auch mich als Kind hatte die Oma immer wieder in die »Stond« genannte, einmal in der Woche von der »Landeskirchlichen Gemeinschaft« einberufene Versammlung mitgeschleppt. Von seiner prinzipieller innerer Würde war die Veranstaltung das Gegenmodell zu einer katholischen Prachtpredigt. Als Prediger stand immer im Wechsel einer der vor allem in der Landwirtschaft verwurzelten Brüder vorne am Rednerpult und versuchte sich mehr oder weniger eloquent an der Exegese eines selbst ausgewählten Bibeltextes.

Einer dieser Brüder war gedanklich offensichtlich noch mehr im Acker als im Kapitel und begann seine Predigt folgendermaßen: »In unserem zuletscht verlesenen Kartoffel!« Dies führte zu einem dauernden Gekicher und Gegacker während der ganzen einstündigen heiligen Predigt. Am Schluss der Versammlung sagte eine Freundin ganz zerknirscht zu meiner Oma: »Om Gotteswille, jetzt hemmer so arg g'lacht, dess isch beschtimmt au a Sünd!«

In der »Stond« lernte ich als Kind, dass ich völlig hilflos vor einem übermächtigen Gott stehe, der stets alles besser weiß und mich immer wieder bei meinen unerlässlichen Sünden erwischt. Dort lernte ich auch, dass ich besser meine ganzen Schallplatten wegwerfe und mit dem ersten Sex bis nach der Hochzeit warten muss. Ersteres habe ich gar nicht getan und Zweiteres nur teilweise: Ich habe mit 52 und nach der Geburt meines vierten Kindes endlich geheiratet.

Diese Repressalien in der frühen Jugend führten in meinen ersten Kabarettjahren zu bösartigen Reaktionen auf den schwäbischen Pietismus. Ich nannte das Remstal, aus dem ich stamme, das »Oberzentrum des Pietcong« und erklärte meinem außerschwäbischen Publikum den Pietismus mit »Taliban auf Evangelisch«. Jetzt im hohen Alter bin ich ein bisschen gnädiger geworden und verstehe daher etwas besser, wo der Pietismus überhaupt herkommt. Und wie immer gilt auch hier: Es war nicht alles schlecht! Aber er hat nachweislich zur Verklemmung, zum Mief und zu den uns zugerechneten Vorurteilen beigetragen!

Zurück zum Geld: Wir horten es nicht zum Selbstzweck, wir möchten es nur sinnvoll verwenden. Ganz richtig definiert hier der Nobelpreisträger George Bernard Shaw: »Was man sparen nennt, heißt nur, einen Handel für die Zukunft abzuschließen.«

Damit hat er sich für mich als »Kann-Schwabe« geoutet. Schöner kann man das nicht mehr ausdrücken, es sei denn auf Schwäbisch.

Wenn der Schwabe Geld ausgibt, dann möchte er dies halt für etwas Sinnvolles tun, zum Beispiel für ein schickes Eigenheim – nicht protzig, aber durchaus angemessen. Auch wenn es jeder Schwabe immer vermeidet, möglichen oder vermeintlichen Reichtum nach außen zu tragen, so zögert er doch keine Sekunde, für sein Häusle bei seiner Hausbank einen Kredit in nahezu beliebiger Höhe aufzunehmen. Bei uns gilt Folgendes: Je bleicher und abgeschaffter der Schwabe in Erscheinung tritt und je höher dabei der aufgenommene Baukredit steht, umso größer ist der Respekt in der Dorfgemeinschaft vor ihm. Denn jeder bei uns weiß: Ein Schwabe schafft so lange, bis er den letzten Cent zurückbezahlt hat. Höhere Schulden kombiniert mit höherem Alter beweisen beim Schwaben zugrunde liegende, kerngesunde Grundsubstanz. Deshalb braucht bei uns eigentlich keiner eine Auskunft von der »Schufa«, weil wir uns im »Schufta« auskennen.

Folgende Geschichte belegt die schwäbische Überlegenheit, was Schaffen und Sparen zusammen angeht: Ich hatte bei meinem ersten größeren Hausumbau im zarten Alter von 30 Jahren – meine ersten eigenen Schulden waren übrigens der Moment, wo mein Vater mich als Mann ansah und mir zum ersten Mal richtig in die Augen blickte – zwei aus Sachsen stammende Hilfsarbeiter im

Bautrupp. Denen gab ich die Aufgabe, einen Graben quer durch den ganzen Garten auszuheben. Hintergrund war, dass das Haus am Hang lag und das gesamte Abwasser mit einer Hebepumpe in die Kanalisation, die auf höherem Niveau lag, hochgepumpt werden musste. So was tut einem Schwaben in der Seele weh: Etwas, das von selbst nach unten abfließen könnte, mit dem Einsatz von Energie, die man bezahlen muss, und einer Pumpe, die man warten muss, nach oben zu befördern! Und dann handelt es sich dabei noch um so minderwertiges Material, zu dem auch dem Schwaben nur »alter Scheiß« einfällt!

Nein, lieber schloss ich strategische Freundschaft mit den unter mir ansässigen Nachbarn, lud sie zum »Kennenlernabendessen« ein und äußerte nach der zweiten Flasche Wein ganz beiläufig den Gedanken, einen Abwasserkanal quer durch beide Gärten zu graben, damit der ganze Mist ab sofort, die vom lieben Gott gratis bereitgestellte kinetische Energie ausnutzend, in die untere Straße fließt.

Die Nachbarn sagten spontan »Ja«. Zum einen leuchtete ihnen ein, dass man in dem heiligen Prinzip »Nix verschenke, nix verkomme lasse!« als Schwaben absolut und kompromisslos zusammenhalten muss. Zum zweiten reizte sie die Aussicht, ohne eigenes Investment einen nagelneuen Abwasserkanal im Garten zu haben, auch wenn sie ihn nie bei der Arbeit sehen können.

Zum dritten gefiel ihnen, dass ich, als frisch diplomierter Landschaftsarchitekt, das Versprechen abgab, dass ihr Garten nach der Baumaßnahme schöner und gepflegter aussehen würde als je zuvor. Und nicht zuletzt goutierten sie mein Angebot, dass ich ihnen die Stromkosten, die ich mit meiner Hebepumpe einsparen würde, für die nächsten zehn Jahre vorab bar in die Hand drückte.

Niemand wird sich nun wundern, dass ich die Hebepumpe nicht einfach stillgelegt, sondern den Schlosser aufgefordert habe, sie sorgsam auszubauen und gebraucht weiterzuverkaufen. Und niemand wird sich wundern, dass ich von ihm nie dafür etwas erhalten habe, wenngleich er sie sicher bald verhökert hat. Wahrscheinlich als Neuware: Willkommen in Schwaben!

Zurück zu meinen beiden sächsischen Bauhelfern. Der Graben war durch beide Gärten mit Stöcken abgesteckt, ich gab ihnen klare Anweisungen, wie tief und breit der Graben sein musste, sie erhielten von mir Spaten, Schaufel und Schubkarre, und dann verließ ich sie. Schließlich musste ich das Doppelte von dem reinarbeiten, was die zwei mich an diesem Tag kosten würden.

Als ich fünf Stunden später, völlig abgeschafft, wieder zur Baustelle kam, bot sich mir folgendes Bild: Der Graben war 40 Zentimeter tief, 40 Zentimeter breit und 40 Zentimeter lang gegraben. Die Schaufel lag im Schubkarren, dort war auch der Spaten, dessen Stil offensichtlich abgebrochen war. Jeder von beiden hatte über die Zeit mehrere Flaschen Bier getrunken, und sie spielten Skat, ihre Beine hingen entspannt im Graben.

»Was ist los?«, fragte ich sie.

Der eine antwortete auf Sächsisch: »Nu jo, dör Spohdn is göbrochn, nu, do ging gor nischd mähr!«

Ich ersparte mir, die zwei zu belehren, dass der Haushaltswarenladen zehn Gehminuten entfernt war, und wusste in dieser Sekunde: Wir werden noch viele Jahrzehnte Solidarbeitrag für den Osten blechen müssen.

Der Schwabe spart gern, ist clever, wird reich und stellt doch seinen Reichtum ungern zur Schau. Für unser Protzauto zahlen wir gern ein bisschen mehr, wenn uns der

Händler hinten die Typenbezeichnung, die auf den Fünfliter-Motor hinweist, gegen ein »220 D« austauscht.

In einem kleinen, aber feinen Pelzgeschäft in Stuttgart wurde mir einmal das Erfolgsmodell für den erfolgreichen Herrn ab 60 präsentiert. Das ist jetzt kein Witz: Es handelt sich dabei um einen Nerzmantel, bei dem das Fell versteckt innen getragen wird! Der Mantel kostet mehr als 6000 Euro und verkauft sich wie geschnitten Brot. Man hat sein Geld gut investiert, man friert nicht im Winter und ist zudem vor militanten Tierschützern in Sicherheit.

Wenn wir uns etwas Neues und zudem Teures leisten, antworten wir bei Nachfragen darauf stereotyp mit: »Des hann i scho lang!« Ebenfalls beliebt: »Des hanne geerbt!«

Unser Reitpferd gehört offiziell den Nachbarn, und die Frau darf dem familienintern abgesprochenen »Wording« nach glücklicherweise umsonst darauf reiten. Untergestellt ist es im Stall eines Freundes vom Vetter von unserem gegenschwägrigen Schwippschwager. Natürlich kostenfrei, als Gegenleistung dafür, dass wir ihm vor Jahren beim Umbau seiner Garage geholfen haben – das weckt im Gegenüber nicht den Plan, uns im Notfall mal um einen Privatkredit zu bitten, und wir haben so stundenlang Gesprächsstoff beim Basar vom Waldorfkindergarten.

Wenn sich ein Schwabe einen Luxusartikel gegönnt hat, gehen zehn Prozent der Unterhaltung, die er darüber führt, über den Endpreis – und 90 Prozent darüber, um wie viel Prozent billiger gegenüber dem regulären Preis er wo unter welchen sensationellen Umständen es erhalten hat. Philosophisch ausgedrückt: Wir freuen uns nicht über das Gekaufte, wir freuen uns über den Akt des Kaufens. Sofern dieser unter preisabschlägigen Umständen erfolgt ist. Wenn das Gekaufte nicht günstiger war als normal, würde es uns nicht freuen, sondern ärgern. So weit kommt es aber nicht, weil wir eine Ware, die sich nicht nach unten vom Normalpreis abhebt, selbstverständlich niemals kaufen würden. In so einem Fall können wir uns dann aber beim Basar wiederum stundenlang angeregt darüber unterhalten, was das Objekt unseres Kaufwunsches gekostet hätte, was wir bereit gewesen wären, dafür zu bezahlen, und wie klug wir doch sind, es nicht getan zu haben: Der Grand Canyon in Arizona soll dadurch entstanden sein, dass genau dort ein Schwabe ein Geldstück verloren hat.

Als Symbol für die schwäbische Sparsamkeit ist am Rande der Schwäbischen Alb gleich eine ganze Stadt entstanden. Sicher, Metzingen hat schon existiert, bevor sich hier zahlreiche Firmen, speziell aus der Bekleidungsindustrie, ansiedelten und ihren Fabrikverkauf starteten, aber erst seit die Stadt sich als »Outlet-City« etabliert hat, kennt man sie weit über die Grenzen Württembergs hinaus. Hier zeigt sich aber auch, dass der Schwabe kein Geld für »Kruscht« ausgibt – er möchte schon Qualität, aber halt gerne zu moderaten Preisen. Nur einzelne Metzinger Bürger (vor allem jene, die es nicht geschafft haben, eine alte Streuobstwiese vom Opa für teuer Geld als Bauland an Boss, Versace oder Gucci zu verhökern) sind nicht ganz so glücklich über die Entwicklung des Ortes und die Blechlawinen, die sich täglich dort hineinwälzen. Nach Ladenschluss hat Metzingen circa 22 000 Einwohner, tagsüber gefühlt nur unwesentlich weniger als die Landeshauptstadt Stuttgart. Metzingen verdankt seine Existenz der Tatsache, dass ein Schwabe nicht unbedingt Dinge kauft, die ihm gefallen, sondern solche, die ein einmaliges Angebot sind, bei dem man schnell zuschlagen muss. Viele Kleidungsstücke, die bei uns über den Ladentisch gehen, würden woanders sogar noch von der Kleidersammlung der Caritas abgelehnt werden. Aber wir mussten sie kaufen, weil sie sensationell reduziert waren! Wenn ein kluger schwäbischer Einzelhändler für eine Hose 100 Euro erzielen möchte, muss er einfach nur über den Preis das Doppelte schreiben und auffällig durchstreichen.

Verkaufsrenner in einer Esslinger Bäckerei waren mal »abgelaufene m & m's, 50 cent«.

Dort soll auch einmal eine Dame ein Brot für die Hälfte verlangt haben. Sie argumentierte, dass es doch hier immer Brot von gestern zum halben Preis gäbe. Sie brauche morgen ein Brot von gestern und ob sie denn dann heute schon ein frisches zum halben Preis haben könne, da sie es – versprochen – ohnehin erst morgen esse.

Mein urschwäbischer Auftrittscheftechniker Hannes hat das Sparen an sich zur heiligen Wissenschaft erkoren.

Er tut es sogar dann, wenn es ihm selbst nichts bringt, aber irgendjemand anderem irgendetwas einsparen kann. So ließ ich mich gerne von ihm nötigen, aus ökologischen Gründen von normalen Wegwerfbatterien auf aufladbare Akkus umzusteigen. Die wenigsten meiner Bühnenkollegen lassen sich auf dieses Abenteuer ein, sie wollen einfach immer zu Beginn der Show nagelneue Batterien in ihrem Funkmikro und können so ganz sicher sein, dass es während des Auftritts nie zu Problemen kommt. Akkus sind zwar ökologisch sinnvoll, haben aber niemals dieselbe Leistung wie gute Batterien und sind deswegen etwas riskanter in der Nutzung. Bei meinem Cheftechniker ging das so weit, dass er sich mit den Akkus immer mehr an die Grenze des Möglichen vorschaffte. Ich bekam also teilweise nicht vollgeladene Akkus zu Beginn der Show, sondern gerne auch mal solche, die schon bereits einen Abend lang durchgehalten hatten. Das führte dazu, dass öfters mitten in der Show mein Akkustrom ausging und ich umständlich auf der Bühne beim unterm Hemd getragenen Sender die Batterien wechseln musste. Ich hatte lange Verständnis für die Lust meines Technikers an diesem schwäbisch-mehrdimensionalen Sparen:

1. Wir sparen Batterien, weil wir Akkus benutzen!
2. Wir sparen Strom, weil wir diese Akkus bei der Aufführung mit fremdem Strom aufladen!
3. Wir verwenden diesen Strom, den andere bezahlen mussten, auch noch für zwei Aufführungen!

Doch nach der fünften Strompanne bat ich ihn inständig, mir doch bitte ab sofort vollgeladene Akkus zur Verfügung zu stellen. Er tat und tut dies seither mehr nolens als volens, und deshalb bin ich immer gut beraten, vor jeder Show noch mal gewissenhaft zu überprüfen, ob die Akkus wirklich frisch geladen sind.

Und so driftet selbst die schwäbische Sparsamkeit ab und an ins Extreme ab und hohnlacht dem Allgemeinwissen: »Umsonst ist bloß der Tod – aber der kostet dich das Leben!« So gesehen bei einem Bestattungsunternehmer aus Schwäbisch Hall. Der Mann soll hochwertige Eichen- oder Eschenholzsärge verkauft haben, die Verstorbenen dann nach der Trauerfeier aber in billige Fichten- oder Kiefernholzsärge umgebettet haben. Wahrscheinlich hat er gedacht: »Der Betroffene selbst merkt ja eh nichts mehr davon!«

Auch soll der Bestatter Leichen aus Kostengründen nicht ordnungsgemäß gekühlt, sie länger als erlaubt gelagert und sie später gesammelt mit dem Lastwagen zur Einäscherung nach Schwäbisch Gmünd gebracht haben.

Hier wird man die übertriebene Sparsamkeit natürlich naserümpfend zur Kenntnis nehmen, gerade weil sie in diesem Fall jene traf, die sich aus nachvollziehbaren medizinischen Gründen nicht mehr dagegen wehren konnten. Andererseits: Das letzte Hemd hat bekanntermaßen keine Taschen, und die letzte Freude, die man einem Schwaben machen kann, ist eben die, dass sogar bei seiner Bestattung noch gespart wurde. Die Freude wird getrübt von dem Wissen, dass das so eingesparte Geld den gierigen Erben zugutekommt.

In einem anderen Fall wird man sich allerdings ein anerkennendes Grinsen nicht verkneifen können. Denn hier wurde der Gedanke der Sparsamkeit zum einen völlig legal ausgelebt und zum anderen traf er eine Einrichtung, die jeder schon das eine oder andere Mal verflucht hat: die Deutsche Bahn.

Ein 64-jähriger Rentner aus Biberach fand einen tollen Weg, um auf kostengünstige Art und Weise viele Bahnkilometer zurückzulegen. Er stieß auf eine Lücke im Tarifsystem der Deutschen Bahn (welches für manchen ja ohnehin schon schwerer zu verstehen ist als Einsteins Relativitätstheorie – Mitarbeiter der Fahrplanauskunft ausdrücklich eingeschlossen).

Der findige Mann löste einfach ein Ticket mit Start- oder Zielpunkt im Ausland. Dann nämlich hat das Ticket 30 Tage Gültigkeit, und man kann innerhalb der gebuchten Strecke mit einer gewissen Kreativität und Planung in diesem Monat problemlos und indirekt gratis »Teilstrecken« zurücklegen. So mancher Kontrolleur stand dem Scharfsinn des schwäbischen Bahnfahrers zwar ab und zu etwas hilflos gegenüber, konnte ihm aber im Endeffekt nichts anhaben.

Ein wunderschönes Beispiel für findige schwäbische Sparsamkeit! Allerdings kommt manchmal sogar sie an ihre Grenzen, wie dieser alte Witz zum Abschluss des Themas beweist:

Ein schwäbischer Handwerker hat über die Jahre eisern eine Million Euro zusammengespart. Er hat wenig Lust, dem Staat davon etwas abzugeben. So begibt er sich mit dem Geld in die Schweiz, um es dort anzulegen.

Am Schalter einer Schweizer Bank beugt er sich vor und flüstert dem Bankangestellten zu: »Ich habe eine Million Euro, die ich anlegen will!«

Der Banker versteht ihn nicht: »Wie bitte?«

»Ich habe eine Million Euro, die ich anlegen will!«

»Wie bitte?«

Der Schwabe ist entnervt und spricht lauter: »Ich habe eine Million Euro, die ich anlegen will!«

Nun lächelt der Banker: »Aber das können Sie doch laut sagen! Auch in der Schweiz ist Armut keine Schande!«

Dass der Witz alt ist, merkt man daran, dass kein Steuerbetrüger mehr sein Geld in die Schweiz bringt, deren Bankgeheimnis mittlerweile löchriger ist als ihr berühmter Käse. Mir macht das nichts aus, ich habe kein Geld übrig, um es heimlich irgendwo anzulegen. Mit dem, was reinkommt, zahl ich Stück für Stück das Häusle ab! Und auch aus anderen Gründen zieht es mich nicht so oft zu den Eidgenossen. Ich sage immer: Das Schönste an der Schweiz ist, dass gleich dahinter Italien beginnt.

Aber wir sehen: In der Schweiz gilt sogar der Schwabe als Armutsflüchtling. Gut, Uli Hoeneß mal ausgenommen. Der ist zwar Schwabe (geboren in Ulm), aber hat wahrscheinlich dann doch zu viele Jahre in Bayern verbracht und wurde da mit einer gewissen Maßlosigkeit sozialisiert. Nun, das Münchener Landgericht gab ihm Gelegenheit, lange und in Ruhe darüber nachzudenken. Mir stellt sich immer noch die Frage: Wie konnte Uli Hoeneß so viel Geld damals überhaupt in die Schweiz bringen? Womöglich in den Därmen seiner Würste? Da, und man verzeihe mir den deftigen Ausdruck, bekommt die Begrifflichkeit: »Das Geld ist im Arsch!« eine völlig andere Bedeutung!

Schwaben und Humor

»Die Schwaben haben keinen Humor.«
WOLFGANG THIERSE

So einfach wie der ehemalige Bundestagspräsident, Nebenerwerbs-Rübezahl-Imitator Wolfgang Thierse aus Berlin kann man es sich nun wirklich nicht machen. Natürlich hat Thierses Aussage einen etwas breiteren Hintergrund, die im Kapitel »Der Schwabe außerhalb Schwabens« genauer aufgerollt wird.

Allerdings ist die Beziehung zwischen dem Schwaben und dem Humor zweifellos eine durchaus ambivalente. Von daher ist es aber auch sehr spannend, einmal näher darauf einzugehen. Gerade als Kabarettist macht man natürlich manchmal selbst durchaus schmerzhafte Erfahrungen mit der speziellen Art des schwäbischen Humors.

Besonders eindrücklich ist mir ein Erlebnis im Kopf geblieben: Während einer Veranstaltung, die an sich gut lief und dem Publikum großen Spaß machte, nahm ich aus den Augenwinkeln immer mal wieder einen Mann wahr, der mit verschränkten Armen und fest zusammengekniffenen Lippen der Show folgte.

Irgendwann spielte der Rest der Zuschauer für mich gar keine Rolle mehr – mein Ziel war, diesen Menschen wenigstens einmal zu einem herzhaften Lachen zu bringen. Meine besten Pointen spielte ich in seine Richtung, aber mehr als ein paarmal ein ganz leichtes Zucken seiner Mundwinkel – und selbst das kann Einbildung gewesen sein – war nicht drin.

Nach der Veranstaltung war ich sehr enttäuscht darüber, diesen Eisklotz nicht zum Schmelzen gebracht zu haben. Gut, ab und zu hat man Leute, die von sich aus nicht den Weg zur Show gefunden haben, sondern vom Partner mitgeschleppt worden oder auf irgendeinem Wege an eine Freikarte gelangt sind, die man als guter Schwabe natürlich keinesfalls verfallen lässt, auch wenn man eine solche Veranstaltung freiwillig nie besuchen würde. Aber selbst diese Menschen lassen sich irgendwann mitreißen und amüsieren sich dann gut.

So saß ich kurz nach der Show im Foyer, als der betreffende Humorverächter mit einem breiten Grinsen auf mich zueilte und mir freundschaftlich seine Hand auf die Schulter legte.

»Herr Sonntag, des war supr! I hann mi scho lang nemme so amüsiert! I hann mi dor ganze Abend so zamme reiße müsse, damit i net laut raus lach!«

Tja, so ist er halt, der Schwabe: So wie er den dicken Daimler gerne in der Garage versteckt, so geht er eben manchmal mit seinen Gefühlen um!

Auch der schwäbische Veranstalter kann einen durchaus trockenen Humor beweisen. In meiner Anfangszeit, als mich noch kaum eine Sau kannte, da kam es einmal vor, dass ich in irgendeinem leicht versifften sozialkulturellen Zentrum im hintersten Eck der Schwäbischen Alb auftauchte und mir beim Eintreffen vom Veranstalter mitgeteilt wurde, dass es nur 15 Reservierungen gäbe – bei über 100 Plätzen eine eher ernüchternde Nachricht. Aber sogleich wurde mir Mut gemacht: »Wir bestuhlen so, dass es auch mit 15 voll aussieht!«

Da kamen dann gleich trockener schwäbischer Humor und Tüftlergeist zusammen – einen Raum für 100 mit 15 voll aussehen zu lassen, das bekommt nur der Schwabe hin!

Allerdings kann ich mich nicht mehr genau erinnern, ob das Vorhaben glückte, wahrscheinlich habe ich den Rest des Abends dann verdrängt und anschließend mit einem trockenen Roten von der Alb runtergespült. Was ich noch weiß: Ich trank in etwa ein Glas pro Besucher.

Bleiben wir doch gleich mal auf der Alb, denn gerade dort hatte es der Humor in früheren Zeiten schon etwas schwer, sich zu entwickeln, denn zu lachen gab es oft herzlich wenig. Der harte Arbeitsalltag und die Prägung durch den Pietismus waren eher nicht dafür geeignet, allzu viel Heiterkeit zu produzieren. Da konnte fröhliches Auftreten in der Öffentlichkeit per se schon verdächtig sein, verbunden mit dem Wunsch, dieses doch im privaten Rahmen auszuleben. Nicht von ungefähr wird die Herkunft des Spruches »Er geht zum Lachen in den Keller« den Schwaben zugeschrieben. Man sollte meinen, dass dies in der heutigen modernen und globalisierten Welt nun nicht mehr gelten müsse, aber ab und an scheint diese Grundeinstellung dann doch noch durchzuschimmern.

So wäre eine 17-Jährige im April 2013 wohl rückblickend auch lieber zum Lachen in den Keller gegangen, wie die folgende Begebenheit aus dem Städtchen Balingen beweist. Etwas weit übers Ziel hinausgeschossen hat dort nämlich das Ordnungsamt Balingen, das der jungen Frau im April 2013 unterstellt, im Hof einer Volkshochschule gemeinsam mit weiteren Bekannten zu laut gelacht und damit die Ruhe der Anwohner gestört zu haben.

Im Originalwortlaut der Verwarnung liest sich das dann so: »Sie erregten lautes Lachen und Reden nach den Umständen vermeidbarem Ausmaß Lärm, der geeignet war, die Nachbarschaft erheblich zu belästigen.«

Abgesehen davon, dass man hier schon etwas Humor, allein für die grammatikalischen Verrenkungen, aufbringen muss, setzten sich die junge Frau und ihr Vater zur Wehr. Immerhin 35 Euro sollte die Beschuldigte berappen. Es wurde Widerspruch eingelegt, und man traf sich schließlich vor dem Amtsgericht.

Hier verlor jedoch das Ordnungsamt: Die Frau musste nichts zahlen. So ganz umsonst war das Vorgehen der Stadt aber nicht gewesen. Die anderen Beteiligten hatten nämlich ähnliche Bescheide erhalten, diese aber, um weiterem Ärger aus dem Weg zu gehen, bezahlt.

Nach dem ergangenen Urteil weigerte sich die Stadt allerdings, diesen Verwarnten das Geld zurückzuzahlen. So viel Humor brachte das Ordnungsamt dann halt doch nicht auf!

Insgesamt hatte das Ordnungsamt der Stadt Balingen und dem schwäbischen Image an sich natürlich einen Bärendienst erwiesen, denn die Begebenheit fand ein großes Medienecho. Sie wurde von dpa verbreitet und fand Widerhall in Online-Medien in ganz Deutschland und sogar Österreich.

Vielleicht könnte Balingen ja aber doch noch von der ganzen Sache profitieren und sich touristisch von nun an als »Stadt des Lachverbots« präsentieren, eventuell mit einem Motto wie: »Ihnen geht's zu gut? Kommen Sie nach Balingen – hier wird Ihnen das Lachen vergehen!« Ob das Ordnungsamt der Stadt über so einen Vorschlag lachen kann, traue ich mich nicht, zu überprüfen.

Aber, man muss Balingen eines lassen: Ich spiele dort jedes Jahr in der voll besetzten Stadthalle, und das Publikum jubelt und tobt dort nicht etwa weniger als anderswo.

Und doch weist das Balinger Lachverbot auf das eine Extrem der vielschichtigen Beziehung zwischen den Schwaben und dem Humor hin, aber auf der anderen Seite gibt es auch genügend Belege dafür, dass der Schwabe dem Lachen und Feiern ganz und gar nicht abgeneigt ist.

Als Beleg sei hier zum Beispiel das traditionelle Volksfest, der Cannstatter Wasen, genannt. Hier wurde die Fröhlichkeit sogar institutionalisiert. Bereits kurz nach dem Oktoberfest im Jahre 1818 ins Leben gerufen, ist der Wasen heute das zweitgrößte Volksfest Deutschlands und Europas. Am Anfang als landwirtschaftliches Fest gedacht, wurde die Veranstaltung immer größer und ist nun eine bunte, laute Mischung aus Fahrgeschäften und Festzelten, die so gar nichts Pietistisch-Zurückhaltendes an sich hat. Im Gegenteil – in Stuttgart dürfen an bestimmten Tagen die Zelte bis Mitternacht geöffnet bleiben. Damit ist man sogar dem großen Konkurrenten in Bayerns Hauptstadt eine ganze halbe Stunde voraus, denn dort ist bereits um 22.30 Uhr Zapfenstreich, und die Zelte werden um 23.30 Uhr geschlossen!

Und – auch wenn ich hiermit dem Stuttgarter Ordnungsamt etwas verrate und Ärger auf mich ziehe – ich habe etliche Abende in verschiedenen Logen verschiedener Festzelte in Erinnerung, in denen gegen halb zwei morgens noch was Flüssiges zu haben war – prost!

Mancher tut sich allerdings mit dem ungezügelten Feiern schwer – so wie der Stuttgarter Stadtrat Robert Kauderer. Der war nämlich vor dem Frühlingsfest 2014 der Meinung, dass Helene Fischers Lied »Atemlos« für die Anwohner des Festgeländes zu laut sei, da sein Lärmpegel mit über 110 Dezibel ähnlich hoch sei wie der einer Kettensäge aus einem Meter Entfernung. Am besten sei es sogar, einfach alle Songs von Helene Fischer zu verbieten.

Nun, ich könnte ja verstehen, wenn sich hier um Helene Fischers Gspusi Florian Silbereisen handeln würde, denn da würde ich mir wirklich lieber eine Kettensäge eine Stunde ans Ohr halten lassen, als eine seiner CDs durchzuhören.

Natürlich musste der Stadtrat erst mal einen Shitstorm der erbosten Helene-Fischer-Fans über sich ergehen lassen. (Merke: Auch die andere Seite versteht hier keinen Spaß!) Aber immerhin fand man dann doch eine Lösung: Die Stimmungsband Wips bot an, das Lied einfach zwei Tonlagen höher zu spielen, dann würde man das Gegröle der Fans nicht so hören. Damit konnte sogar der gestrenge Herr Kauderer leben: »Damit ist allen gedient, und die Anwohner können wieder ruhig schlafen.«

Man kann nur froh sein, dass auf den Stuttgarter Festen keine Heavy-Metal-Gruppen auftreten. Wahrscheinlich würde Herr Kauderer dann Metallica zwingen, nur mit akustischen Gitarren zu spielen! Ob Herr Kauderer, der ursprünglich aus Balingen stammt, das ventiliert, muss ich ihn bei Gelegenheit mal fragen!

Ganz besonders achtet man übrigens bei der Eröffnung des Volksfestes darauf, wie viele Schläge der Stuttgarter OB benötigt, um das erste Fass anzustechen. Oftmals scheint dies mehr zu zählen als sonstige politische

Qualifikationen. So brauchte der Grüne OB Fritz Kuhn bei seiner Premiere nur drei Schläge, was ihn seinen Bürgern dann sicher näher brachte als seine umstrittene innerstädtische Verkehrspolitik, bei der viel dringend benötigter Straßenraum für Fahrradfahrer frei gehalten wird, die es in unserer hügeligen Gegend einfach nicht so richtig geben will.

Aufgrund meiner Wohnlage bin ich selbst »Opfer« der Fahrradwege geworden. Hier wurde eine zweispurige Straße in die Stadt hinein und hinaus jeweils zur einspurigen erklärt, was vor allem mit sich brachte, dass dort nun stundenlange Staus die Regel sind und sich die Autofahrer durch die parallel liegenden Anliegerstraßen quälen.

Neben einem breiten Gehweg, auf dem so gut wie nie ein Fußgänger zu sehen ist, befindet sich jetzt ein Fahrradweg, auf dem man nie einen Radfahrer zu Gesicht bekommt. Ein ein Meter breiter Reststreifen wurde nicht etwa mit Bäumen begrünt, um den Feinstaub aus der Stuttgarter Luft zu filtern, sondern mit Schotter aufgefüllt. Meine Anfrage bei der Stadt nach dem »Warum« ergab, das sei einfacher zu pflegen.

Ich sitze seither mit einem Kübel flüssigem Epoxidharz neben diesem Fahrradweg, und wenn der erste Radfahrer vorbeikommt, werde ich ihn eingießen, als Denkmal für lebensnahe Stuttgarter Verkehrspolitik.

Eine andere Art von Feierlichkeit mit noch größerer Tradition spielt sich eher außerhalb von Stuttgart ab. Gemeint ist die traditionsreiche schwäbisch-alemannische Fasnacht, die sich wohltuend von den Saufgelagen eines rheinischen Karnevals unterscheidet. Sie hat ihre Verbreitung nicht nur im schwäbischen, sondern auch im badischen Teil von Baden-Württemberg.

Hervorstechend sind vor allem die fantasievollen Verkleidungen, genannt »Häs«. Da ziehen Teufel, Narren, wilde Leute und vieles andere bei den »Narrrensprung« genannten Umzügen durch die Straßen. Humormäßig darf es da durchaus auch mal etwas rustikaler zugehen, wie ein Spruch aus der schwäbisch-alemannischen Fasnacht, bezogen auf den örtlichen Bäcker, beweist:

»S'guckt e Arsch zum Fenschder naus, ma meint des isch e Weck, es isch kei Weck, es isch kei Weck, es isch der Arsch vum Schlegele-Beck.«

Neben den traditionellen Festen und Feiern, bei denen der Schwabe seine gute Laune zeigt, hat das Ländle natürlich auch viele Persönlichkeiten hervorgebracht, die beweisen, dass dem Schwaben der Humor durchaus nicht fremd ist, zum Beispiel Mathias Richling, Uli Keuler, Thomas Freitag, oder, wie heißt der andere noch mal? Zehn Jahre jünger als der Freitag und zwei Tage später? Komm ich grad nicht drauf ...

Die Vorläufer all dieser modernen Humorschaffenden waren allerdings zwei Männer, die trotz schwäbischen Dialekts weit über die Grenzen ihrer Heimat hinaus bekannt wurden und es heute noch sind.

Häberle und Pfleiderer

Dieses bekannte Komikerduo war ursprünglich eine schwäbisch-österreichische Erfindung der beiden Entertainer Willy Reichert und Charly Wimmer. Mit dem Sketch »Die Friedenskonferenz« betraten sie das erste Mal als »Häberle und Pfleiderer« im Dezember 1930 die Bühne.

Bald darauf allerdings starb Wimmer bei einem Unfall. Frei nach dem Motto: »The show must go on«, musste er schnell ersetzt werden. Der Einzige, der die Texte bereits konnte, war der Souffleur, ein ehemaliger Buchhändler namens Oscar Heiler.

Heiler hatte schon immer eine Liebe für die Bühne verspürt, aber nach der Amputation eines Beines waren weder Theaterbühne noch Buchladen eine realistische Erwerbsmöglichkeit, weshalb ihm Willy Reichert den Job des Souffleurs im Kabarett Excelsior verschaffte. Ein glücklicher Umstand, denn Reichert ließ Heiler die Rolle des Häberle übernehmen – und schon ging der Weg der beiden steil nach oben.

Es folgten Auftritte im Varieté Friedrichsbautheater, während und nach dem Krieg viele Radio- und Fernsehauftritte und über 1000 Werbespots für einen Suppenhersteller. Bis in die 1970er-Jahre traten die beiden gemeinsam als »Häberle und Pfleiderer« auf.

Ihr Erfolg beruhte auf der gegensätzlichen Charakterzeichnung der Figuren: Häberle (Oscar Heiler) stellt sich gerne vornehmer dar, als er ist, und möchte Pfleiderer (Willy Reichert) überlegen sein, der aber eigentlich der Schlauere der beiden ist und meistens das letzte Wort hat.

Uli Keuler – selbst ein Schwergewicht des schwäbischen Humors und ein Kollege, der über die beiden erfolgreich promoviert hatte – charakterisierte das Duo wie folgt: »Häberle ein geschwätziger Wichtigtuer, Pfleiderer ein mürrischer Kauz.«

Hinter den Kulissen war das Verhältnis der beiden allerdings eher von nüchterner Kollegialität geprägt. Interessant ist vor allem, dass der zehn Jahre ältere Reichert seinen Kompagnon immer duzte, wohingegen dieser

»Sie« zu ihm sagen musste. Irgendwo hörte da halt auch der Spaß auf.

Trotz ihrer eindeutigen Herkunft und Ausdrucksweise blieben Häberle und Pfleiderer kein rein schwäbisches Phänomen, sondern erreichten durch ihre Medienpräsenz eine Bekanntheit, die weit über das Ländle hinaus ging. Auf jeden Fall haben die beiden Komödianten ihre Spuren im kollektiven Humorgedächtnis hinterlassen und werden heute noch gerne für Vergleiche herangezogen – über 40 Jahre nach ihrem letzten Auftritt!

So schrieb die *FAZ* anlässlich eines Streits zwischen dem aktuellen baden-württembergischen Regierungschefs Winfried Kretschmann mit seinem Vorvorgänger Günther Oettinger: »Kretschmann und Oettinger benehmen sich wie Häberle und Pfleiderer.«

Hier ging es um die Frage nach einem Atommüllendlager – die echten Häberle und Pfleiderer hatten ja vieles kommentiert, dieses Thema aber nicht. Da muss die Politik dann doch ganz ernsthaft nach eigenen Lösungen suchen!

Wer auf den Spuren der beiden Humoristen wandern möchte, kann dies übrigens sogar bei einer organisierten Führung tun. Die Tour »Auf den Spuren der großen schwäbischen Humoristen« führt durch Stuttgart und natürlich auch an den Ort, wo man ihnen sogar ein Denkmal gesetzt hat: zur Statue vor dem Friedrichsbautheater.

Schwäbische Eigenschaften

Der Schwabe kann vor allem über eines lachen: über sich selbst und seine Eigenarten – und das macht ihn, liebe außerschwäbische Leser dieses Buches, seien Sie ehrlich, doch eigentlich wiederum ein bisschen sympathisch. Wobei er es auch immer schafft, selbst leicht negativ besetzte Eigenschaften so zu drehen, dass er dabei in einem guten Licht dasteht, wie man an den folgenden Beispielen durchaus sehen kann.

Sprache

Am achten Tag verteilte Gott die Dialekte. Als er mit allen Volksstämmen durch war, beschwerte sich der Schwabe, er hätte keinen abbekommen. Da besann sich Gott und sagte schließlich: »Ha, no schwätzat halt wie i!«

Rivalitäten

Ein junger Mann aus Tübingen hat Probleme, eine Freundin zu finden. Auch mit 30 Jahren ist er immer noch Jungfrau. Die Mutter versucht, ihn mit zahlreichen Damen zu verkuppeln – erfolglos. Die Mutter fragt resigniert: »Ha, sag e mol, gibt denn niemand wo dir gfalle dät?«

Der Sohn stottert rum: »Ha, doch, scho – dor Karl-Heinz!«

Die Mutter ist völlig entsetzt: »Aber, Sohn! Der isch do aus Reutlinga!«

Tüftler und Erfinder

Ein Franzose, ein Amerikaner und ein Schwabe streiten sich darüber, wer den besten Gummi herstellt. Franzose: »Bei uns ist ein Mann vom Eiffelturm gefallen. Auf halber Strecke klemmte er seinen Hosenträger am Turm fest und hing daran wie ein Bungee-Springer. Ça c'est de la qualité!«

Amerikaner: »Ach was, lächerlich. Bei uns ist einer vom Empire State Building gestürzt. Unterwegs holte er seinen Kaugummi aus dem Mund, klebte ihn an der Wand fest und ließ sich langsam daran herab. That's quality!«

Der Schwabe lächelte nur und sagte: »Bei uns ist ein Arbeiter, der auf der Spitze des Ulmer Münster arbeiten musste, abgestürzt. Als er unten aufschlug, hat es ihn in tausend Fetzen zerrissen ...!«

Die beiden anderen schauten ihn an: »Ja, und?«

»Ha wa, der Arbeiter hat Gummistiefel anghett und die henn kein einzige Kratzer abkriegt und werdet demnächst in der vierte Generation weitervererbt – dees isch Gwalidääd!«

Sparsamkeit

Ein Bauer liegt im Sterben. Plötzlich erwacht er vom köstlichen Duft eines Sauerbratens aus seinem Todesschlaf. »Aaach, Fraule«, stöhnt er, »bitte sei so guad ond gibb mir ebbes von dem Broada, eh das i sterb!«

»Nix do«, sagt die Bäuerin, »dr Broada isch für d' Beerdigong!«

Später, nachdem der Opa nun lobesam gestorben war, wird beim Sauerbraten diskutiert, was mit dem Leichnam geschehen soll: Soll er begraben werden? Die Oma sagt: »Wo denkst ihr na? Der wird verbrennt! Der kommt in d' Eieruhr! Der soll au jetzt no äbbes schaffe!«

Und auch für die Fremden, die sich über seine Sprache und Sparsamkeit lustig machen, hat der Schwabe noch einen parat:

Sieht ein Schwabe einen Mann aus der Donau trinken. Er ruft sofort warnend: »He, bisch du verrückt? Des Wassr kasch doch net saufa! Des isch doch gifdig ond dreggad!«

Der Mann am Ufer ruft in Berliner Dialekt zurück: »Was haste jesacht?«

Überlegt der Schwabe eine Sekunde und entgegnet: »Langsam trinken! Des Wassr ischd kalt.«

Der Schwabe und die Politik

Auch im politischen Leben der Bundesrepublik haben die Schwaben ihre Fußstapfen hinterlassen. So waren unter anderem drei unserer Landsleute Bundespräsident: Theodor Heuss, Richard von Weizsäcker und Horst Köhler. Gut, Köhler wurde zwar in Polen geboren, wuchs aber in Ludwigsburg auf. Wie gelungen seine schwäbische Sozialisation war, zeigte sich ja darin, dass er später Sparkassendirektor wurde. Dass er dann als Bundespräsident nicht seine ganze Amtszeit verbrauchte, hatte mit Sparsamkeit allerdings nicht direkt etwas zu tun, sondern andere Gründe, über die er sich bis heute ja weitgehend ausschweigt.

Die beiden waschechten Schwaben Heuss und Weizsäcker indes waren sogar zwei der allseits beliebtesten Bundespräsidenten, die sich durch ihr überparteiliches Agieren und kluge Reden Ansehen erworben hatten.

Über Heuss schrieb sogar die englische *Times:*

»Professor Heuss war außergewöhnlich erfolgreich als Bundespräsident und verkörperte bis zur Perfektion das Konzept des gebildeten Ehrenmanns (›Scholar and Gentleman‹) unter den extrem schwierigen Umständen, in denen sich Deutschland selbst fand, nachdem Hitlers Aggressionskrieg verloren war. Er tat als formelles Staatsoberhaupt, was er konnte, um das Image des Landes als eins der Dichter, Philosophen und Musiker wiederherzustellen.«

Ein Ehrenmann, der Deutschland als Land der Dichter, Philosophen und Musiker darstellen möchte – und dazu von der FDP kommt! Sachen gab's früher, die müsste man heute mal wieder erfinden. Heuss erhielt bei seiner Wiederwahl 88,2 Prozent der Stimmen in der Bundesversammlung. Auch das ein eindrucksvoller Beweis seines Ansehens über alle Parteigrenzen hinweg.

Richard von Weizsäcker war ebenfalls ein äußerst anerkannter Bundespräsident – so anerkannt, dass es bei seiner Wiederwahl 1989 zum ersten Mal in der Geschichte der Bundesrepublik keinen Gegenkandidaten gab. Besonderen Respekt und Nachhall erwarb er sich mit einer Rede, die er am 8. Mai 1985 zum 40. Jahrestag des Kriegsendes gehalten hatte. Seine Mitgliedschaft in der CDU hatte er während seiner Amtszeit sogar ruhen lassen. Angeblich auch, um den damaligen Bundeskanzler Helmut Kohl zu ärgern.

Wie wohltuend, solche Persönlichkeiten in diesem Amt gehabt zu haben, welches heute oft nur von den Parteien genutzt wird, um ihre Einflusssphäre zu erweitern. Hätte man sich Heuss und von Weizsäcker vor Gericht vorstellen können, im Streit mit dem Staatsanwalt um bezahlte Hotelrechnungen und geschenkte Bobby-Cars?

Vielleicht war manches früher ja wirklich einfach besser!

Neben den Bundespräsidenten gab es weitere Politiker aus Württemberg, die im Gedächtnis geblieben sind: Manfred Wörner als Verteidigungsminister (und später NATO-Generalsekretär), Außenminister Klaus Kinkel, genauso wie sein Nachfolger Joschka Fischer.

Gerade Joschka Fischer war in seiner aktiven Politikerzeit sicher eine der schillerndsten Figuren, die der politische Betrieb je hervorgebracht hatte. Eine unglaubliche Karriere, die der ehemalige Steinewerfer hinlegte, um dann irgendwann als ein fein gewandeter Außenminister um die Welt zu jetten, immer getreu dem Motto: »Fliegen Sie mich irgendwohin, ich werde überall gebraucht!«

Fischer, 1948 in Gerabronn geboren, packte so viele Häutungen und Widersprüche in sein Leben, dass man damit alleine mehrere Bücher füllen könnte. Schauen wir im Folgenden aber trotzdem wenigstens auf ein paar Gegensätze, die sein Leben geprägt haben.

- Revoluzzer und Realpolitiker
  Fischer war bis 1975 Mitglied der militanten Gruppe »Revolutionärer Kampf«, dabei auch an gewalttätigen Aktionen beteiligt – ein Foto vom 7. April 1973 zeigt ihn dabei, wie er auf einen Polizisten einschlägt. Die einen sagten, das passe ja gar nicht zu einem späteren Grünen, da gerade diese Partei sich dem Frieden verpflichtet sah. Andere meinten dann eher süffisant, es passe sehr wohl, denn immerhin habe er später als Außenminister ja dafür gestanden, dass im Kosovo-Konflikt zum ersten Mal seit Ende des Zweiten Weltkriegs deutsche Truppen in einen Auslandseinsatz verwickelt waren.

- Vom Genussmenschen zum Asketen und zurück
  Gibt man bei einer Internetsuchmaschine bei der Bildersuche den Namen »Joschka Fischer« ein, so findet man natürlich zahlreiche Bilder. Erstaunlich ist vor allem, dass sich hier nicht nur Fotos aus verschiedenen

Altersstufen finden, sondern auch solche, die so viele Gewichtsklassen durchlaufen, dass Fischer im Laufe seines Lebens beim Boxen sicher im Leicht- wie auch im Superschwergewicht hätte antreten können. Eines schönen Tages war er dermaßen angeschwollen, dass er es schon fast mit seinem Lieblingshassobjekt Helmut Kohl hätte aufnehmen können. Dann schwenkte er radikal um, wurde zum exzessiven Jogger und Asketen. Heute hat er jedoch wieder deutlich an Gewicht zugelegt. Auch anderen Genüssen scheint er nicht abgeneigt zu sein, ist Fischer doch bereits zum fünften Mal verheiratet. Damit ist er sogar seinem einstigen Regierungspartner Gerhard Schröder um eine Heirat voraus. Zu deren aktiver Zeit kursierte ja der böse Witz, sie dürften niemals gemeinsam in einem Flugzeug sitzen. Denn wenn es abstürzen würde, dann müsste die Bundesrepublik Deutschland fast ein Dutzend Witwen unterhalten!

- Umweltschützer und Lobbyist
  Sein erstes politisches Amt trat Fischer, wie es sich für einen echten Grünen gehört, als Umweltminister an. Unvergessen sein Auftritt beim Amtseid im hessischen Landtag, den er in Turnschuhen ableistete. Hätte ein Joschka von damals den späteren Fischer im feinen Anzug des Außenministers wohl erkannt? Nach seiner Zeit als Politiker war er als Berater für RWE oder Siemens tätig. 2013 machte er dann sogar Werbung für BMW – zumindest für ein Elektroauto.
  Nächste ketzerische Frage: Ob der alte Fischer wohl Angst hätte haben müssen, von dem jungen Fischer einen Stein an den Kopf zu bekommen?

Auch rhetorisch ging es bei Fischer oft ans Eingemachte:

- »Mit Verlaub, Herr Präsident, Sie sind ein Arschloch!«
  (Zu Bundestagspräsident Richard Stücklen)
- »Eher werden Sie sich halbieren als die Arbeitslosigkeit!«
  (Zu Kanzler Helmut Kohl)
- »Es gibt doch eine ganze Latte politischer Halbleichen bis Leichen, die hier auf Kabinettsposten herummodern.«
  (Ganz allgemein zur damaligen Regierung)

Joschka Fischer war sicher eine absolute Ausnahmeerscheinung, aber auch innerhalb der Politik Baden-Württembergs gab es viele interessante schwäbische Persönlichkeiten, gerade auf dem Stuhl des Ministerpräsidenten.

Schauen wir daher nun einmal auf die Landespolitik und ihre herausragenden Vertreter. Hier blieb der Schwabe jahrzehntelang seinem konservativen Ruf treu, um dann aber auch zu zeigen, dass er durchaus bereit ist, Neues zu wagen und eine Vorreiterrolle einzunehmen, wenn es die Zeitläufe erfordern.

Was die Zahl seiner Ministerpräsidenten angeht, so macht der Schwabe seiner Sparsamkeit alle Ehre, denn bis heute brauchte er lediglich neun Regierungschefs, die meisten anderen Bundesländer, zum Beispiel die weiteren großen Länder wie Nordrhein-Westfalen und Bayern, benötigten alle eine zweistellige Zahl.

Unter diesen neun waren durchaus schillernde Gestalten, die das Ländle und manchmal sogar die Bundespolitik (mit)prägten. Grund genug, sich einige dieser Persönlichkeiten einmal genauer anzusehen. Interessant ist vor allem, dass fast jedes Ende einer Regierungszeit sich auf besondere Art und Weise vollzogen hat – und oft nicht ganz freiwillig. Spannend war Politik in Baden-Württemberg also schon immer, auch wenn lange ein Grundsatz festgemeißelt zu sein schien: Es regiert die CDU! Mal allein, mal mit der FDP, mal mit der SPD, aber der Ministerpräsident kommt immer aus den Reihen der Schwarzen. Nun, die Zeiten können sich ändern! Aber gehen wir erst einmal zurück zum Anfang.

Nach der Gründung des Südweststaats wurde Reinhold Maier, geboren in Schorndorf, zum ersten Ministerpräsidenten erkoren. Das aus heutiger Sicht Überraschende: Maier war Mitglied der FDP/DVP und somit bis 2011 der einzige Ministerpräsident, der nicht von der CDU gestellt wurde.

Wehmütig werden heutige FDP-Anhänger (Hallo? Gibt's euch noch?) an solch eine herausragende Stellung ihrer Partei zurückdenken. Immerhin war Baden-Württemberg das Stammland der Liberalen. Deshalb wird heute noch das traditionelle Dreikönigstreffen in Stuttgart abgehalten, auch wenn in Zukunft vielleicht nicht mehr in der Staatsoper.

Ironie der Geschichte: Kaum war die FDP 2013 aus dem Bundestag geflogen (FDP = Fast Drei Prozent), schon brachte der Intendant der Staatsoper einen höheren Preis für die Nutzung seiner Räume ins Spiel. Bisher hatte die FDP lediglich 4500 Euro für die Überlassung der extravaganten »Location« berappen müssen. Ein interessantes Detail, dass gerade eine Partei, die immer gegen die meisten Formen der Subventionierung eintrat, sich hier selbst klaglos unterstützen ließ.

1953 war dann die Zeit des ersten baden-württembergischen Ministerpräsidenten Reinhold Maier abgelaufen, und es begann die Epoche der christdemokratischen Regierungschefs – und bis vor einigen Jahren wäre auch niemand auf die Idee gekommen, dass sich dies jemals ändern könnte. Wer hätte denn die Schwarzen ablösen sollen? Etwa die SPD, die oft eher als mitleiderregende Randgruppe, vom Aussterben bedroht, daherkam? Oder die Grünen – stark zwar in den Universitätsstädten, damals aber auf dem Land oft so beliebt wie der Juchtenkäfer bei der Deutschen Bahn AG.

Aber erstens kommt es anders und zweitens halt irgendwann ein Mappus daher.

Bleiben wir aber zuerst einmal bei der Domäne der CDU, die 1958 mit Kurt Georg Kiesinger sogar einen späteren Bundeskanzler zum Ministerpräsidenten machte. Er wechselte vom Ländle zum Bund, als Ludwig Erhard innerhalb der CDU an Vertrauen verloren hatte und die Partei einen neuen Kanzler brauchte.

Davon träumt der große Nachbar aus Bayern seit Jahrzehnten: dass einmal ein Bayer die wichtigste Führungsposition im Staat innehaben möge! Träumt weiter, Buam!

Kiesinger wurde zwar nicht zum erfolgreichsten und beliebtesten Bundeskanzler, aber er führte die erste große Koalition der bundesdeutschen Geschichte an: In seinem Kabinett saßen – nicht einträchtig – aber doch nebeneinander, Minister wie Franz Josef Strauß, Willy Brandt und Herbert Wehner. Eine Konstellation, die normalerweise schon alleine einen hauptamtlichen Friedensrichter erfordert hätte.

Kiesinger blieb daher auch nur ganze drei Jahre Kanzler, denn schon vor der nächsten Wahl gab es Streit zwischen CDU/CSU und SPD. Fast hätte Kiesinger weiterregieren können, doch er verfehlte die absolute Mehrheit knapp und musste zusehen, wie SPD und FDP eine Koalition bildeten. Kiesingers Groll auf die FDP war erheblich, und er erklärte, man solle versuchen, diese Partei aus allen Parlamenten in Deutschland zu verjagen. Seine Nachfolger haben sich daran in den folgenden Jahrzehnten nicht gehalten – erst der Wähler hat diese Forderung in den letzten Jahren dann weitgehend flächendeckend übernommen.

Kiesinger war nicht unumstritten, da er während der Nazi-Herrschaft Mitglied der NSDAP gewesen war. Zwar wurde er nach dem Krieg als Mitläufer eingestuft, Vorwürfe jedoch gab es immer wieder, vor allem aber eine öffentlichkeitswirksame Ohrfeige von Beate Klarsfeld auf einem CDU-Parteitag 1968. Heute brauchen viele Politiker gar keine zwielichtige Vergangenheit mehr – dem einen oder anderen würde man allein für seine aktuelle Politik gerne mal eine Ohrfeige verpassen.

Bitte, geschätzte Leserin, lieber Leser, sehen Sie hierin keinen echten Aufruf zur Gewalt gegen Politiker! Zum einen lehne ich als ehemaliger Zivildienstleistender dieses Mittel des Protestes tief in meinem Innern natürlich ab, zum anderen könnte man das ja heutzutage schon als Vollzeitjob machen und käme zu nichts anderem mehr!

Welch große Rolle die Vergangenheit spielen konnte, das sollte sich dann noch deutlicher bei Kiesingers Nachfolger als Ministerpräsident von Baden-Württemberg, Hans Filbinger, zeigen. Der war zwar durchaus respektable zwölf Jahre im Amt, musste dann aber infolge der sogenannten Filbinger-Affäre zurücktreten: Nach einem Streit mit dem Dramatiker Rolf Hochhuth kam ans Tageslicht, dass Filbinger in seiner Zeit als Marinerichter vier Todesurteile gefällt oder beantragt hatte. Er war sich zwar keiner Schuld bewusst, verlor aber das Vertrauen seiner Partei und trat schließlich zurück.

Interessanterweise ist einer seiner Nachfolger Jahrzehnte später noch mal über Filbingers Vergangenheit gestolpert. Als nämlich Günther Oettinger am 11. April 2007 eine Rede bei Filbingers Trauerfeier hielt, meinte er da:

»Anders als in einigen Nachrufen zu lesen, gilt es festzuhalten: Hans Filbinger war kein Nationalsozialist. Im Gegenteil: Er war ein Gegner des NS-Regimes. [...] Es bleibt festzuhalten: Es gibt kein Urteil von Hans Filbinger, durch das ein Mensch sein Leben verloren hätte.«

Immerhin distanzierte er sich einige Tage später von seinen eigenen Worten. Nachdem Mutti Merkel ihm deutlich auf die Finger geklopft hatte. Hätte er seine Rede auf Englisch gehalten, wäre sicher überhaupt nichts passiert, denn keiner hätte sie verstanden. Aber da wir auf Günther Oettinger weiter unten noch einmal zu sprechen kommen, wollen wir uns nun Filbingers direktem Nachfolger zuwenden, der eine ganz wichtige Rolle im Ländle spielen sollte: Lothar Späth.

Späth war von 1978 bis 1991 Ministerpräsident und konnte sogar dreimal (1980, 1984, 1988) die absolute Mehrheit für die CDU erringen. Seine heutigen Nachfolger denken mit Tränen in den Augen an diese Zeit zurück.

Späth stärkte die Wirtschaftskraft des Ländles und bekam durch sein geschicktes Agieren, vor allem in diesem Bereich, den Spitznamen »Cleverle«. Nicht ganz so clever war es dann, dass Späth mit dem Chef des Unternehmens SEL in die Ägäis gefahren war – auf dessen Kosten. In den Medien wurde dieser Vorgang schließlich die »Traumschiffaffäre« genannt. Rückblickend war der Urlaub zwar für Späth gratis, aber er zahlte dennoch einen hohen Preis. Infolge des großen Drucks der Öffentlichkeit trat er im Januar 1991 als Ministerpräsident zurück.

Auf der faulen Haut lag der schwäbische Schaffer aber nicht lange. Nur wenige Monate nach seinem Abgang stieg er bei der Jenoptik GmbH ein, die er bis 2003 als Geschäftsführer und Vorstandsvorsitzender führte. Weitere Tätigkeiten in Medien und Wirtschaft folgten.

Späths Nachfolger wurde Erwin Teufel, der nun niemals auch nur ansatzweise in den Verdacht kam, dass man ihn in die Nähe irgendeines Skandals rücken konnte. Eher wirkte er auf manch einen Beobachter zu bodenständig. Ich hatte ihn immer im Verdacht, dass er bald das Ziel ausgab, die Zehn Gebote verschärfen zu wollen. Im Gegensatz zu seinem Vorgänger Späth konnte Teufel sich bundespolitisch nicht so stark positionieren. Er musste sogar in Koalitionen mit SPD und FDP gehen, blieb aber immerhin 14 Jahre und damit sogar etwas länger als Späth im Amt.

Bei seinem Abgang sorgte Teufel dann doch noch für etwas Unterhaltung, allerdings auf eher unfreiwillige Weise. Am selben Tag wurde nämlich Kardinal Ratzinger zum Papst gewählt, was den Radiosender SWR 1 in seinen Nachrichten zu folgender Meldung veranlasste: »Konklave wählt Kardinal Ratzinger zum neuen Papst. Teufel reicht Rücktrittsgesuch ein.«

Von seinen damaligen Mitarbeitern in vertraulichen Gesprächen weiß ich, dass sich hinter Teufels biederer und braver Maske ein kluger Politikstratege verborgen hat, der nicht nur cholerisch werden konnte, sondern auch Menschen, wenn sie ihm nicht mehr in den Kram gepasst hätten, ganz geschickt habe fallen lassen können.

Das hätte man ihm niemals zugetraut, richtig? Ich hab's ja auch nur gehört!

Der auf Teufel folgende Günther Oettinger ist ein Mensch, der, wenn man ihn kennt, ein völlig anderes Bild abgibt als das, was die Medien von ihm transportierten und es heute immer noch tun.

Zunächst einmal aber brachte Oettinger etwas ganz Neues in die Landeshauptstadt und ins Ländle, so etwas wie »Glamour«. Seine mondäne Frau Inken, mit der er damals noch zusammen war, und er, durchtrainiert, schlank, sportlich, das war neu bei uns. Oettinger war ein Tausendsassa. Viele seiner Gegner warfen ihm vor, er sei in seinen Jahren als Ministerpräsident mehr auf Ausstellungen, Vernissagen, Partys und Festen gewesen als in seinem Regierungssitz, was natürlich nicht stimmt. Auffallend war aber schon, dass wir plötzlich einen Ministerpräsidenten zum Anfassen hatten. Oettinger war stets umringt von Günstlingen, Karrieresüchtigen, schönen Frauen und wichtigen Wirtschaftsführern. Um Oettinger war immer etwas los, wo er war, war Leben, also gesellte man sich zu ihm.

Oettinger hatte sich seit Jahrzehnten schon ein dichtes Netzwerk in Baden-Württemberg gestrickt, das er jetzt für die hohe Regierungskunst einsetzte. Man kann ihm zu Recht vorwerfen, dass das stundenlange Aktenstudium seines Vorgängers Teufel nicht so sehr sein Ding war, aber er liebte es, schnell zu handeln und Menschen zusammenzubringen. Unvergessen für mich war, als meine damals neu gegründete gemeinnützige »Stiphtung Christoph Sonntag« in ihrem ersten Projekt den Stuttgarter Max-Eyth-See in einem aufwendigen, millionenteuren und langen Verfahren säubern wollte. Erstaunlicherweise hatte ich relativ schnell viele potenzielle Spenderzusagen zusammen, aber alle zögerten noch ein bisschen, bis mir einer sagte, warum: »Herr Sonntag, wir brauchen hier einen politisch hochstehenden Schirmherrn, damit wir das innerhalb der Firma auch vertreten können!«

Also suchte ich die Nummer des Büros vom damaligen Stuttgarter Oberbürgermeister Dr. Wolfgang Schuster, wählte sie – und legte wieder auf. »Warum nicht noch höher anfangen?«, dachte ich mir spontan. »Nach ›unten‹ gehen kannst du immer noch!«

Ich wählte die Nummer vom Regierungssitz in der Villa Reizenstein. Jemand ging ran und nannte eine lange Dienstbezeichnung samt Namen.

»Ja«, sagte ich, »hallo, hier spricht Christoph Sonntag. Ich möchte gerne Ministerpräsident Günther Oettinger sprechen, ich habe eine, wie ich finde, gute Idee, die er unterstützen könnte!«

Während ich noch darüber nachdachte, wie blöd und unvorbereitet das auf den Staatsdiener wirken musste und um wie viel Prozent dieser spontane Telefonansatz meine ohnehin kleine Chance verschmälert haben mochte, sagte der Mensch: »Moment bitte«, und schaltete mich minutenlang auf eine musikalische Warteschleife.

Ich hielt das Ganze nach wenigen Sekunden für eine sehr clevere Methode, lästige Zeitgenossen wie mich einfach in die Warteschleifenhölle abzuschieben und sie dort brutal verhungern zu lassen. Ich wollte schon auflegen, als es im Telefon wieder knackte:

»Herr Sonntag? Hören Sie? Der Herr Ministerpräsident kann gerade nicht, aber er ruft sie zurück!«

Okay, dachte ich, auch eine gute Idee, lästige Idioten loszuwerden – und vergaß das Ganze recht schnell. Am

Nachmittag klingelte dann plötzlich mein tragbares Telefon, das ich beim Rosengießen im Garten bei mir trug. Ich war umringt von spielenden und schreienden Kindern und sagte in den Hörer hinein: »Sonntag!«

»Oettinger«, kam es schneidend zurück, und ich wähnte mich in der Sendung »Verstehen Sie Spaß!«. Es dauerte ein paar Augenblicke, bis ich erkannte, dass wirklich der MP am Telefon war. Ich hatte meine Verblüffung schnell im Griff und erzählte ihm in wenigen Sätzen, was ich vorhatte. »Gute Idee«, rief er ins Telefon, »mach ich!«

Er nannte mir noch den Namen eines operativen Abwicklers und beendete das Gespräch. Keine Stunde später rief mich dieser Mensch an und wollte von meiner Seite Namen und Kontakte wissen, die sich um das Projekt kümmern. So habe ich Oettinger kennengelernt, und so ist er für mich auch geblieben: rasch von einer guten Sache überzeugt, flink im Handeln und blockadefrei und schnell im Denken. Für viele – Bürger, Wähler, Gegner und Presse – auch zu schnell.

Oettinger wurde und wird immer mit der Bereitschaft zum Missverständnis begegnet. Das liegt zum einen daran, dass er immer gerne polarisierte, schon in seiner Funktion als Landesvorsitzender der Jungen Union. Hier forderte er 1989 die Abschaffung des Motorradfahrens wegen der hohen Unfallgefahr. Er selbst musste zwei Jahre später übrigens seinen Führerschein wegen Alkohol am Steuer abgeben.

Im persönlichen Kontakt ist Oettinger witzig, spritzig, frech, direkt, klug, beißend und vorlaut. Über das Medium Fernsehen kam und kommt er oft ungelenk, steif und ein bisschen verklemmt daher. Dafür kann er wohl nichts, aber das ist der Grund für das dauernde Missverständnis, das er ungewollt auslöst. So äußerte er sich zu der Kritik am Umbau des Stuttgarter Hauptbahnhofs zu einem Kopfbahnhof. Er begründete hierbei die Tatsache, dass es im Gare de l'Est in Paris einen Kopfbahnhof gebe, wie folgt: »Warum? Weil es westlich von Paris keine Menschen mehr gibt, sondern nur noch Kühe und Atlantik.«

Wer Oettinger kennt, weiß, dass es sich dabei nachweislich um einen Witz handelt. Er weiß mehr über Frankreich als die meisten, die sich über diesen Gag aufgeregt haben.

Dasselbe passierte mit seiner Äußerung zum Thema Krieg bei einer Rede aus dem Jahr 2007: »In einer Wohlstandsgesellschaft gibt es weniger Dynamik als in den Aufbaujahren nach dem Krieg. Wir sind in der unglaublich schönen Lage, nur von Freunden umgeben zu sein. Das Blöde ist, es kommt kein Krieg mehr. Früher, bei der Rente oder der Staatsverschuldung, haben Kriege Veränderungen gebracht. Heute, ohne Notsituation, muss man das aus eigener Kraft schaffen.«

Meistens kritisieren wir Politiker, weil sie steif und verklausuliert reden. Hier hatten oder haben wir einen, der die Klappe aufmacht – und schon passt es uns auch wieder nicht mehr. Ich möchte hier nicht als Oettinger-Fan missverstanden werden, politisch haben und hatten wir oft unterschiedliche Ansichten. Aber menschlich hab ich ihn ausgesprochen zu schätzen gelernt! Mir gefällt bis heute, dass er sich mutig ins Kabarett reinsetzt und sich vom Spötter abwatschen lässt, dabei ausgesprochen laut über sich selbst lachen kann und mit seinen politischen Gegnern nach allen Seiten hin auf menschlicher Ebene eine tiefe und gute Freundschaft pflegen kann. Ich habe ihn während seiner Regierungszeit einmal in einem großen Stuttgarter Kaufhaus getroffen und überrascht gefragt, was er denn hier mache. Er hat mir lachend erklärt, dass er gerade seinen verzweifelten Bodyguards entwichen sei, weil er seinem Sohn Alexander versprochen habe, ihm heute Unterwäsche und Socken mitzubringen. Ein andermal habe ich ihn beim VfB Stuttgart mit einem Freundschaftsbändchen am Arm gesehen und gefragt, von wem er das habe. Er antwortete: »Von meinem Sohn Alexander.« Ich sagte dann zu ihm, lange vor Fukushima: »Gell, Herr Oettinger, mit ihrem kleinen Sohn an der Hand haben Sie persönlich eine ganz andere Haltung zu den Risiken der Kernkraft, als wenn Sie sich politisch äußern müssen!«

Er schaute mir nur tief in die Augen, und ich wusste, er hat verstanden.

2004 hatte Oettinger noch das Bundesverdienstkreuz erhalten, 2006 kam dann der wenig schmeichelhafte Titel »Sprachpanscher des Jahres« hinzu. Hintergrund war seine Forderung, das Englische müsse grundsätzlich Arbeitssprache werden, und Deutsch würde als »private« Sprache in den Hintergrund rücken. Richtig peinlich wurde das Ganze dann einige Jahre später, als ein Video auftauchte, das Ausschnitte aus einer Rede Oettingers vor englischsprachigem Publikum zeigt. Ich weiß von damaligen Mitarbeitern, dass die Zeit gefehlt habe, die Rede zu üben, vorab zu lesen oder, wie das jeder macht, bestimmte unbekannte Wörter mit Lautschrifthilfen zu versehen. Oettinger, der besser Englisch spricht, als man von ihm annimmt, aber natürlich schlechter als ein auch nur durchschnittliches Sprachtalent, las den englischen Text dann mehr oder weniger zum ersten Mal. Spötter sagen, zumindest bei konzentriertem Hinhören habe man den

Eindruck gewinnen können, dass einzelne englische Wörter innerhalb der Rede auftauchten. Größtenteils aber war es ein Kauderwelsch, welches von vielen TV-Sendern in der Folgezeit durch den Kakao gezogen wurde und sich zu einem echten YouTube-Hit entwickelte. Noch heute muss sich Oettinger bei öffentlichen Auftritten immer wieder Spott in Bezug auf seine Englischkenntnisse anhören. Aber auch dies trägt er mit Fassung und großem Spaß über sich selbst. Hut ab!

Mittlerweile arbeitet er seit 2010 als Energiekommissar bei der EU und in der neuen Mannschaft unter Jean-Claude Juncker als Kommissar für Digitale Wirtschaft. Dieser Wechsel in die EU soll angeblich damals auf Druck von Bundeskanzlerin Merkel vonstattengegangen sein, die wohl fürchtete, dass Oettinger im wichtigen Flächenland Baden-Württemberg bei der nächsten Bundestagswahl keinen klaren Erfolg würde einfahren können. Wenn Merkel gewusst hätte, was sie dadurch im Ländle in Gang setzt, hätte sie Oettinger lieber gewähren lassen. Ihr und der CDU wäre einiges erspart geblieben, und vielleicht hätte man noch die eine oder andere filigrane rhetorische Kostprobe von Oettinger geliefert bekommen.

Mit dem Wort »filigran« hatte Oettingers Nachfolger Stefan Mappus nun allerdings wirklich gar nichts zu tun. Der neue Ministerpräsident war anfangs noch als große Hoffnung der CDU gefeiert und mit dem jungen Franz Josef Strauß verglichen worden. Sicher nicht nur wegen eines ähnlichen Körperbaus, sondern auch wegen seiner Lust an der politischen Zuspitzung. Ich durfte bei der Eröffnung zum Loriot-Denkmal in Stuttgart, bei dem ein Mops auf einer Säule steht, den erst Spaßmacher dort platziert und der später entwendet worden war, reden. Ich sagte: »Als ich den Mops sah, dachte ich erst, das ist ein Mappus-Denkmal!« Ja, manchmal muss man als Kabarettist für einen Gag halt auch mal richtig gemein sein. Mappus' Pech war es aber, dass er ausgerechnet ins Amt kam, als das umstrittene Großprojekt Stuttgart 21 begann, die Gesellschaft in und um Stuttgart und sogar im ganzen Bundesland zu spalten. Für die einen war es das Versprechen auf eine große wirtschaftliche Entwicklung, für die anderen ein Milliardengrab, über den Kopf der Bürger hinweg geplant.

Der Knackpunkt war schließlich der 30. September 2010, der »schwarze Donnerstag«. Bei einer Großdemo gegen das Projekt ging die Polizei aggressiv gegen die Demonstranten vor, es gab eine Reihe Verletzter. Bis heute ist Mappus' Rolle nicht geklärt – immer wieder gab und gibt es den von ihm bestrittenen Vorwurf, er selbst habe Einfluss auf das harte Einschreiten der Polizei genommen.

Weitere Probleme verursachten der Rückkauf von Aktien des Energieversorgers EnBW, den Mappus ohne Beteiligung des Landtags hinweg durchführen ließ – zudem eventuell noch viel zu teuer. Auch hier streiten die Gelehrten noch.

Vielleicht hätte es ja trotzdem zu einem Wahlsieg reichen können, aber das Atomunglück in Fukushima zwei Wochen vor der Landtagswahl im März 2011 war dann das endgültige Aus für Mappus, der zuvor immer wieder als Verfechter der Atomenergie aufgetreten und Laufzeitverlängerungen der deutschen Kernkraftwerke verlangt hatte. Diese besondere Gemengelage aus dem Effekt des Fukushima-Unglücks und Mappus' persönlichen Fehlern in seiner Amtszeit brachten ihn schließlich zu Fall.

Was ist sein politisches Vermächtnis? Der Einsatz für den »langen Samstag« (Einkaufszeiten) und der »schwarze Donnerstag«.

Unvergessen, wie sein Team damals bei mir anrief. Mappus hatte zugesagt, bei meinem schwäbischen Starkbieranstich und der dazugehörenden deftigen Abrechnung mit der Landespolitik dabei zu sein, was mittlerweile zur jährlichen TV-Sendung im SWR »Das jüngste Geri(ü)cht – mit Bruder Christophorus Sonntag« herangewachsen ist. Das Team eierte thematisch erst ein bisschen rum, sodass ich gar nicht wusste, worum es bei dem Telefonat eigentlich geht. Schließlich rückten sie mit der Sprache raus: »Herr Sonntag – was ziehen wir ihm denn dazu an?«

Ich musste ein Lachen unterdrücken und riet seinem Team zu Trachtenkleidung, was sie erleichtert zur Kenntnis nahmen.

Das Ergebnis der Landtagswahl am 27. März 2011 kam dann auch einer politischen Sensation gleich. Im konservativen Ländle, im Land der Schaffer und Weltmarktführer, der nüchternen Schwaben, ausgerechnet dort sollten die Grünen, einst als linke Revoluzzerpartei vom konservativen Establishment verschrien, den ersten Ministerpräsidenten ihrer Geschichte stellen. Bei der Wahl überholten Grüne und SPD locker die auf unter 40 Prozent gerutschte Mappus-CDU und darum nun »Vorhang auf« für: Winfried Kretschmann!

Gut, wenn der Trommelwirbel verklungen ist, schauen wir uns den aktuellen starken Mann im Ländle mal genauer an. Böse Zungen behaupten ja sogar, vor allem nach seinem »Ja« im Bundesrat zum Asylkompromiss im September 2014, wenn man nicht wüsste, dass er bei den

Grünen ist, könnte man ihn glatt für einen aufgeklärten, bürgerlichen CDU-ler halten.

Sicher, auf der einen Seite pflegt Winfried Kretschmann eine Bodenständigkeit, die sogar an einen Erwin Teufel erinnert: seit 36 Jahren verheiratet, drei Kinder, in der katholischen Kirche engagiert, pflegt eine enge Bindung zu seiner oberschwäbischen Heimat und kann durch seine ruhige, solide Art auch konservative Gemüter für sich erwärmen.

Allerdings war Kretschmann in seiner politischen Anfangszeit während des Studiums in kommunistischen Studentengruppen aktiv, auch wenn er diese Zeit heute als großen Irrtum beschreibt. Wenigstens ist nichts davon bekannt, dass Kretschmann mal irgendwann als Steinewerfer auffällig geworden ist.

1979/80 gehörte er zu den Mitbegründern der Grünen in Baden-Württemberg und war für diese in den folgenden Jahrzehnten in wichtigen Positionen tätig, bis er dann als Höhepunkt seiner politischen Laufbahn am 12. Mai 2011 zum Ministerpräsidenten gewählt wurde, wobei er übrigens sogar zwei Stimmen aus den Reihen der Opposition erhielt.

Sehr angenehm kommt Kretschmanns uneitles Wesen beim Wähler an. Als der *Focus* ihn einmal fragte, auf welche Leistung er stolz sei, so antwortete er: »Auf eine selbst gebaute Terrasse in meinem Garten.«

Kritiker seiner grün-roten Regierung könnten nun natürlich anmerken: Klar, sonst hat seine Koalition ja auch noch nichts Nennenswertes geleistet!

Mir kam zu Ohren, dass sich Kretschmann nach seinen Amtsgeschäften mit mehreren Fahrzeugen und Bodyguards in seinen kleinen Wohnort auf der Schwäbischen

Alb fahren lässt, ins Haus geht, gemütliche Klamotten anzieht, ins örtliche Café schreitet, Tee trinkt und Zeitung liest. Das ist grüne unprätentiöse, ungewollte, aber beeindruckende Coolness, Respekt!

Ich habe ihn kurz nach seiner Wahl bei einem Sommerfest in Stuttgart gesehen, und meine Begleiterin fragte mich erstaunt, ob unser Ministerpräsident seine Kleidung von der Caritas beziehe: Er trug damals abgelatschte, braune Schuhe, eine schwarze Kunstfaserhose, ein luftiges, weites Hemd, unter dem das Feinrippunterhemd sichtbar wurde, und einen Kunstledergürtel, der die viel zu weite Hose um den Leib festhielt. Ich fragte amüsiert, was sie denn von den anderen Regierungsmitgliedern halte. Sie sagte: »Die sehen alle gleich aus! Der Einzige, der wirklich gut aussieht und gut angezogen ist, ist er da!« Damit zeigte sie auf einen gepflegten Menschen im Zweireiher mit leuchtender Krawatte und glänzenden Schuhen. »Das«, antwortete ich, »ist Peter Hauk von der CDU!« Im Jahr darauf ließ er sich von seiner Mitarbeiterin einen »Bobbel« Himbeereis bringen, verschlang ihn genüsslich und fragte mich, der neben ihm saß, wo ich denn immer meine Ideen herholte und ob ich denn von meinem Job leben könnte. Solche Fragen stellen mir sonst nur die zwölfjährigen Schüler bei den »Ernährungswochen« meiner »Stiphtung«.

Man hatte damals anfangs schon den Eindruck, dass Grün-Rot vom Regieren und der damit auf sie zugekommenen Macht sehr unvermittelt überrascht wurde und darauf auch wenig vorbereitet war. Ein grüner Staatssekretär, den ich zuvor als Veranstalter kennengelernt hatte, tat sich anfangs unglaublich schwer mit seinem Dienstwagen und ließ ihn oft stehen, um mit der S-Bahn in den

Landtag zu kommen. Erst, als er erfahren musste, dass sein Fahrer trotzdem die Strecke abfuhr, auch wenn er als Staatssekretär selbst nicht im Auto saß, erbarmte er sich und spielte das Spiel des stets von A nach B chauffierten Politikers mit. Mittlerweile ist er immer – samt unserem Ministerpräsidenten – adrett gekleidet und beide entsteigen der Limousine mit der dazugehörigen Würde.

Man sieht, selbst Grüne können sich nach einer Weile an die Insignien der Macht gewöhnen.

Beim Wähler ist Kretschmann auf jeden Fall beliebt. In Umfragen erreicht er – im Vergleich zu seinen grünen und roten Kabinettskollegen – immer hervorragende Umfragewerte.

Wenn es an ihm allein läge, so dürfte er sich einer Wiederwahl im Jahr 2016 ziemlich sicher sein, egal wer nun Kandidat der CDU sein wird. Spötter behaupten, der Wähler würde sich in Baden-Württemberg sowieso für die konservative Alternative entscheiden – in diesem Fall Winfried Kretschmann.

Und wer weiß – vielleicht bietet ihm die CDU ja die Mitgliedschaft an, damit er weiterregieren kann. Wäre eventuell für beide Seiten eine Win-win-Situation!

Abschließend sei noch angemerkt, dass alle Ministerpräsidenten von Baden-Württemberg bisher Schwaben waren – mit zwei Ausnahmen: Hans Filbinger und Stefan Mappus.

Tja, liebe Badener, von uns Schwaben kamen die nicht. Ihr könnt sie gerne beide, teilweise posthum, wieder haben!

Gastbeitrag von Günther Oettinger

Die deutsche Sprache kennt neben Hochdeutsch, das nur von wenigen Bürgerinnen und Bürgern beherrscht und gesprochen wird, viele schöne Dialekte. Während die Bayern und – mit geringerer Inbrunst – auch die Franken, die Sachsen oder die Saarländer ihren Dialekt mit Stolz bewahren, wird der Schwabe auswärts oftmals von Komplexen geplagt und versucht deshalb, die hochdeutsche Sprache zu übernehmen. Dies geht meist schief und zu Lasten des Ansehens unseres schwäbischen Dialekts.

Seit meiner Jugend habe ich darauf geachtet, meine Sprache nicht an meinen jeweiligen Aufenthaltsort anzupassen.

Ob in meiner Studienzeit in Tübingen, während meiner vielen Jahre in der deutschen Politik in den Regionen Baden-Württembergs und in Berlin oder auf Freizeitbesuchen in Hamburg, Köln und München – ich habe weitgehend gleichbleibend, vielleicht etwas zu schnell, kommuniziert.

In Münsingen auf der Schwäbischen Alb oder in St. Peter im Hochschwarzwald haben meine Landsleute gar gedacht, dass ich – aus Stuttgart angereist – Hochdeutsch spreche! In Berlin dagegen wird man als Schwabe aus dem Ländle mit »Hochschwäbisch«, wie ich es nenne, oft schief angeschaut. »Wir können alles außer Hochdeutsch« hinterlässt eben unterschiedliche Eindrücke.

Für mich als Mitglied der Europäischen Kommission ist Englisch heute die wichtigste Arbeitssprache. Während mir mancher Zeitgenosse vorhält, »Schwenglisch« zu sprechen, haben die Franzosen oder Spanier, die Italiener oder Rumänen überhaupt kein Problem damit, dass ihre Muttersprache bei der Konversation auf Englisch noch viel stärker durchdringt als bei mir der schwäbische Dialekt.

Mein Appell lautet daher: Bekennen wir uns zur schwäbischen Heimat, zu unserem Dialekt, und gehen wir ohne Komplexe nach Berlin und in die Welt! Produkte aus unserer Heimat, die Marken Mercedes-Benz, Porsche, Bosch, Stihl, Festo oder Trumpf haben sich als schwäbische Präzisionsprodukte weltweit durchgesetzt, unsere Sprache sollte vergleichbar selbstverständlich unsere persönliche Marke sein!

Grüß Gott!

Der Schwabe: Pionier und Erfinder

»Der schwäbische Erwerbssinn, verbunden mit beharrlichem Fleiß, der Hang zur Unabhängigkeit und die Fähigkeit, sich in ein Problem zu verbeißen, es von allen Seiten anzupacken, der Drang zum Sinnieren und Tüfteln, die gute Schulbildung, die Tradition feinmechanischer Genauigkeit, die pietistische Verpflichtung zur Zuverlässigkeit und Gediegenheit haben den Schwaben zum Erfinder und Unternehmer prädestiniert.«

THADDÄUS TROLL

Margarete Steiff

Zwar waren es vornehmlich die Herren der Schöpfung, die sich im Lauf der Geschichte als herausragende Erfinder hervortaten, deshalb soll gleich zu Beginn eine Frau erwähnt werden, die der Menschheit ein besonderes Produkt geschenkt hat. Manchmal macht nämlich nur ein Knopf den Unterschied aus. Und jeder Mann, der schon einmal verzweifelt versucht hat, selbst einen anzunähen, wird mir sicher zustimmen!

Der hier erwähnte Knopf allerdings findet sich nicht an Kleidungsstücken, sondern am Ohr eines Kuscheltieres –

aber der Reihe nach: Die Tüftlerin, um die es hier geht, Margarete Steiff, wurde 1847 in Giengen an der Brenz geboren. Im Alter von 18 Monaten erkrankte sie an Kinderlähmung. Doch Margarete scheint mit einem besonders starken Willen ausgestattet gewesen zu sein, denn sie entwickelte sich zu einer guten Schülerin und hatte den Wunsch, eine Nähschule zu besuchen, den sie gegen die Bedenken ihrer Eltern durchsetzte.

1874 richtete ihr ihr Vater sogar im familieneigenen Wohnhaus eine Schneiderei ein, die sie zusammen mit ihrer Schwester betrieb. Die Arbeit ging nicht aus, und so konnten sich die Schwestern sogar irgendwann eine eigene Nähmaschine leisten!

Das ist unvorstellbar für junge Menschen von heute, die oft schon im Alter von fünf Jahren alle über iPad, iPod, Smartphone und sämtliche weiteren technischen Errungenschaften des 21. Jahrhunderts verfügen. Gut, dafür haben die meisten auch keine Bücher mehr, die nehmen ja eh nur Platz weg!

1879 kam Margaretes »Heureka«-Moment, denn sie sah in einer Modezeitschrift das Schnittmuster eines Elefanten. Flugs fertigte sie Nadelkissen in der Form dieses Elefanten an, die dann reißenden Absatz fanden.

Margarete entwarf weitere Tiere und produzierte diese. Das Geschäft wuchs und wuchs, und 1892 erschien der erste Steiff-Katalog. 1901 wurde sogar Spielzeug in die USA exportiert und 1902 kam das Tier dazu, das bis heute das Aushängschild des Unternehmens darstellt: der Teddybär! Erfunden wurde er von Margaretes Neffen Richard Steiff. Am Anfang war dieses Plüschtier eher ein Flop, feierte dann aber auf der Leipziger Spielwarenmesse seinen ersten großen Erfolg! Ein Einkäufer aus den

USA orderte gleich 3000 Bären – manchmal haben sie ja doch auch gute Einfälle, die Amerikaner! Oder sagen wir so: Wenn andere gute Einfälle haben, hängen sie sich gerne im Faktor 3000 dran an!

Der berühmte »Knopf im Ohr« kam dann 1904 dazu: Diesen erdachte sich ein weiterer Neffe, nämlich Franz Steiff. Typisch schwäbisch, die Margarete, holt sich die schlauen Köpfe aus der eigenen Familie einfach ins Unternehmen!

100 Jahre lang war dieser Knopf einzigartiges Markenzeichen der Steiff-Tiere, bis 2014 das EU-Gericht der Meinung war, Steiff könne den Knopf im Ohr nicht als alleiniges Markenkennzeichen schützen lassen. Darüber kann man nur den K(n)opf schütteln. Aber wie ernst soll man eine Institution nehmen, die eine Schnullerkettenverordnung herausbringt, die auf 52 Seiten alles Erdenkliche zu Schnullerketten festlegt. Klar, ständig hören wir in den Nachrichten von tödlichen Unfällen mit Schnullerketten!

Trotzdem, auch wenn nun andere Plüschtierhersteller versuchen werden, den »Knopf im Ohr« schamlos zu kopieren – der Kenner wird die schwäbische Wertarbeit trotzdem erkennen.

1907 wurden schon fast eine Million Teddybären produziert. Margarete Steiff starb 1909 an den Folgen einer Lungenentzündung. Sie wurde nur 61 Jahre alt, hatte aber in dieser Zeit ein Unternehmen aufgebaut, welches zu diesem Zeitpunkt 400 Mitarbeiter und 1800 Heimarbeiter beschäftigte – eine, nicht nur für eine Frau, in der damaligen Zeit großartige Leistung!

Das Unternehmen floriert heute noch und eröffnete 2005 das Erlebnismuseum »Die Welt von Steiff«. 2009 wurde sogar eine Teddybärklinik in Betrieb genommen, in der die Tiere repariert werden können: Nachhaltigkeit vor Wegwerfgesellschaft!

Margarete Steiffs Leben wurde übrigens 2005 mit Heike Makatsch in der Hauptrolle verfilmt! Da hat sie dann sogar den Herren Bosch und Daimler was voraus – die wurden noch nie von Heike Makatsch dargestellt!

Steinzeit-Schwabe und Bretzel-Erfinder

Der Ruf als Tüftler und Erfinder eilt dem Schwaben zu Recht weit voraus. Der Ursprung dieser Tätigkeit geht sogar weiter zurück, als viele vermuten. Denn auf der Schwäbischen Alb, zwischen Tübingen und Ulm, wurden einst die ältesten Kunstgegenstände der Welt gefunden. Darunter der 32 000 Jahre alte Löwenmensch aus Elfenbein und eine 30 000 Jahre alte Flöte aus Schwanenknochen.

Schon damals zeigte sich wahrscheinlich, wie aus der vielzitierten Sparsamkeit des Schwaben etwas völlig Neues entstanden war. Man kann sich gut vorstellen, wie andernorts Knochen nach dem Essen einfach entsorgt wurden – der Urschwabe hingegen wurde schon damals vom Gedanken erfasst: »Des schmeiß mor net weg, da kosch no ebbes draus mache! Und wenn's a Flöt' isch!«

Die Erfindungsgabe scheint also schon genetisch im Schwaben drinzustecken. Später kam noch hinzu, dass auch die Bildung im Schwäbischen hoch geschätzt wurde. So führte man in Württemberg bereits 1558 die allgemeine Schulpflicht ein. Zu einer Zeit also, da man andernorts gerade noch versuchte, das Mittelalter hinter sich zu lassen, war der Schwabe bereits in der Zukunft angekommen.

Einen weiteren Grund für die Klugheit des Schwaben lieferte der ehemalige OB von Stuttgart, Manfred Rommel:

»Des Schwaben Klugheit ist kein Rätsel,
die Lösung heißt: die Laugenbrezel!
Schon trocken gibt dem Hirn sie Kraft,
mit Butter wirkt sie fabelhaft.
Erleuchtet mit der Weisheit Fackel –
Den Verstand vom größten Dackel!«

Da kommt einem doch gleich die Idee, dass wir bessere politische Entscheidungen bekommen würden, wenn man den Politikern zum Arbeitsessen keine mehrgängigen Menüs, sondern einfach ein paar Laugenbrezeln spendieren würde. Das nur so als Anregung am Rande!

Aber die Laugenbrezel soll hier nicht nur als weiterer Baustein für die Genialität des Schwaben als Tüftler und Denker dienen, sondern ihre erstmalige Herstellung unterstreicht schon die Tatsache, dass der Schwabe auch in scheinbar ausweglosen Situationen eine kreative Lösung findet.

So geht nämlich die Legende, dass ein Bad Uracher Bäckermeister der Erfinder der Brezel sei. Der gute – oder eher ungute – Mann wurde von seinem Dienstherren Graf Eberhard von Urach des Stehlens überführt und zum Tode verurteilt. Der Graf ließ dem Mann allerdings einen Ausweg: Er sollte ein Gebäck herstellen, durch das dreimal die Sonne scheint.

Dem verzweifelten Bäcker kam der rettende Einfall dann angeblich, als er seine Frau mit verschränkten Armen bei der Unterhaltung mit der Nachbarin stehen sah. Womit übrigens auch bewiesen wäre, dass der berüchtigte schwäbische »Hausfrauentratsch« durchaus lebensrettende Wirkung haben kann.

Kurz darauf hatte der Bäckermeister dann seine Brezel kreiert, wobei ihm jedoch vor dem Backen ein Missgeschick passierte: Einige Brezeln fielen in einen Eimer mit heißer Lauge, der neben dem Ofen stand. Doch dann stellte sich heraus, dass die Brezeln, die in die Lauge gefallen waren, nach dem Backen von dunkelbrauner Farbe und in der Mitte hell aufgesprungen waren. So hatte dem Bäckermeister die Erfindung der Brezel nicht nur das Weiterleben gesichert, sondern sie hat auch ihren Siegeszug weit über Bad Urach hinaus angetreten. In New York übrigens stehen Verkäufer auf der Straße, die große Brezeln mit Senf verkaufen. Mit Senf! Ein Grund mehr, das sauer verdiente Geld fürs Flugticket dahin zu sparen!

Der Schneider von Ulm

Neben der Laugenbrezel hat der Schwabe der Welt natürlich noch viel mehr unschätzbare Errungenschaften geschenkt. Es soll dabei nicht verschwiegen werden, dass unter den zahllosen schwäbischen Erfindern auch tragische Fälle waren, die aber umso mehr hervorstechen, da sie ihrer Zeit weit voraus waren.

Als Beispiel sei hier der legendäre Schneider von Ulm genannt, mit bürgerlichem Namen Albrecht Ludwig Berblinger, geboren 1770. Die Mechanik faszinierte ihn schon von Kindesbeinen an und besonders die Vorstellung davon, sich als Mensch den Vögeln gleich in die Lüfte aufschwingen zu können. Jahrelang arbeitete er an seinem Hängegleiter und erweckte schließlich das Interesse von König Friedrich I. von Württemberg, der ihn im Mai 1811 aufsuchte, um die Flugtauglichkeit des Hängegleiters in Augenschein zu nehmen. Aufgrund ungünstiger Winde musste Berblinger seinen Flugversuch verschieben, woraufhin der König zwar abreiste, aber dessen Kinder und weitere Adlige ausharrten.

Am Tag darauf wagte Berblinger nun den Start. Sein Ziel war es, mit seinem Fluggerät die Donau zu überqueren. Leider landete er nur im Fluss und nicht dahinter. Heute weiß man natürlich, dass die im Vergleich zur Umgebung viel kältere Donau nicht in der Lage war, die fürs Segeln notwendigen Aufwinde zu bieten, sondern natürlich eher das Gegenteil dessen bewirkte, was ein guter Aufwind dem modernen Segelflieger heute bedeutet.

Hohn und Spott der adligen und aller anderen Zuschauer waren dem armen Schneider von Ulm gewiss, dem man nicht mal vorwerfen kann, in der Schule nicht aufgepasst zu haben! Heutige junge Menschen würden gar nicht mehr den Versuch unternehmen, ein Fluggerät zu bauen und über die Donau zu fliegen. Nicht nur weil sie wissen, dass das nicht geht, sondern auch weil das ja mit Arbeit und Anstrengung verbunden wäre, was der vordersten Jugendpflicht (chillen) kontraproduktiv entgegensteht.

Vielleicht konnte er sich in diesem beschämenden Moment wenigstens trösten, dass der König nicht mehr anwesend war. Aus unserer jetzigen Zeit möchte man dem Schneider von Ulm noch zurufen: »Hei, Kollege! Chill mal! Bleib cool! Alles halb so schlimm – kein Smartphone mit Kamera hat den Misserfolg hundertfach festgehalten!«

Sonst wäre kurz darauf alles auf YouTube im Internet zu bestaunen gewesen, wahrscheinlich gefolgt von Kommentaren wie zum Beispiel von Klugscheißer1811: »So ein Idiot! Wenn der Mensch fliegen sollte, dann wäre er mit Flügeln auf die Welt gekommen!«, oder: »Eh, voll krasser Absturz, mann, ey«, von CooleSockeWürttemberg.

Trösten würde es Berblinger aber wohl nicht, denn mit dem Absturz in die Donau begann auch sein persönlicher. Er starb einsam und verarmt in einem Hospital im Alter von 58 Jahren.

Doch immerhin, er hatte als einer der Ersten eine Vision, die dann irgendwann Wirklichkeit werden sollte. Und das ist mehr, als man von den meisten Menschen behaupten kann, seine höhnischen Betrachter einmal eingeschlossen.

Für seinen Flugversuch brauchte er lediglich ein sieben Meter hohes Gerüst, welches auf der Ulmer Stadtmauer aufgestellt wurde. Wie wohltuend günstig zum Beispiel im Vergleich zu unserem Hauptstadt(un)flughafen in Berlin. Und immerhin: Von dem Flughafengerüst des Schneiders zu Ulm ging wenigstens ein Flug ab, damit ist der dem Hauptstadtflughafen Berlin zum Zeitpunkt der Drucklegung dieses Werkes, 2014, um Längen voraus! Auch dies ein Beweis für die angenehme Sparsamkeit des Schwaben: Wenn schon nicht fliegen, dann wenigstens günstig. Was man vom Berliner Flughafen nun wirklich nicht behaupten kann.

Kommen wir aber nun zu einigen Beispielen, die dem Erfinder etwas mehr Ruhm und Ansehen einbrachten.

Johannes Kepler

Dass der Schwabe schon immer sternenwärts und somit ganz nach oben strebte, zeigt sich zum Beispiel in der Person von Johannes Kepler (geb. 1571 in Weil der Stadt). Dieser entwickelte das erste astronomische Teleskop und beschrieb die Gesetze der Planetenbewegung. Kepler war ohnehin eine erstaunliche Persönlichkeit, denn er war nicht nur ein profunder Naturwissenschaftler, sondern auch evangelischer Theologe!

Eine Kombination, die auf den ersten Blick eher ungewöhnlich erscheint, aber Kepler gelang es auf wunderbare Weise, diese beiden Pole in Einklang zu bringen. Ein besonderes Kunststück, vor allem zu jener Zeit, da die Kirche ein scharfes Auge auf jegliche wissenschaftliche Erkenntnis hatte und so mancher seine Äußerungen damit bezahlte, dass er zur Beheizung eines öffentlichen Marktplatzes verurteilt wurde.

Sigmund Lindauer

Eine alltägliche Erfindung, für die vor allem die Frauen überaus dankbar sind, hat ihren Ursprung ebenfalls im Schwäbischen: der BH.

Die Männer stehen diesem Kleidungsstück ja oft eher ambivalent gegenüber, suggeriert er doch spätestens seit der Erfindung des Push-ups, einer Fata Morgana gleich, verheißungsvolle Dinge, die es in Wirklichkeit gar nicht gibt (oder zumindest nur in geringerem Ausmaß). Und welcher Mann hat nicht schon, zumindest innerlich, wüst geflucht, wenn er hilflos versucht hat, den BH der Angebeteten zu öffnen und ob der perfiden Verschlussmechanismen nicht ans Ziel seiner Träume kam. Im schlimmsten Fall wurde aus der romantisch-erotischen Stimmung ein Moment der unfreiwilligen Komik.

Doch gerade für die Damen hat der BH das Leben durchaus erleichtert. Zugegebenermaßen wurde schon seit dem 19. Jahrhundert versucht, etwas zu erfinden, das den Frauen das Leben bequemer machte, und die ersten annähernd erfolgreichen Versuche spielten sich außerhalb Schwabens ab.

Allerdings war es dann Sigmund Lindauer aus Bad Cannstatt, der 1912 in seiner Firma die ersten Büstenhalter in Serienfertigung herstellen ließ. Sein BH »Hautana« machte rund um den Globus Karriere. Außerdem zeugt es auch von einer gewissen Cleverness, rechtzeitig mit solch einem Produkt in die Offensive zu gehen.

Carl Laemmle

Carl Laemmle (geb. 1867 in Laupheim) emigrierte 1884 nach Amerika (sinnigerweise auf dem Segeldampfschiff *Neckar*), wo er 1912 die Universal Studios in Los Angeles und somit Hollywood gründete. Alles was danach kam, verdanken die Filmfreunde auf der ganzen Welt also Carl Laemmle: »Vom Winde verweht«, »Casablanca«, »Star Wars«.

Gut, auch Arnold Schwarzenegger und Silvester Stallone hätte es so nicht gegeben, aber man kann halt nicht alles haben.

Laemmle startete seine Karriere in Chicago und gründete 1906 einen Filmverleih, und bald gehörten ihm 50

Kinos. Sein damaliger Werbeslogan »I am the Moving Picture Man« unterstreicht durchaus ein gewisses Selbstbewusstsein.

1910 gründete er eine Filmproduktion und hatte einige Jahre später die Idee, welche die ganze Filmbranche revolutionieren sollte. Laemmle war der Prototyp der heutigen Firmenchefs und somit ein Mann, der, ganz Schwabe, genau aufs Geld schaute. Man kann es nicht oft genug erwähnen: Schwaben freuen sich zehnmal mehr über Geld, das sie eingespart (also nicht ausgegeben) haben, als über solches, welches sie nur ganz banal verdient haben – das kann ja jeder!

Nach einigem Grübeln, wo er noch Einsparungen vornehmen sollte, richtete sich Laemmles Sparfuchsblick auf die andere Seite der USA – nach Kalifornien. Vielleicht dachte er auch: »Da hat mr scho mol Gold gfunde – des klappt au nomal!« Laemmle hatte nämlich erkannt, dass ein Wechsel seiner Produktionsfirma an die Westküste eine ganze Reihe finanzieller und organisatorischer Vorteile bringen würde.

Manch einer denkt beim Wort Kalifornien natürlich erst einmal an Sonnenschein und Strandvergnügungen. Laemmle dagegen machte sofort eine betriebswirtschaftlich schlaue Rechnung auf: besseres Wetter = mehr Drehtage = effizienteres Arbeiten = günstigere Filme = mehr Profit für mich!

Typisch Schwabe: Wo andere gutes Wetter lediglich als Möglichkeit für hedonistische Vergnügungen sehen, erkennt der Schwabe gleich den sich daraus ergebenden geldwerten Vorteil.

Ein weiterer angenehmer Effekt war, dass die Gewerkschaften in Kalifornien lange nicht so einflussreich waren wie an der Ostküste. Mancher heutige schwäbische Firmenchef mag Laemmles Umzugspläne hier verständnisvoll nickend nachvollziehen können.

(Wer sich übrigens heute noch fragt, warum der Abspann eines Hollywoodfilms oft länger ist als der Film selbst, dem sei gesagt, das ebenjene Gewerkschaften einst durchsetzten, dass im Abspann wirklich jeder genannt werden muss, der am Film mitgewirkt hat. Auch wenn er nur einen Knopf an der Jacke eines Statisten angenäht hat. Amerika: das Land der unbegrenzten Unmöglichkeiten.)

So blieb nur noch die Suche nach einem passenden Areal. Schließlich wurde der Filmpionier in einem hinteren Eck von Los Angeles fündig: Dort gab es ein weitläufiges Gelände, auf dem eine ehemalige Hühnerfarm lag. Viele glauben ja, hierin liege der Ursprung für das heutige Verhalten mancher weiblicher US-Filmstars verborgen!

Auch hier war der ausschlaggebende Faktor nicht irgendeine besonders schöne Lage oder sonstige profane Äußerlichkeiten. Nein, Laemmle konnte das Areal einfach »saumäßig günschtich« käuflich erwerben. Was wahrscheinlich daran lag, dass es sich in einem abseitigen, wenig interessanten Stadtteil von Los Angeles namens Hollywood befand. Außer Stechpalmen gab es damals dort nicht viel – und die Stechpalmen waren schon das Interessanteste.

Viele Freunde und Kollegen hatten ihm davon abgeraten, das Gelände zu kaufen, aber der nur 1,52 Meter große Laemmle hatte mehr Weitblick als sie alle zusammen. Er legte 165 000 Dollar auf den Tisch und begründete damit den Filmmythos Hollywood.

Am 15. März 1915 öffnete er – ganz stilecht mit einem goldenen Schlüssel – die Tore seiner Filmstadt Universal City. Wieder einmal hatte ein Schwabe etwas völlig Neues, Einmaliges geschaffen, was von vielen anderen kopiert werden würde. Tatsächlich nämlich wanderte fast die gesamte Filmbranche nach und nach von der West- an die Ostküste ab.

Laemmle aber nutzte die neuen Möglichkeiten seiner Filmstadt und bescherte der Welt Filme, die auch heute noch jeder kennt. Schon früh schuf er Klassiker wie »Der Glöckner von Notre Dame« oder »Frankenstein« und erhielt einen Oskar für »Im Westen nichts Neues«.

Daneben spielte Laemmle, selbst deutscher Jude, eine wichtige Rolle bei der Rettung vieler Juden vor dem sicheren Tod, indem er ihnen Bürgschaften bei einer Übersiedlung in die USA gewährte.

Weniger glücklich endete allerdings die Übergabe seiner Filmfirma an seinen Sohn. Der erwies sich leider als untauglich, so dass Laemmle das Ganze dann wieder selbst in die Hand nehmen musste. Dieser Missgriff kann ihm allerdings kaum angelastet werden, denn der Sohn war halt nicht zu hundert Prozent Schwabe: Seine Mutter hatte Laemmle in den USA kennengelernt!

Daheim in Laupheim war Laemmle während der Nazi-Zeit natürlich nicht mehr sehr geschätzt, obwohl er sich immer um seine Heimatstadt gekümmert und sie regelmäßig besucht hatte. So dauerte es auch bis in die 1980er-Jahre, bis man sich in Laupheim wieder bewusst wurde, welchen besonderen Sohn die Stadt da hervorgebracht hatte: Inzwischen gibt es ein Gymnasium, eine Straße und einen Brunnen mit seinem Namen.

Merke: Manchmal dauert es halt etwas länger, bis der Schwabe reagiert, aber dann meistens richtig!

Artur Fischer

Eine wahrer Tausendsassa unter den Erfindern ist Artur Fischer (geb. 1919 in Waldachtal). Auf der ganzen Welt berühmt wurde er natürlich vor allem durch den legendären Fischer-Dübel, der Bilder auf der ganzen Welt an ihrem Platz hält.

Und wenn das Bild runterfällt, war es wahrscheinlich ein billiges Plagiat aus Asien! Insgesamt hat Fischer über 1100 Patente und Gebrauchsmuster angemeldet, ein echter »Schaffer«. Eine seiner jüngsten Ideen war das kompostier- und essbare Kinderspielzeug aus Kartoffelstärke. Welche wunderbaren Möglichkeiten und Erleichterungen ergeben sich hieraus für die Eltern! Es entfällt die ständige Mahnung an die Kleinen, sich das Spielzeug nicht immer in den Mund zu stecken. Im Gegensatz zu chinesischer Billigware, in der sich oft mehr Schadstoffe finden als im Filter einer Chemiefabrik, ist Fischers Spielzeug sogar noch gesundheitsförderlich.

Gerade für gestresste Eltern bietet sich die Möglichkeit, die Kinder in Ruhe spielen zu lassen, und am Ende kann sogar noch die Zubereitung einer Mahlzeit ausfallen: Einfach nach dem Spielen das Spielzeug aufessen.

Vielleicht gibt es ja in Zukunft dann auch noch verschiedene Geschmacksrichtungen: Ein Erdbeerauto oder eine Schokoladenpuppe wären interessante Varianten.

August Fischer

Ein anderer Fischer, nämlich August Fischer (geb. 1868 in Bad Buchau) – nicht verwandt und nicht verschwägert mit Artur – war der Erfinder des modernen Klebstoffs. 1932 gelang ihm dieser Meilenstein – noch heute sind die schwarz-gelben Tuben in jedem Büro, Arbeitszimmer und Haushalt zu finden.

Bis zu Fischers Erfindung gab es zwar schon Klebstoff, der hatte aber den Nachteil, dass er nicht farblos war, deutliche Spuren hinterließ und nach Fisch stank, da er beim Auskochen von Fischteilen entstand – eine eher unappetitliche Tätigkeit. Außerdem hielt der alte Kleber nur Papier und Pappe gut zusammen, bei anderen Materialien versagte er.

Fischers Mischung aus Kunstharzen allerdings verband von nun an alles, was zusammengehörte oder auch nicht: »Im Falle eines Falles, klebt UHU einfach alles!« war ein Versprechen, welches bis heute nichts von seiner Gültigkeit verloren hat.

Größte und tragischste Meisterleistung des Klebstoffes ist sicher bis heute der Zeppelin »Hindenburg« – dieses Monster der Luftfahrt wurde vor allem von UHU-Kleber zusammengehalten. Der war übrigens nicht schuld an der großen Brandkatastrophe und hat dem Siegeszug von UHU keinen Abbruch getan.

Die Titanic hatte schließlich kein UHU verwendet und ging trotzdem unter. Hätte man den Rumpf mit UHU eingeschmiert, wäre sie wahrscheinlich höchstens am Eisberg hängen geblieben.

Die schwäbischen Autobauer

Die ganze Welt des Automobils wäre ohne den Schwaben ebenfalls nicht denkbar. Gottlieb Daimler war ein Mann, der diese Entwicklung maßgeblich in Gang brachte. Dass praktisch mit Benz zur selben Zeit auch ein Badener den gleichen Weg ging, mag der Schwabe als kleinen Scherz der Weltgeschichte auffassen. Immerhin verschmolzen irgendwann dann beider Namen im Weltunternehmen Daimler-Benz.

Noch heute ist der schwäbische Autobauer Wirtschaftsmotor und wichtigster Arbeitgeber im Großraum Stuttgart. Oft wird auf die Frage: »Wo schaffsch?«, lapidar geantwortet: »Beim Daimler!« Den Badener lässt man da einfach weg. In Baden rächt man sich, indem man mit: »Beim Benz!« antwortet.

Des Weiteren war da Robert Bosch, der wichtige Automobil- und Elektrotechnik entwickelte, und die Freunde des schnellen Fahrens werden auf ewig an Ferdinand Porsche denken, mit dem man überall auf der Welt den Rausch der Geschwindigkeit verbindet.

Man erkennt die Macht der schwäbischen Autobauer auch daran, dass es in Deutschland trotz manchen Versuchs noch immer kein generelles Tempolimit gibt.

Mancher mag hier anmerken, dass der Zustand der meisten deutschen Autobahnen dieses eh überflüssig macht. Doch trotzdem gibt es hierzulande noch die Möglichkeit, die Grenzen seines Gefährts auszutesten. Zur Not halt des Nachts, wenn auf deutschen Autobahnen nichts los ist. Und mit einem Porsche kann man ja auch so schnell fahren, dass einen nicht einmal ein Blitzgerät festhalten kann.

In den letzten Jahren machte die Firma Porsche allerdings nicht gerade durch schwäbische Bescheidenheit von sich reden, versuchte man doch forsch den VW-Konzern zu übernehmen. Ein mutiges Unterfangen, das für Porsche allerdings nach hinten losging. Statt Übernahme kommt am Ende Porsche unter das Dach des VW-Konzerns. Diverse Spitzenkräfte müssen Porsche verlassen: so Porsche-Chef Wendelin Wiedeking – allerdings selbst kein gebürtiger Schwabe, sondern aus Westfalen. Vielleicht wäre das mit einem vorausschauenden Schwaben gar nicht alles passiert.

Trotzdem blieb Wiedeking in Stuttgart und wechselte vom Motorenöl zum Olivenöl: Er eröffnete eine Restaurantkette mit italienischen Gerichten. Von Übernahmeversuchen anderer Gastronomiebetriebe hat er bisher aber wohlweislich Abstand genommen.

Immerhin: 50 Millionen Abfindung sind so schlecht ja nun auch wieder nicht – die muss man schon irgendwie anlegen. Ein bisschen was muss er sich aber noch zurückbehalten, denn es dürften in Zusammenhang mit der missglückten Übernahme noch einige Klagen auf ihn zukommen.

Mit solchen muss sich Porsche ebenfalls rumschlagen – denn viele Anleger sahen sich durch die Geheimhaltung der Übernahmepläne getäuscht und verloren dadurch viel Geld. Vornehmlich Hedgefonds – da ist man ja schon ein bisschen geneigt zu sagen: »Na, wenigstens hat's keine Falschen erwischt!«

Wenn man versucht, das Ganze positiv zu sehen, könnte man konstatieren: Wieder einmal schafft und sichert Porsche jede Menge Arbeitsplätze – wenn auch hier vor allem im juristischen Bereich!

Hans Klenk

Eine weitere großartige Idee, ohne die gewisse Situationen im Alltag weitaus unangenehmer ausfallen würden, ist eine Erfindung, von der man mit Fug und Recht behaupten kann, dass sie eigentlich »für den Arsch« ist – nämlich das Toilettenpapier.

In den Anfängen der Menschheit diente die linke, die »böse« Hand für die Reinigung des Allerwertesten, später ging man dazu über, alte Lumpen, Moos (… daher wahrscheinlich der Spruch: »Ohne Moos nix los!«) und sogar lebende Hühner (!) zu verwenden. Tja, die Geschichte der Po-Hygiene ist eine Geschichte voller Missgriffe.

Die Ursprünge unseres modernen Toilettenpapiers reichen zwar bis nach China zurück, aber die massenhafte Einführung und Verbreitung in Deutschland ging mal wieder von einem Schwaben aus.

Hans Klenk (geb. 1906 in Ludwigsburg) gründete 1928 in Ludwigsburg die erste Toilettenpapierfabrik. Damals handelte es sich zwar noch um ziemlich raues Krepppapier, aber es war der Startschuss eines großen Hygienefortschritts. In vielen öffentlichen Gebäuden wird noch heute graues, hartes Klopapier verwendet, welches kaum weniger unangenehm sein dürfte als das alte Krepppapier. Vielleicht ja, um den Besuchern zu verdeutlichen, dass der Besuch in einem Amt selbst auf der Toilette kein Vergnügen darstellen darf.

Der Name von Klenks Firma setzte sich ganz einfach aus den Anfangsbuchstaben seines Vor- und Nachnamens zusammen: Hakle. Der gewiefte Schwabe war auch insofern geschäftstüchtig, da er erkannte, welche Scham die

Menschen manchmal beim Einkauf von Toilettenpapier überfallen konnte. »Sagen Sie einfach ›Hakle‹, dann brauchen Sie nicht Klopapier zu sagen!«

Klenks Produkt wurde immer mehr verfeinert und bietet heute zum Beispiel mit dem Zusatz »feucht« ein noch angenehmeres Verrichten des Geschäfts.

Merke: Es kommt nicht darauf an, was hinten rauskommt, sondern darauf, was man danach zur Hand hat. Die Menschen müssen Hans Klenk dankbar dafür sein – und die Hühner sowieso!

Dies war nun ein kleiner Streifzug durch den reichen Garten der schwäbischen Erfindungen. Die Liste ließe sich ins endlose verlängern, und wahrscheinlich entstehen bereits in diesem Moment wieder große schwäbische Erfindungen, die die Menschheit schon bald weiterbringen werden.

Ich selbst habe schon etliche Erfindungen gemacht und die meisten beim Patentamt angemeldet: eine Zahnbürste, die man sich über den Finger stülpt, einen sogenannten Baby-Hot-Cooler, der mit einem Pelletierelement die Babymilchflasche neben dem Bett kalt hält und nach Zeitschaltuhr oder akustischem Impuls, wenn das Baby schreit, wieder erwärmt; einen speziellen Katzensirup, der die Katze zum Trinken verleitet, und, tatsächlich: Klopapier, das mit Parfüm, Essenzen und homöopathischen Zusätzen angereichert ist. Gut, ich wohne eben auch in Bad Cannstatt, und der fäkalhygienische Geist von Hans Klenk hängt halt hier noch in den Zweigen.

Warum erfindet der Schwabe? Erstens, weil er ständig am Denken ist, zweitens, weil er die Welt mit seinen Ideen und Gedanken beglücken will, und drittens, weil er immer mit der Möglichkeit rechnet, durch eine einzige Idee reich zu werden und nicht mehr »schaffe zu müsse«!

Was allerdings los wäre, wenn wir wirklich nicht mehr schaffen müssten, das wollen wir uns nicht einmal vorstellen. Deshalb bin ich ja auch gottfroh, dass bis heute keiner meine genialen Ideen abgekauft hat. Wo kämen wir da hin? Ich hätte niemals mit dem Heyne Verlag telefoniert und niemals dieses Buch geschrieben! Was für ein Jammer das gewesen wäre!

Wie selbstbewusst der Schwabe seine eigene Tüchtigkeit und Erfindergabe einschätzt, das sei abschließend mit einem kleinen Witz unterstrichen:

Ein Wengerter hatte ein Grundstück, welches voll Unkraut war. Er hatte es kultiviert und mit Reben bepflanzt. Eines Tages kommt der Pfarrer vorbei und sieht das Grundstück. Erfreut ruft der aus: »Das ist ja großartig, was dank Gottes und Ihrer Hilfe aus diesem Stück Land geworden ist.«

Da antwortet der Wengerter: »Ja no. Sie hätten des Stückle amol seha solla, wo des der liebe Gott allein gschafft hot.«

Man sieht, der Schwabe nimmt es sogar mit dem größten Erfinder auf und kann auch noch eine Qualitätsverbesserung herbeiführen.

Schwabionalhymne

Ich erlaube mir, diesem Kapitel noch den Text meines Liedes »Schwabionalhymne – so senn mir« beizulegen. Da steckt eigentlich alles drin. Wenn Sie es gerne hören wollen, bitte schön (www.youtube.com/watch?v=kTMLRKGfxxI).

Volksfest, Flädle, Butterbrezla, Kehrwoch, Sauerkraut und Spätzle, Hightech, Riesling, 's beste Bier, des senn Schwabe, so sinn mir!

Porsche, Daimler, Hefekranz, oifach net viel Firlefanz, g'scheite Leit und Pionier – so sinn mir!

Die Verfassung von da USA
ond's freiheitliche Leba,
die Französischen Revolution
hät's ohne Bauernkrieg nie gäba.

Ond damals Johannes Kepler,
des war vielleicht a G'scheitle,
denn ohne sei Entdeckung
wär die Welt heut no a Scheible!

Hegel, Schiller, Hölderlin,
Daimler und Graf Zeppelin,
Mörike, Hesse und ganz recht:
Albert Einstein, Bertolt Brecht

Schwäbisch sei ein Dialekt!
Wer das sagt, der hat nix gecheckt!
Schon die Staufer schrieben nämlich
das Nibelungenlied auf schwäbisch.

Volksfest, Flädle, Butterbrezla, Kehrwoch, Sauerkraut und Spätzle, Hightech, Riesling, 's beste Bier, des senn Schwabe, so sinn mir!

Porsche, Daimler, Hefekranz, oifach net viel Firlefanz, g'scheite Leit und Pionier – so sinn mir!

Hochdeutsch, Englisch und Latein
isch ebbes, was zwar geht,
wir setzen es nur ungern ein,
weil man uns doch auch so versteht.

Ja mir Schwaben, mir hen G'schmack
mit Turnschuh oder Fräckle.
Ond grad wenn ebbes G'schmacklos isch,
dann hat's bei uns ein G'schmäckle!

Ois isch gwieß, das Sparen
war unsere Idee,
denn was wir uns nicht kaufen,
des goht ons scho net he.

Andererseits, mir Schwaben
mir hen gern 's eig'ne Haus,
denn machsch als Mieter d' Kehrwoch net,
no fliegsch glei wieder naus!

Volksfest, Flädle, Butterbrezla, Kehrwoch, Sauerkraut und Spätzle, Hightech, Riesling, 's beste Bier, des senn Schwabe, so sinn mir!

Porsche, Daimler, Hefekranz, oifach net viel Firlefanz, g'scheite Leit und Pionier – so sinn mir!

Muggaseggele
Bauschbarverträgle
Lällebäbbel
Breschtling
Gescheitle
Krombiera
Hamballe
Jetzadle
Sodele
Wasele
Ha No

Die Kumpels hen beim Hausbau g'holfa,
die meisten sind vom Fach,
und weil mir net gern Danke sagat,
zahl m'r onser Sach!

Des Häusle wird stets renoviert,
da sinn mir bissle oiga,
wohnen tun wir eh kaum d'rin,
mir hen's doch bloß zom zoiga!

Volksfest, Flädle, Butterbrezla, Kehrwoch, Sauerkraut und Spätzle, Hightech, Riesling, 's beste Bier, des senn Schwabe, so sinn mir!

Porsche, Daimler, Hefekranz, oifach net viel Firlefanz, g'scheite Leit und Pionier – so sinn mir!

Die Kehrwoche

Liebe mitlesende Mitschwaben, ich weiß, was Sie an dieser Stelle denken: »Ach Gottele noi, die Kehrwoch – muss des Thema sei?« Sie haben ja so recht: Die Effekte der Kehrwoche sind Sauberkeit und Hygiene, um die uns jeder beneidet. Dass wir sie aber erfunden haben und durchführen, wird uns seit Jahrzehnten als Makel angeheftet. Die Kehrwoche wird von außen als Kronzeuge missbraucht, um uns als provinzielle Spießer zu diskreditieren.

Damit muss Schluss sein, da muss man mal richtig aufräumen, und hier kommt sie: die große rhetorische Kehrwoche! Wohlan: In jedem Schwaben steckt bekanntermaßen ein Philosoph. Zum Beispiel für den fleißigen schwäbischen Wengerter, der tagtäglich seinen steilen Weinberg rauf und runter »saut«, sind Hagel und Hegel keine Widersprüche, sondern beides Eckpfeiler seiner Existenz. Allerdings kommt der Schwabe schnell vom metaphysischen Sinnieren zu pragmatischen Fragestellungen. So lauten seine drei großen philosophischen Fragen auch folgerichtig:

1. Woher kommen wir?
2. Wohin gehen wir?
3. Und ist dort schon geputzt?

Und damit sind wir schon bei einer schwäbischen Errungenschaft, die jedem, auch außerhalb Schwabens, bekannt ist: die Kehrwoche.

Gerade mancher Zugereiste betrachtet diese ritualisierte Form der Reinigung mit Argwohn, aber ich werde hier aufzeigen, welche segensreiche Wirkung die Kehrwoche entfalten kann.

Ihren historischen Ursprung verdankt sie angeblich Herzog Eberhard im Bart, der 1492 im Stuttgarter Stadtrecht festhalten ließ: »Damit die Stadt rein erhalten wird, soll jeder seinen Mist alle Woche hinausführen.«

Im Stuttgarter Rathaus und Landtag findet dies mittlerweile bei nahezu jeder Sitzung statt.

Interessanterweise hat im gleichen Jahr Kolumbus Amerika entdeckt. Darüber, welches der beiden Ereignisse der Menschheit größeren Segen gebracht hat, tobt – allerdings nur außerhalb von Baden-Württemberg – immer noch ein heftiger Gelehrtenstreit. Die Frage, was weltkulturell wichtiger sei, die Geburt der Kehrwoche oder die Entdeckung Amerikas, beantwortet sich allerdings jedem von selbst, der einmal ein amerikanisches Schnellrestaurant besucht.

Der Schwabe befasste sich mit dem Thema Sauberkeit also schon, als andere Städte noch in Unrat ertranken, weil ihre Bewohner diesen einfach so auf die Straßen und Gassen kippten. Einen kleinen Eindruck davon, wie es damals zugegangen sein musste, erhält man heute noch, wenn man durch bestimmte Bezirke von Berlin spazieren geht.

Um das hochkomplexe Thema »Sauberkeit« vollumfänglich zu erfassen, muss man zuerst einmal verstehen, was sich hinter der Kehrwoche eigentlich verbirgt. Es geht hier nämlich um viel mehr als um ein simples Reinigungsritual.

Grundsätzlich unterscheidet man zwischen der »kleinen Kehrwoche«, die lediglich die gründliche Reinigung des Treppenhauses von der eigenen Tür bis zu der des Nachbarn umfasst, und der »großen Kehrwoche«. Damit wird die wöchentliche Reinigung der Hofes, des Gehwegs und aller weiteren Gemeinschaftsareale umschrieben.

Während die kleine Kehrwoche oft in wenigen Stunden erledigt werden kann, sollte man sich für die große Kehrwoche schon etwas Zeit einplanen. Die Kehrwoche orientiert sich – und dies ist besonders für den arglosen Zugereisten wichtig – explizit nicht am Grad der Verschmutzung. Das heißt, sie ist nicht davon abhängig, inwiefern – oder ob überhaupt – die oben genannten Areale tatsächlich dreckig sind. Nein, sie ist konsequent durchzuführen, auch wenn eine scheinbare Sauberkeit schon vorliegt. Im Gegenteil: Gerade dann, wenn der Schmutz in keiner Form mehr wahrnehmbar ist, ist die Kehrwoche erst recht und ganz gründlich durchzuführen. So setzt der Schwabe ein klares Zeichen, dass er sich der schwäbischen Sauberkeitsphilosophie in Gänze unterworfen und sie allumfassend internalisiert hat – er ist angekommen!

Dies mag für den Außerschwäbischen verwirrend oder gar unsinnig erscheinen. Allerdings muss man dem Schwaben und hier speziell der schwäbischen Hausfrau zubilligen, dass sie über die Fähigkeit verfügt, bestimmte Dreckpartikel wahrzunehmen, die von Nichtschwaben überhaupt nicht gesehen werden. Gerüchteweise verfügen schwäbische Haufrauen mit einer reinen Blutlinie bis zurück in die Zeiten der Völkerwanderung sogar über die Fähigkeit, diese Partikel zu riechen und zu hören!

Aus dieser schwäbischen Fähigkeit hat der in Meißen geborene Arzt Samuel Hahnemann später die Idee gezogen, homöopathische Arzneimittel herzustellen, bei denen dann die größte Wirksamkeit vorliegt, wenn laut der Loschmidt'schen Zahl kein einziges Molekül der heilenden Substanz mehr in der zuckrigen oder alkoholischen Trägerlösung vorhanden ist.

Halten wir also fest: Für den Schwaben lappt selbst das Reizthema Sauberkeit ins Philosophische: Sie ist nämlich für ihn kein Zustand, der jemals erreicht werden kann, sondern einer, der immer nur in höchstmöglicher Perfektion anzustreben ist. Für Mathematikprofessoren: Wir nähern uns der absoluten Sauberkeit (mathematisch »Null«) dadurch an, dass wir die Zahl »10« immer und immer wieder durch »3« teilen. »Behalte eins«, bedeutet dann: »da könnt mr nomal nachwische!«

Nachdem nun anhand von Kolumbus, Loschmidt, Hegel und Hahnemann die Notwendigkeit der regelmäßigen Kehrwoche als absolut festgestellt worden ist, tut sich die wichtige Frage nach dem »Wann« auf.

Wann? Wann immer? Von wegen! Am Samstag!

Gerüchteweise hängt dies damit zusammen, dass an diesem Tag früher auch der feste Badetag stattfand. Es badeten dabei in derselben Wanne mit dem stets gleichen Badewasser, das für den Neubader mit einem Topf heißen Wasser quasi zu fast jungfräulicher Qualität aufgefrischt wurde, in folgender Reihenfolge: Großvater – Vater – Großmutter – Mutter – älteste Tochter – Bruder – kleine Schwester – Hund, Katze oder ähnliche lebende Randartikel. Dann der Untermieter.

Das Badewasser war nun derart mit Seifenlauge angereichert, dass es idealerweise sein erbärmliches Dasein auf der Kellertreppe und im Flur aushauchen durfte.

Das ist natürlich Vergangenheit, und die hygienischen Standards haben sich leicht verbessert, und doch empfehle ich gerade neuen Mietern mit nichtschwäbischer Herkunft, sich ausnahmslos an die goldene Regel der samstäglichen Kehrwoche zu halten, denn sie werden ohnehin von der alteingesessenen Hausgemeinschaft mit Argusaugen überwacht werden. Der Schwabe hat hier ein Überwachungssystem entwickelt, welches selbst von der NSA bewundert wird.

Versuche, die Säuberungen auf den Freitag vorzuverlegen oder gar auf den heiligen Sonntag zu verschieben, sollten daher unterlassen werden. Es wurden bei uns schon Mieter für weniger schlimme Vergehen gekündigt oder von der Hausgemeinschaft hinausgemobbt, ganz im feinen Doppelsinne dieses Wortes.

Dagegen klagen? Vergessen Sie's! Bedenken Sie: Sie finden sich dann vor einem mutmaßlichen schwäbischen Richter wieder! Und dieser Richter ist entweder Hausbesitzer, der sich ärgert, dass seine nichtschwäbischen Mieter die Kehrwoche nicht – oder zumindest nicht korrekt – machen, oder er ist selbst Mieter und ärgert sich, wenn die anderen Mieter des Hauses, vornehmlich die Nichtschwaben, die samstägliche Pflichtreinigung nicht ganz so vorbildlich abwickeln wie er selbst.

Außerdem hat es ohnehin keinen Sinn, die Kehrwoche ausfallen zu lassen, denn da die Schwaben in der Nachbarschaft sie ja trotzdem durchführen, entsteht hier eine totalitäre Geräuschkulisse, die einen gemütlichen Wochenendschlaf sowieso nicht zulässt.

Sogar ein Todesfall in der Familie gilt nur dann als Ausrede, wenn er denjenigen trifft, der die Kehrwoche selbst auszuführen gehabt hätte. Mancher Schwabe soll in seinem Testament Erbversprechungen schon mit der Verpflichtung verknüpft haben, dass der Bedachte seine Kehrwochenpflichten übernimmt, bis die Wohnung wieder neu vermietet bzw. das Haus verkauft ist.

Kopfschütteln und Missbilligung wird ebenfalls die Maßnahme auslösen, aus Bequemlichkeit eine dritte Person mit der Reinigung zu beauftragen und diese dafür zu bezahlen. »Schad ums Geld!«, wird der Schwabe ausrufen. Außerdem sieht der Schwabe die Kehrwoche auch weniger als Arbeit, sondern als eine Art quasireligiösen Dienst, der mit einer inneren Zielstrebigkeit versehen wird, wie sie sonst nur bei strenggläubigen Fanatikern zu beobachten ist.

Angeblich soll manche schwäbische Hausfrau sogar bei der Kehrwoche mehr erotische Gefühle empfinden als beim ehelichen Liebesspiel. Ob dies nun für die Kehrwoche oder gegen die schwäbische Erotik spricht, sei einmal dahingestellt.

Wichtig für die Kehrwoche ist natürlich die richtige Ausrüstung. So wie ein Bergsteiger für seinen Gang auf den Himalaja eine penible Vorbereitung benötigt, so verlangt auch die Kehrwoche eine durchaus genaue Planung. Zwar wird es im Extremfall nicht zu Sauerstoffknappheit kommen, aber schon kleine, fehlende Details können das Vorhaben einer zügigen, gründlichen Reinigung gefährden.

Welche Utensilien sind nun unabdingbar?

- Der Kehrbesen (a) wird benötigt, um den Dreck auf strategisch günstig platzierten Haufen zusammenzufegen, um ihn dann mit

- der Kutterschaufel (b) und dem Kehrwisch (c) (hochdeutsch: Handschaufel und Handbesen) aufzulesen. Dieser Dreck wandert schließlich in einen
- Eimer (d) und später in den Müll.
- Treppenhäuser sind natürlich nach der Grobreinigung nass zu wischen. Hierfür sind der Schrubber (e) und ein Putzlappen (f) wichtig. Dazu wiederum ein Eimer (g) für das Putzwasser.

Bitte: Das ist nur eine karge Grundausrüstung, vergleichbar dem Wüstenreisenden, der ohne Kompass, Taschenlampe, Decke, Geld, Feuerzeug, Landkarte und Handy aufbricht, aber wenigstens an Wasser gedacht hat!

Natürlich kann die Kehrwoche, falls nötig, weit über Treppenhaus, Hof und Gehweg hinausgehen. Gibt es zum Beispiel gemeinschaftlich genutzte Fenster, so sind auch diese einer Reinigung zu unterziehen (die Fensterbänke sind selbstverständlich ebenfalls zu putzen). Eine echte Beleidigung für die schwäbische Hausfrau stellen doppelt verglaste Fenster dar – ein unhaltbarer Zustand: ein Raum, in dem sich Dreck ansammeln könnte, aber den man nicht erreichen kann!

Besonders sensible Bereiche sind die Mülleimer, da sie ja per se ein Ort sind, an dem sich Unrat versammelt. Ein notwendiges Übel, daher muss man hier umso gründlicher zu Werke gehen. Deshalb kann es nicht schaden, in die Tonne hineinzukriechen, um auch den Boden zu säubern.

Im Winter kommt dann natürlich noch der regelmäßige Schneeräumdienst dazu. Selbstverständlich nicht nur wöchentlich, sondern zur Not mehrmals täglich. Man verkneife sich das Argument, dass man auf der frei geschaufelten Eisfläche doch viel leichter hinfallen könne als auf einer geschlossenen Schneedecke. Es geht hier nicht um die Sicherheit der Fußgänger, sondern ums Prinzip!

Mit Abschluss der Reinigungsarbeiten ist die Kehrwoche allerdings noch nicht beendet. Man beachte nämlich, dass sie eben nicht das Werk eines Einzelnen ist, sondern von der gesamten Hausgemeinschaft getragen und wohlwollend begleitet wird.

Daher folgt nun – die Kontrolle. An der Kontrolle nehmen gerne die gesamte schwäbischstämmige Bewohnerschaft des Hauses und der Nachbarhäuser und durch Augenschein auch Besucher und Spaziergänger teil.

Der Kontrollmöglichkeiten gibt es viele.

Die visuelle Kontrolle: Durch Betrachten des geputzten Bereichs wird festgestellt, ob noch Dreck vorhanden ist. Dreck, den man nicht sieht, kann trotzdem da sein, weshalb man gegebenfalls zwei- bis dreimal nachschaut.

Die olfaktorische und akustische Kontrolle: Wie bereits oben erwähnt, gibt es durchaus schwäbische Hausfrauen, die auf diese Weise Schmutz wahrnehmen können.

Die taktile Kontrolle: Man wischt mit dem Finger über die vermeintlich geputzten Stellen.

Bei aller Ernsthaftigkeit, mit der die Kehrwoche mancherorts betrieben wird, so versteht der Schwabe hier aber durchaus auch Spaß.

Diesen erlaubte sich der Leiter der Calwer Volkshochschule, der im Jahr 2001 im VHS-Programm einen »Kehrwochen-Kompaktkurs« anbot, der das Erlernen der wichtigen Griff-, Halte-, Schwung- und Schrubbtechniken beinhaltete. Sinnigerweise sollte der Kurs am 1. April stattfinden.

Tatsächlich meldeten sich über 100 Interessenten an, womit einmal mehr die große Anziehungskraft dieses schwäbischen Kulturguts als bewiesen gilt!

Ehrlich gesagt: Die Kehrwoche ist vor allem ein Ritual, das Hausgemeinschaft und Nachbarschaft zusammenschweißt. Sie ist Gesprächsanlass über Grundstücks- und Generationengrenzen hinweg und hat damit auch eine wichtige soziale Funktion, vor allem in unseren Zeiten, in denen oft jeder nur noch vor sich hin lebt und nichts mehr vom anderen mitbekommt.

Immer wieder hört man von Fällen, in denen Menschen tage- oder wochenlang tot in ihrer Wohnung lagen, ohne dass es jemand bemerkte. So etwas könnte im Schwäbischen kaum passieren – spätestens wenn der Betreffende die Kehrwoche versäumt, würde man sich gewaltsam Zutritt verschaffen, um sein Schicksal zu klären.

Es mag nun immer noch Stimmen geben, die die Kehrwoche für eine übertriebene Einrichtung halten, darum sollen hier noch einige Beispiele genannt werden, wie andere Städte verzweifelt mit drastischen Maßnahmen gegen Vermüllung kämpfen und dabei trotzdem oft scheitern, weil ihren Bewohnern eben der schwäbische Hang zur Sauberkeit abgeht: In Neapel sollen Hundebesitzer ihren Hunden Blutproben entnehmen lassen. So kann man dann Hundehaufen auf Wegen und Straßen einfacher dem Verursacher zuordnen und diesen bzw. sein Herrchen zur Kasse bitten. Dafür soll eigens eine Kot-Polizei des Veterinärdienstes eingerichtet werden. Mit deren Mitarbeitern darf man jetzt schon Mitleid haben.

»Und, was machen Sie so beruflich?«

»Ich bin VFDE!

»Hä?«

»Veterinär-Fäkal-DNA-Experte!«

»Hä, bitte was?«

»... ich sammle die Hundekacke auf.«

»Saget Se's doch glei. Sauber!«

In der englischen Stadt Stafford werden sogar die Bürger aufgerufen, Hundehalter zu melden, die die Hinterlassenschaften ihrer Vierbeiner nicht beseitigen. Als Belohnung gibt es dann das Bußgeld, welches die Hundebesitzer zu entrichten haben.

Da wird ja nun wirklich an niedrigste denunziatorische Instinkte appelliert. Wie wohltuend wirkt dagegen doch die nachbarschaftlich-freundliche Begutachtung der Kehrwoche, die oben beschrieben wurde.

Singapur führt ein besonders strenges Regiment gegen die Vermüllung. So muss man schon mit empfindlichen Geldstrafen rechnen, wenn man auch nur ein kleines Stück Papier auf die Straße wirft. Rauchen in zigarettenfreien Zonen kostet circa 125 Euro.

Lange Zeit war in Singapur sogar das Kaugummikauen verboten. Inzwischen ist dieses zwar wieder erlaubt, allerdings nur für therapeutische Kaugummis, die allein in Apotheken zu erwerben sind. Der Nutzer derselben muss sich zudem registrieren lassen. Und natürlich ist eines klar: Selbst wenn dort Kaugummikauen in diesem engen Rahmen wieder erlaubt ist, das Ausspucken ist natürlich weiterhin streng untersagt!

Allerdings scheint solch striktes Vorgehen in Singapur notwendig, denn dort werden öffentliche Aufzüge gerne nicht nur als Rauchmöglichkeiten genutzt, sondern sogar als Toiletten! Darum sollen nun vermehrt Überwachungskameras eingesetzt werden, um hier Abhilfe zu schaffen. Verständlich, denn ab und an werden diese Aufzüge nicht mit Urin, sondern sogar mit Fäkalien verunreinigt. Pfui gaga, denkt da jeder Schwabe, ha so äbbes!

Vielleicht lässt sich die Stadtverwaltung ja dann mal von Neapel inspirieren und zwingt alle ihre Einwohner dazu, DNA-Proben abzugeben!

Eine echte Plage, die oft auch durch mangelhafte Hygiene bedingt und befördert wird, ist gerade in asiatischen Großstädten das Ungeziefer, vorneweg die Kakerlake. Angeblich seien die Kakerlaken ja sogar in der Lage, einen Atomkrieg zu überstehen. Daran kann man ermessen, welche Mühe es bereiten dürfte, sie wieder loszuwerden.

Dabei kann man sie in fast jedem asiatischen Hotel antreffen, ganz gleich, wie viele Sterne es zieren. Empörten Reklamationen wird die Hotelleitung damit begegnen, dass sie das Zimmer mit hochgiftigen Insektenvernichtungsmitteln aussprüht. Man hat also die Wahl, ob man die Nacht lieber mit den ekligen Krabbeltieren oder krebserregenden Stoffen verbringen möchte!

Daran sieht man – etwas mehr Kehrwoche würde die Welt zu einem schöneren Ort machen!

Bei uns kann man beobachten, dass dies wirklich der Fall ist. Speziell in Bad Cannstatt, dem größten Stadtteil der Landeshauptstadt Stuttgart, das bereits in der Römerzeit und deswegen lange vor Stuttgart selbst gegründet wurde. Deshalb wird in Bad Cannstatt die Landeshauptstadt stets »Stuttgart bei Cannstatt« genannt.

In Bad Cannstatt gibt es vor den Bahngleisen einige sehr schöne Häuser mit großen Gärten, und gleich hinter den Bahngleisen finden sich die Arbeitersiedlungen. Dort wohnen die Menschen mit Migrationshintergrund, die beim Daimler, beim Porsche, bei Bosch oder sonst wo arbeiten. Das darf man sich aber keineswegs als gefährliche Gettogegend vorstellen! Witzigerweise wird jenseits und diesseits der Gleise am Samstag dasselbe veranstaltet: Der Garten wird gesäubert, die Hecke wird geschnitten, der Rasen wird gemäht, und das Auto wird geputzt. Einziger Unterschied: Dort ist der Garten sehr klein und drüben sehr groß – und mit dem Auto verhält es sich ganz genauso.

Als ich in diese Gegend gezogen bin, stand ich eines Tages verträumt vor dem Eingang und überlegte mir, was als Nächstes zu tun sei. Plötzlich bewegte sich ein türkischer Nachbar auf mich zu, ließ seine behaarte Pranke auf meine Schulter fallen, zeigte mit der freien Hand auf die Hecke und sagte in ernsten Ton: »Sonntag, Mensch, Kollege, schauen Hecke! Wie bloß sehen aus? Müssen schneiden!«

Stuttgart hat mehr Ausländer integriert als andere Großstädte und hat dabei auffallend weniger Ausländerkriminalität zu verzeichnen. Warum? Ich bleibe dabei: Weil wir diesen Menschen mit der Kehrwoche, unserer allumfassenden Sauberkeit und unserem Drang, selbst Dinge, die eigentlich schon gut sind, noch zu verbessern, halt Geborgenheit und Beschäftigung geben.

»Wer äbbes zom schaffe hot kommt echo net uf bleede Gedanke!«

Und einen kleinen Tipp möchte ich Ihnen, liebe Leserin, lieber Leser diese Buches, »helenge« (= heimlich) noch mitgeben. Ich habe nun wirklich viele Jahre in schwäbischen Häusern gewohnt und war dabei natürlich auch immer zur regelmäßigen Kehrwoche verdammt. Dabei ist mir aufgefallen: Jeder im Haus nimmt zwar wahr, wenn du die Kehrwoche machst; während du sie aber tust, verstecken sich alle in ihren Wohnungen. Das hat mit der schwäbischen Feinfühligkeit zu tun: Jeder im Haus weiß, dass er das eigentlich um Längen besser kann als du, möchte aber der Konfrontation mit jemandem, der so offensichtlich schlechter putzt als man selbst, aus innerer Anständigkeit und Großherzigkeit ausweichen.

Damit lässt sich hervorragend arbeiten!

Ich habe meine Kehrwoche stets so veranstaltet:

1. Musikabspielgerät in den Flur und dezent, aber für alle hörbar, Musik anmachen (was unter normalen Umständen für Riesenärger im Haus gesorgt hätte, ist während der Kehrwoche völlig legitim; der Schwabe ist der Ansicht, wer schafft oder putzt soll es parallel dazu ruhig gut haben).
2. Sämtliche Schuhabstreifer vor allen Türen über das Geländer hängen (jeder Hausmitbewohner legt den Schuhabstreifer gerne selbst wieder vor seine Tür: Dies ist ihm viel lieber, als wenn jemand damit nicht wartet, bis das Wischwasser darunter vollständig abgetrocknet ist).
3. Mit dem Besen etwa ein Dutzend Mal heftig gegen jede einzelne Türe stoßen, sodass der Putzlärm aus dem Hausflur gut hörbar in jede einzelne Wohnung dringen kann.
4. Mit Buch, Zeitschrift oder Zeitung etwa 20 Minuten oben neben dem Musikabspielgerät sitzen. Dann wieder getrost in die eigene Wohnung gehen – Kehrwoche erledigt!

Probieren Sie es aus, es klappt!

Schwäbische Dichter, Denker und (Fußball-)Lenker

Nicht nur in der Welt der Erfindungen hat sich der Schwabe einen Namen gemacht, auch im kulturellen Bereich würde der Welt ohne die großen schwäbischen Denker und Dichter einiges fehlen. Und der Bereich des Sports darf ebenfalls nicht vergessen werden. So sollen hier noch einige weitere schwäbische Größen gewürdigt werden, die Prägendes für die Welt geleistet haben.

Friedrich Schiller

Ganz oben auf der Liste steht natürlich ein Name, der jedem geläufig sein dürfte: Friedrich Schiller (geb. 10. November 1759 in Marbach).

Schiller ist nicht nur der neben Goethe bedeutendste deutsche Dichter, er war auch immer ein Mann, der politische und gesellschaftliche Missstände aufgriff und somit ein geistiger Wegbereiter der Französischen Revolution, ohne die unsere heutige Demokratie kaum vorstellbar ist. Dies auch, wenn manchen beim Zusammenhang zwischen heutigen Volksvertretern und der Französischen Revolution als Erstes die Guillotine in den Sinn kommt!

Einige Leser werden beim Namen Schiller zwar mit Schaudern an ihre Schulzeit zurückdenken, als die gesamte Schule zu Gastspielen der herumreisenden Landesbühne transportiert wurde, um unter den Argusaugen des wachsamen Lehrpersonals weitgehend verständnislos dem zu folgen, was dort auf der Bühne vor sich ging.

Im Kopf blieben oft nur wenige Momente, wie zum Beispiel der berühmte Armbrustschuss von Wilhelm Tell, bei dem man sich dann manchmal fragte, wie viele Söhne denn der gute Tell beim Üben verbraucht hatte, bis ihm der Schuss so trefflich gelingen konnte. Vor der Klausur besorgte man sich dann noch schnell die Sekundärliteratur, um wenigstens ein bisschen was zu kapieren.

Aber wenn man Schiller genauer betrachtet, so kommt doch viel Spannendes zum Vorschein, das auch heute noch aktuell ist. Schiller lebte in einer Zeit, in der sich große Veränderungen anbahnten, und er nahm sie in seinen Stücken oft schon vorweg. Zentrales Motiv ist immer wieder die Auseinandersetzung mit dem Handeln der herrschenden Klasse.

Schiller widerlegt somit das gern gepflegte Bild des naiven, kleinbürgerlichen Schwaben. Der Schwabe lässt »die da oben« zwar eine Weile machen, solange sie sich anständig verhalten, aber er ist durchaus bereit, ihnen auf die Finger zu klopfen, wenn sie sich etwas zuschulden kommen lassen.

Schiller hatte sich schon in seinem ersten Werk »Die Räuber« und in späteren Dramen deutlich gegen die Willkür der Obrigkeit gestellt. Er war sozusagen ein geistiger Montagsdemonstrant, vielleicht ja der erste Wutbürger – was man hier aber durchweg positiv interpretieren sollte. Wenigstens machte man nicht mit Wasserwerfern Jagd auf ihn, aber angenehm war Schillers Leben trotzdem nicht; auch er musste flüchten und hat Monate seines Lebens hinter Gitterstäben verbringen müssen.

Nun war Schillers prägendstes Erlebnis natürlich nicht der Bau eines über die Köpfe der Bürger hinweg geplanten unterirdischen Bahnhofs. Wobei dies sicher ein großartiger Stoff für ein Theaterstück oder zumindest ein dramatisches Gedicht gewesen wäre. Titel fallen einem da spontan einige ein, zum Beispiel »Der schwarze Donnerstag«.

Und unser umstrittener Ex-Kurzzeit-Ministerpräsident Stefan Mappus, CDU, hätte sicherlich in einem Schiller'schen Drama einen veritablen Alleinherrscher abgegeben!

Hier sei angemerkt, dass Schiller bereits mit 45 Jahren verstarb – genau in dem Alter, in dem Mappus als Ministerpräsident des Ländles nach kurzer Amtszeit schon wieder abgewählt wurde. Wie unterschiedlich doch jeder aus seinem Leben etwas macht – oder nicht. Aber Mappus war halt auch Badener und nicht wie Schiller Schwabe.

Schiller hatte eine behütete Kindheit und Jugend, doch diese endete mit dem Einzug in die Militärakademie, wo er schließlich acht harte Jahre verbringen musste. In dieser Zeit entwickelte Schiller eine tiefe Abneigung gegen die willkürliche Herrschaft des Adels und seinen rücksichtslosen Umgang mit dem eigenen Volk.

So kann man mit Fug und Recht behaupten, dass das Militär maßgeblich daran beteiligt war, den Dichter und Revolutionär in Schiller zu wecken. Und da sage noch einer, die Armee erreiche nichts und verblöde den Menschen.

Schillers Erstlingswerk »Die Räuber« brachte ihm dann gleich eine Menge an Problemen ein. 1781 vollendet, ließ er es noch im selben Jahr anonym drucken. 1782 wurde es schließlich in Mannheim unter großem Erfolg uraufgeführt. Schiller ahnte wohl die Sprengkraft seines Stoffes. Er saß bei der Aufführung im Publikum und hatte hierfür die Militärschule ohne offizielle Genehmigung verlassen.

Vier Monate später reiste er erneut ohne Erlaubnis nach Mannheim und wurde dafür von Herzog Carl Eugen für 14 Tage in Arrest gesteckt. Zudem untersagte man ihm den Kontakt mit dem (kurpfälzischen) »Ausland«. Man sieht, in der Wahrnehmung seines badischen Nachbarn hat sich in den letzten Jahrhunderten gar nicht so viel verändert.

Außerdem untersagte der Herzog Schiller jegliche schriftstellerische Tätigkeit, die nichts mit dem medizinischen Bereich zu tun hatte, vor allem die Komödiendichtung.

In der Folgezeit wurde die Situation für Schiller allerdings nicht angenehmer, und so floh er schließlich ganz nach Mannheim. Er mag eine Weile abgewogen haben, was nun schlimmer ist, der Kerker oder badisches Exil – am Ende hat er sich dann, wie man heute weiß, knapp für Baden entschieden.

Es mag dem Schwaben noch heute ein kleiner Stachel im Fleisch sein, dass »Die Räuber« somit ihre Erstaufführung ausgerechnet im Mannheimer Nationaltheater erlebten – also im feindlich/freundlichen Ausland.

Und so prahlt der Badener gerne damit, dass bei ihm der Drang zur Freiheit einfach viel tiefer verwurzelt sei als beim Schwaben, was man an der Badischen Revolution 1848 ablesen könne, die der Ausgangspunkt für die erste Revolution auf deutschem Boden war. Der Schwabe kann da nur die Achseln zucken. Er hätte ja auch gerne mitgemacht, aber er war terminlich verhindert wegen der Kehrwoche.

Allerdings ging in Mannheim nicht alles problemlos vonstatten, bis die »Räuber« das erste Mal die Bühne betreten konnten. Ein Beamter der Zensurbehörde fragte doch allen Ernstes an, ob es nicht möglich sei, das Stück auch ohne Räuber darzubieten?

Schiller aber, ganz knizer Schwabe, wendete einen geschickten Kunstgriff an, um es der Zensur etwas schwerer zu machen: Er verlegte die Handlung seines Dramas in die Vergangenheit, verschleierte damit die Aktualität seiner Aussagen vor den Zensoren, die allerdings nicht ganz auf der intellektuellen Höhe waren, wie das bei Zensoren oft der Fall war und ist.

Schiller hat der Nachwelt in seinen Stücken legendäre Sätze hinterlassen, die von einer politischen Sprengkraft waren, dass sie selbst Jahrhunderte nach seinem Tod noch eine enorme Wirkung entfalteten. So wurde sein Stück »Don Carlos« im NS-Staat verboten. Hatte man anfangs noch versucht, Schiller als deutschen Nationaldichter darzustellen, stellte sich bei den Nazis dann doch Unbehagen ein, als es regelmäßig bei Aufführungen zu Szenenapplaus kam, wenn der Satz: »Geben Sie Gedankenfreiheit, Sire«, von der Bühne hinaus geschleudert wurde. Kein Wunder, dass diese Zuschauerreaktion den Nazis eher Unbehagen bereitete.

Auch »Wilhelm Tell« erlitt ein ähnliches Schicksal. Das Drama über den Freiheitskämpfer beschäftigte sogar den »Führer« persönlich. So schrieb der Reichsleiter Martin Bormann an den Reichsminister Dr. Lammers: »Der Führer wünscht, dass ›Wilhelm Tell‹ nicht mehr behandelt wird.« Und Wünsche des »Führers« ignorierte man in dieser Zeit besser nicht!

Allerdings entlarvt dies auch die banalen Strukturen jeder Herrschaft, die auf Gewalt und Unterdrückung basiert – die dahintersteckende Ideologie spielt da gar keine Rolle. Egal ob der oligarchische Adel aus Schillers Zeit oder der NS-Staat – die Mechanismen sind die gleichen, und Schiller hat das in seinen Werken immer wieder deutlich gemacht.

Wie spannend wäre es zu sehen, auf welche Weise ein Dramatiker wie Schiller heute mit der Macht von Banken und Konzernen umgehen würde. Vielleicht schriebe er jetzt eher »Die Banker« statt »Die Räuber« – wobei Franz Mohr doch weitgehend sympathischer daherkommt als einige der Anzugträger aus deutschen Vorstandsetagen und ihre Schergen. Mancher hat damals bei einem Raubüberfall weniger verloren als ein heutiger Zeitgenosse nach einem erst schillernden, später windigen Anlagegeschäft.

Zu Lebzeiten bekam Schiller seine Anerkennung eher außerhalb Schwabens, wie zum Beispiel in Weimar, wo er auch 1805 starb. Eine besondere Ehre wurde ihm zuteil, als man ihm 1792 die französische Staatsbürgerschaft verlieh, um die Aufführung seines Stückes »Die Räuber« zu würdigen.

Schiller sympathisierte zwar anfangs mit der Französischen Revolution, verabscheute aber die späteren Hinrichtungswellen, die in ihrem Namen durchgeführt wurden. Hier zeigt sich wieder Schillers wacher Geist, der den Missbrauch von Macht, auch im Namen vermeintlich hehrer Ziele, erkannte und anprangerte.

Kurzzeitig kehrte Schiller noch einmal nach Stuttgart zurück, den Großteil seines Lebens verbrachte er aber in

Jena und Weimar. Heute sieht man die Spuren von Schillers Wirken natürlich im ganzen Ländle. Es gibt Museen, Denkmäler, Straßen, Plätze usw. Sogar in den kulinarischen Bereich hat es sein Name geschafft: Bekannt sind vor allem die Schillerlocken, welche geräucherte Bauchlappen des Dornhais sind. Beim Räuchern rollen sie sich ein und krümmen sich am Ende – und irgendjemand meinte wohl einmal, dies ergebe dann eine Ähnlichkeit mit der Schiller'schen Frisur mit langen Nackenlocken.

Das hat ja auch nicht jeder, dass sogar die eigene Frisur als Anlass für eine Namensgebung von Speisen genommen wird. Der heutige Ministerpräsident Winfried Kretschmann könnte frisurtechnisch höchstens darauf hoffen, dass einmal eine Klobürste nach ihm benannt wird.

Nicht nach Schiller benannt ist übrigens der Schillerwein, der zwar hauptsächlich aus Reben in Württemberg hergestellt wird, aber diesen Namen wegen der schillernden Trauben bekam und wegen einer Einmaligkeit: Schillerwein ist der einzige Wein, der aus weißen und roten Trauben gemeinsam erzeugt wird. Sieht aus wie ein Rosé, ist aber etwas anderes. Das ist die schwäbische Dichotomie, die uns nicht nur in Friedrich Schiller, sondern auch im gleichnamigen Wein begegnet.

Roland Emmerich

Nachdem mit Carl Laemmle ja schon ein Schwabe maßgeblich für die Gründung des amerikanischen Filmbusiness verantwortlich war, gab es auch später immer wieder Schwaben, die in Hollywood tätig waren. Am erfolgreichsten war und ist sicher Roland Emmerich (geb. 10. November 1955 in Stuttgart), der sich als Drehbuchautor, Produzent und Regisseur einen Namen machte.

Emmerich studierte zuerst an der Hochschule für Film und Fernsehen in München das Fach »Szenenbild«, aber die Filmreihe »Star Wars« bewegte ihn zu einem Wechsel ins Regiefach. Schon sein Abschlussfilm »Das Arche Noah Prinzip« war ein echter Coup, denn im Gegensatz zu den meist eher günstig produzierten Abschlussfilmen, kostete Emmerichs Werk etwa eine Million Mark. Der findige Emmerich hatte es geschafft, fast die gesamte Summe durch Fremdfinanzierungen aufzubringen. Man sieht also: Der Schwabe knausert nicht, wenn er weiß, dass es sich lohnt. Und wenn andere bezahlen, dann umso besser. Merke: Schwaben geben auch gerne Geld aus! Solange es nicht ihr eigenes ist.

Wer aber in Emmerich investierte, der hatte aufs richtige Pferd gesetzt. Nach einigen in Deutschland produzierten, aber schon auf Englisch gedrehten Filmen schaffte er schließlich den Sprung nach Hollywood, wo er 1992 seinen ersten großen Film drehen durfte: »Universal Soldier« mit Jean-Claude van Damme und Dolph Lundgren.

Ein schwäbischer Regisseur drehte mit einem belgischen und einem schwedischen Actionstar. Da durfte man kein dialoglastiges Kammerspiel erwarten – und auch wenn mancher Kritiker bei solcherlei Filmen die Nase rümpfen mag, der Erfolg gab Emmerich recht. Fortan durfte er sich als fester Bestandteil der Hollywoodszene sehen.

Emmerichs Markenzeichen waren und blieben Science-Fiction/Action-Filme, die sich vor allem durch kunstvolle Zerstörung auszeichneten. Da Kleinkrämerei nun gar nicht seine Sache war, ließ er in seinem größten Kassenschlager »Independence Day« gleich mal das Weiße Haus von Außerirdischen pulverisieren. Viele halten diesen Plot prinzipiell für eine hervorragende Idee! Emmerich zeigte aber auch, dass ihm eine gewisse Ironie nicht fremd ist, wie Gastauftritte von Tom Jones oder die Tatsache, dass sich in seinem Film der amerikanische Präsident (dargestellt von Bill Pullman) schließlich selbst in den Kampfjet setzt, um die Aliens zu bekämpfen.

Solche Präsidenten würde man sich mal von unseren Freunden aus Übersee wünschen. Gerade heute, wo der mächtigste Mann der Welt Feinde nur noch per Knopfdruck durch ferngesteuerte Drohnen erledigen lässt. Na ja, da sieht man wieder halt doch, dass Emmerich immer sehr utopische Filme macht.

Seiner Zerstörungswut ließ Emmerich in seinen folgenden Kassenschlagern freien Lauf: In »Godzilla« zertrampelte ein Riesenmonster ganze Städte und in »The Day after tomorrow« und »2012« musste schließlich die ganze Welt dran glauben.

Hiernach dämmerte bei Emmerich die Erkenntnis, dass hier wohl der Gipfel der Vernichtung erreicht war. Er erklärte »2012« als Schlusspunkt seiner Desaster-Filme: »Es ist die Mutter aller Zerstörungsfilme. Ich wüsste wirklich nicht, was ich danach noch zerstören sollte.«

Trotzdem braucht man sich keine Sorgen zu machen, dass Emmerichs folgende Filme irgendwann im Spätprogramm von ARTE laufen werden: Spannung und Action wird er sicher treu bleiben, wie sein letzter Film »White House down« beweist.

Kleine, sehr witzige Notiz am Rande: In diesem Film erklärt ein Touristenführer seiner Gruppe: »Das ist der

Teil des Weißen Hauses, der in ›Independence Day‹ zerstört wird.«

Am Anfang seiner Karriere brachten Emmerich seine schwäbische Herkunft und seine Neigung zu futuristischen Filmen übrigens den Spitznamen »Spielbergle« ein – heute nimmt ihn aber jeder ernst. Kein Wunder bei einem Mann, der schon dreimal das Weiße Haus und zweimal die Erde vernichtet hat!

Harald Schmidt

Der Chefzyniker des deutschen Fernsehens wurde zwar am 17. August 1957 in Neu-Ulm (Bayern) geboren, aber zum einen fehlen da ja nur ein paar Meter zur schwäbischen Grenze, und zum anderen wuchs Schmidt in Nürtingen auf und bekannte sich auch später immer wieder, oft auf ironische Weise, zu seiner schwäbischen Herkunft.

Schmidt wuchs in einem streng katholischen Umfeld auf und wurde später sogar Kirchenmusiker. Wer weiß, ob dieses Umfeld nicht sogar die Grundlage für sein zukünftiges Schaffen legte. Seine Gegner sagen: Da wurde ein Talent sinnlos vergeudet!

Nach dem Schauspielstudium in Stuttgart landete er 1981 am Augsburger Theater. Seine erste Rolle umfasste einen einzigen Satz. Kein Wunder, dass er bald die Kunstform wechselte und Kabarettist wurde, erst im Ensemble des Kom(m)ödchens in Düsseldorf, schließlich als Solist.

1988 gelang ihm der Sprung ins Fernsehen. In der Sendung »Schmidteinander« (WDR) fand Schmidt mit seinem kongenialen Partner Herbert Feuerstein eine echte

Spielwiese für seinen oft zynischen, aber immer originellen Humor, den er später dann in seinen Late-Night-Shows zelebrieren sollte.

Dass der ihm – oder eher den TV-Verantwortlichen – auch mal im Weg stehen kann, zeigte sich, als Schmidt kurzzeitig die Moderation von »Verstehen Sie Spaß?« übernahm. Vorher war die Sendung vom eher betulichen Duo Kurt Felix und Paola moderiert worden, bei denen man immer froh sein musste, wenn rechtzeitig ein Film mit versteckter Kamera eingespielt wurde, bevor man zu sehr von Müdigkeit übermannt war. Für Schmidt waren die Kamerastreiche Nebensache, er wollte sich dem großen Samstagabendpublikum präsentieren, was aber nicht der Beginn einer wunderbaren Freundschaft wurde, sondern vielmehr eines der größten TV-Missverständnisse – inzwischen gnädigerweise übertroffen vom Debakel eines gewissen Herrn Markus L. aus Südtirol beim Versuch, die Sendung »Wetten, dass …« zu moderieren.

Seine wahre Bühne betrat Schmidt schließlich 1995 mit seiner »Harald Schmidt Show« (damals bei SAT 1): Er etablierte sich als der Einzige, der eine echte Late-Night-Show nach amerikanischem Vorbild stemmen konnte. Thomas Gottschalk hatte so etwas vorher schon versucht, war aber gescheitert. Gottschalk wiederum war halt eher der Sonnyboy für die große Abendshow und nichts anderes – okay, Haribo-Werbung mal ausgenommen.

Schmidt moderierte seine Late-Night-Show bis 2014 bei wechselnden Arbeitgebern (SAT 1, ARD, nochmals SAT 1 und schließlich, wie bereits berichtet, beim Bezahlsender Sky). Gerade in seiner ersten Phase bei SAT 1 nutzte Schmidt diese Spielwiese weidlich aus. Er machte sich zwar immer wieder Feinde, wenn er böse, politisch unkorrekte Witze über Randgruppen brachte, aber es gelangen ihm auch höchst innovative Sendungen, bei denen wahrscheinlich viele Zuschauer abschalteten, die jedoch später von den Feuilletons hochgelobt wurden. Beispielsweise moderierte er eine ganze Sendung mit dem Rücken zum Publikum als Referenz an den Jazzmusiker Miles Davis, und in einer anderen wurde nur Französisch gesprochen. Fast unglaublich, dass sich das alles auf SAT 1 abspielen konnte, wo Schmidt sehr lange Narrenfreiheit genoss.

Harald Schmidt ist auf jeden Fall der lebende Beweis dafür, dass der Schwabe alles kann – auch Humor.

Gastbeitrag von Harald Schmidt

Eigenbeschreibung: »Harald Schmidt hat nach Schule, Zivildienst und Schauspielschule in Nürtingen und Stuttgart im deutschen Fernsehen alles erreicht und wurde anschließend gefeuert.«

Subbr!

Der Herr war erregt. Er lief neben mir vom Stuttgarter Hauptbahnhof bis fast zum Schlossplatz. Wollte mich für den Protest gegen Stuttgart 21 gewinnen. Wie immer in solchen Fällen ging ich zügig, ohne zu antworten.

Schließlich seine Frage: »Herr Schmidt, auf welcher Seite stehen Sie eigentlich?«

Antwort: »Immer auf der richtigen!«

Da wurde er noch rotgesichtiger und keuchte: »Sähn Se, und genau wäga dem Zünissmus guck i Sie im Fernsäh nemme a.«

So mag ich uns Schwaben. Wir sind weltklasse, wenn wir pingelig, eifrig, tüftlerisch, rechthaberisch und mit geballter Faust von der Halbhöhe heruntersteigen.

Locker passt nicht zu uns. Wer sich Sätze wie »nächste Woche sind wir im Pitch in Berlin« mal im Beamtenschwäbisch vorsagt, weiß, was gemeint ist. Hippe Schwaben sind so lächerlich wie japanische Rockmusiker.

Also mehr Selbstbewusstsein, bitte. Mehr ja! zum Dialekt. Es muss aufhören, dass Ines aus Schwäbisch Gmünd »Tach« sagt, bloß weil sie leicht verbiestert die *taz* leiten darf. Und auch »lecker« kann man sich vielleicht in den Drittwelt-Gebieten an Rhein und Ruhr erlauben, für die Nachfolger von Hegel und Hansi Müller schreckt das Essen auch weiterhin subbr.

Bei alledem: Bescheiden bleiben. Nie den Rest der Welt spüren lassen, dass wir was Besonderes sind. Er spürt es sowieso. Qualität setzt sich immer durch, so wie der Satz, den mir Gerhard Mayer-Vorfelder einmal pro Jahr auf einem Bahnsteig oder in einem Flughafen zuruft:

»Ich hab ja auf dem Landratsamt in Nürtingen angefangen.« Ich Harald, du Bobic.

Und jetzt, wo dieses Buch, das Sie soeben in Händen halten, ohnehin zu Aufruhr in allen außerschwäbischen Gegenden führen wird (»... diese eingebildeten Schwaben, man sollte sie alle ...«), möchte ich Ihnen nun noch eine Enthüllung mitgeben, die das deutsche Feuilleton erschüttern wird. Es geht darum, wer bei Harald Schmidts Karriere wirklich die erste Weiche gestellt hatte.

Wir schreiben das Jahr 1984. Der Autor dieses Buches studiert Landespflege, also Landschaftsplanung, in Freising hinter München. Das Studium macht ihm nicht wirkliche Freude, stellt sich aber als guter Weg dar, die Eltern von seinen wahren Zielen abzulenken: In Wahrheit will er Kabarettist und/oder Journalist sein oder bleiben oder sich darin etablieren. Deshalb ist er mehr auf den Kleinkunstbühnen und in Redaktionsstuben als in den Vorlesungen zu finden. So auch in diesem Fall: Er begibt sich auf den Weg zum Chefredakteur der *Freisinger*

Neuesten Nachrichten, der Lokalbeilage der *Süddeutschen Zeitung,* um sich neue Aufträge zu holen. Der Chefredakteur wühlt auf seinem Schreibtisch und reicht dem jungen Journalisten ein paar mögliche Aufträge. Unter anderem diesen: »… da spielt irgend so einer vom ›Düsseldorfer Kom(m)ödchen‹ ein Soloprogramm in einem kleinen Theater hier, das sollten Sie sich mal anschauen und kurz drüber schreiben!«

Im Publikum saßen knapp 60 Besucher, der »Irgendso-einer« vom Düsseldorfer Kom(m)ödchen hieß Harald Schmidt und probierte in Freising zum ersten Mal sein neues Soloprogramm vor Publikum aus. Ich kann mich an keinen wirklich guten Gag aus dem Programm mehr erinnern, was nur heißen kann, dass Harald damals noch sehr jung gewesen sein muss (und zum Glück erinnert sich auch keine Sau mehr an mein damaliges Kabarett). Was ich noch weiß, ist, dass Harald Schmidt nach einem langen Licht-Blackout plötzlich oben auf dem Klavier lag.

Nach der Aufführung standen Harald und ich noch an der Bar und unterhielten uns. Ich fragte ihn als guter Journalist nach den Hintergründen des Soloprogramms. Er sagte, er habe nach langen Jahren Ensemble-Kabarett einfach mal ausprobieren wollen, alleine auf der Bühne zu stehen, und – wichtiger Seitenblick – falls jetzt die Kritiken, vor allem die von den großen Zeitungen mit Strahlkraft, gut ausfielen, würde er allein weitermachen, sonst aber zurück ins Ensemble gehen.

Irgendwo in meinen ganz alten Unterlagen im Keller wird der Artikel noch stecken, ich weiß aber, dass ich ihn sehr positiv und wohlmeinend verfasst habe. Jahre später war ich selbst Gast bei Harald Schmidt in einer Radio-Show und habe ihm vor Publikum diese Geschichte erzählt. Harald war bass erstaunt, hat sich aber noch sehr gut erinnert; im Gegensatz zu mir wusste er sogar den Namen des Theaters in Freising und konnte – man staune – noch einige Halbsätze aus der für ihn offensichtlich wichtigen Kritik zitieren.

»Das warst du?«, rief Harald aus. »Kann ich was für dich tun? Brauchst du Geld oder Frauen?«

Ich verneinte lachend, und Harald setzte nach: »Dann hast du mich auf der Bühne gesehen und gedacht, das ist ja ganz einfach, das kann ich auch?«

In den kommenden Minuten dieses Gesprächs konnte ich erleben, dass Harald über die Jahre wirklich ordentlich an Witz, Spontaneität und Schlagfertigkeit dazugewonnen hatte. Wann immer ich heute daran denke, muss ich stets aufs Neue schmunzeln und lachen.

»Ich habe ja schon Jahre vorher mit Kabarett begonnen«, referierte ich, »als ich über dich geschrieben habe, stand ich selbst schon jahrelang auf der Bühne!«

Harald warf mir einen seiner typischen, ironischen Seitenblicke mit hochgezogener Augenbraue zu, der mich, den damals wirklich kaum einer kannte, zum Weitermachen provozierte: »… na ja, Harald, jede Karriere verläuft eben anders. Deine Karriere zum Beispiel gleicht der Orgasmuskurve des Mannes, meine gleicht der Orgasmuskurve der Frau!«

Bevor ich weiterreden konnte, unterbrach mich Harald Schmidt:

»Willst du damit sagen, das wird nie was bei dir?«

Jürgen Klinsmann

Aus der Provinz in die weite Welt: Kaum ein anderer Sportler aus dem Schwäbischen hat eine derartige Weltkarriere hinter sich wie der am 30. Juli 1964 in Göppingen geborene Bäckerssohn Jürgen Klinsmann. Bei ihm zeigt sich deutlich, dass er es nicht nur in den Füßen, sondern auch im Kopf hatte und sich durchaus nach dem Spiel verständlich ausdrücken konnte. Es gibt ja zahlreiche Fußballer, die sich trotz großartiger Heldentaten auf dem Platz daneben eher schwertaten. Und wem jetzt spontan der Name Lothar Matthäus einfällt, der ist sicher auf der richtigen Spur.

Klinsmanns Talent deutete sich schon früh an, als er in einem Jugendspiel einst 14 Tore erzielte. Also in etwa so viele wie der VfB Stuttgart 2014 in einer ganzen Saison, aber das ist eine andere Geschichte!

So wurde er bald von den Stuttgarter Kickers entdeckt. Seine Eltern bestanden aber darauf, dass der Sohn nebenbei noch seine Bäckerlehre im elterlichen Betrieb beendete. Seitdem hat er dann allerdings keine kleinen Brötchen mehr gebacken. Nach den Stuttgarter Kickers kam der VfB, dann Inter Mailand, Monaco, Tottenham, Bayern München (!!!), Genua und noch einmal Tottenham.

Klinsmann feierte überall Erfolge und hinterließ Spuren, wobei dies auch einmal eine eingetretene Werbetrommel sein konnte, die er bei einem Spiel im Trikot der Bayern nach einer Auswechslung einst traktiert hatte. Er war Torschützenkönig der Bundesliga, Deutscher Meister, Welt- und Europameister. Sein größtes Spiel lieferte er bei der WM 1990 ab, als gegen die Niederlande

Sturmpartner Rudi Völler nach der Lama-Affäre seines Gegenspielers Frank Rijkaard früh vom Platz ging. Klinsmann schaffte allein auf sich gestellt ein unglaubliches Laufpensum und ließ die holländischen Abwehrspieler wie schwerfällige Wohnmobile aussehen.

Klinsmann war sogar während seiner Zeit in England »Fußballer des Jahres«. Und das will nun wirklich was heißen! Bei seiner Ankunft wurde er noch als »diver« (Taucher) verspottet, womit die Engländer Stürmer umschreiben, die eher leicht zum Fallen neigen. Klinsmann feierte dann seine ersten Tore mit einem »diver«, was ihm großen Respekt einbrachte, denn neben seinem sportlichen Wert hatte er auch etwas unter Beweis gestellt, was die Engländer den Deutschen ja zumeist absprechen: Humor!

Nach seiner aktiven Karriere ging es ebenfalls erfolgreich weiter. (Wem jetzt da als Gegenbeispiel wieder Lothar Matthäus einfällt, der hat nicht unrecht.) Klinsmann wurde 2004 Trainer der Nationalmannschaft und führte sie schließlich zum Sommermärchen 2006 bei der WM im eigenen Land und beendete so den langjährigen Rumpelfußball seiner Vorgänger. Inzwischen ist er Nationaltrainer der USA, wo er auch lebt.

Privat ist Klinsmann geradezu bodenständig geblieben: Er ist nach wie vor mit Debbie, seiner ersten Frau, verheiratet. So etwas schafft nicht jeder Fußballpromi. Manch anderer wechselt da öfter die Partnerin aus durch vornehmlich 20 bis 30 Jahre jüngere osteuropäische Models. (Wem da jetzt zufällig Lothar Matthäus einfällt, der ist nicht so ganz auf dem falschen Weg.)

Jürgen Klinsmann hat neben den sportlichen auch verbale Fußspuren hinterlassen. Sein Satz: »Des sind Gefühle, wo man schwer beschreiben kann«, nach dem Gewinn der Europameisterschaft 1996 wurde später sogar zum Titel für eine Fußballausstellung im Haus der Geschichte. Hier verbindet Klinsmann ganz leicht schwäbisches Sprachgut mit der großen Emotionalität des Fußballs.

Wer sonst hätte einen passenderen Spruch liefern können? Wer jetzt an Lothar Matthäus denkt, dem sei gesagt, dass er sich hier wirklich auf dem Holzweg befindet – oder sollte man eine Ausstellung vielleicht übertiteln: »Ich habe gleich gemerkt, das ist ein Druckschmerz, wenn man drauf drückt.«

Also wirklich ...

Schwaben gegen Bayern – Warum wir den besseren Süden zu bieten haben!

Wenn man Menschen oberhalb der Mainlinie oder gar aus dem Ausland nach deutschen Bundesländern im Süden befragt, so wird zumeist Bayern genannt. In Deutschland-Südschweden (also: alles oberhalb von Frankfurt) führt ein schwach ausgeprägtes Geografieverständnis ja sogar oft dazu, dass ganz Süddeutschland gleich als Bayern angesehen wird. Sicher, unser Nachbar hat mit seinem »Mia san mia«-Selbstbewusstsein über Jahrzehnte dafür gesorgt, dass er primär als Gigant des Südens wahrgenommen wird: FJ Strauß, FC Bayern, König Ludwig – immer wirkte alles etwas größer und etwas wichtiger, was aus dem Bajuwarischen kam. Daher ist es nun an der Zeit, dass der Schwabe mal die Brust rausstreckt und zeigt, dass es keinen Grund gibt, sich hier ins zweite Glied zurückzuziehen. Wir haben nämlich auch einiges zu bieten! Und manches, was auf den ersten Blick nicht ganz so gewaltig aussieht, entpuppt sich bei genauerem Hinsehen als die bessere Südvariante. Los geht's mit unserem kleinen bayrisch-schwäbischen Kräftemessen.

Fangen wir mit einer Sehenswürdigkeit an, die wahrscheinlich schon sämtliche japanischen Reisegruppen fotografiert und bestaunt haben und die man sogar in Amerika kennt, wo viele ja oft noch nicht wissen, dass Deutschland nicht mehr von Adolf Hitler regiert wird, die aber auch deutsche Touristen immer wieder gern besuchen: Schloss Neuschwanstein.

Wer nun aber glaubt, diesem touristischen Superschwergewicht könne man doch wirklich nichts entgegensetzen, der täuscht sich gewaltig: Man muss halt ab und zu nur etwas genauer hinschauen! Lassen wir es einfach mal auf einen kleinen Vergleich ankommen, sozusagen ein Battle of Sights. Also, Vorhang auf bzw. Ring frei für die erste Runde.

Die Kontrahenten: In der rechten Ecke – weil bayrisch – das Schloss Neuschwanstein, in der linken Ecke – weil die halt noch übrig ist – die Burg Hohenzollern: Let's get ready to rumble …

Schloss Neuschwanstein gegen Burg Hohenzollern

Über das legendäre Schloss des Märchenkönigs braucht man nicht allzu viele Worte zu verlieren. Das hieße Eulen nach Athen tragen respektive Ludwig im Wasser ersäufen. Jeder kennt zumindest eine Postkartenansicht von der Marienbrücke aus; mehr als 1,3 Millionen Menschen besuchen das Schloss jährlich!

Ludwig II. hatte das Ziel, oberhalb von Füssen eine echte Ritterburg wieder erstehen zu lassen. Folgerichtig wurden die ersten Entwürfe von einem Theatermaler gefertigt. Wobei ich immer daran Zweifel hegte, dass es jemals eine Ritterburg gab, die auch nur annähernd wie Neuschwanstein aussah!

1869 wurde mit dem Bau des Schlosses begonnen. Aber nicht erst heute gilt für Großbauvorhaben: Erstens wird es teurer, und zweitens dauert es länger. Und da Ludwig II. kein Schwabe war, hatte er auch keinen zuteilungsreifen Bausparvertrag in der Rückhand!

So kam es, dass er bis zu seinem Tod im Jahr 1886 nur 172 Tage in seinem Märchenschloss verbringen konnte – welches zudem zu dieser Zeit noch lange nicht fertiggestellt worden war. Vielleicht haben ihn ja die Bauarbeiten in den Wahnsinn getrieben. Jeder, der schon einmal ein Einfamilienhaus gebaut hat oder bauen ließ, wird diese These durchaus ernst nehmen können. Außer Bischof Tebartz van Elst aus Limburg, der scheint meiner persönlichen Meinung nach schon vor dem Bau seines Bischofsitzes wahnsinnig gewesen zu sein, aber das ist eine andere Geschichte.

Die Geschichte der Burg Hohenzollern hingegen, nicht weit von Hechingen gelegen, ist da natürlich weniger bekannt. Schon im 11. Jahrhundert gab es eine Vorgängerburg, die als »Krone aller Burgen Schwabens« gerühmt wurde. Eine weitere Anlage wurde dann ab 1454 errichtet, die später aber auch wieder zerfiel.

Das Geschlecht der Hohenzollern allerdings wurde trotzdem immer bedeutsamer – einer seiner Zweige war der brandenburgisch-preußische, der schließlich sogar Kurfürsten, preußische Könige und 1871 den ersten deutschen Kaiser nach der Reichsgründung hervorbrachte.

Man beachte: Schon damals zog es Schwaben in den Raum Berlin, und die Bevölkerung dort reagierte in der Regel dankbarer als heute!

1819 schließlich äußerte der Kronprinz Friedrich Wilhelm von Preußen den Wunsch, den Stammsitz seines Geschlechts wieder aufbauen zu lassen. Es dauerte noch bis 1850, bis sein Plan Gestalt annehmen konnte – da war er dann schon König von Preußen. Auch wenn der Wiederaufbau maßgeblich von Berlin aus gesteuert wurde, so befindet sich die Burg Hohenzollern heute im gemeinschaftlichen Besitz beider Zweige.

- Ansicht
  Oben hatten wir ja schon erwähnt, wie sehr sich der Anblick Neuschwansteins ins kollektive Gedächtnis eingebrannt hat. Zweifelsohne schaut das Schloss sehr imposant aus! Wer sich nun allerdings die Burg Hohenzollern ansieht, der wird zu dem Schluss kommen, dass auch sie nicht weniger beeindruckend wirkt. Von daher sollten wir hier von einem Unentschieden sprechen.

- Historische Bedeutung
  Hohenzollern ist der Stammsitz von Königen und Kaisern – das ist ja nun kaum zu toppen. Neuschwanstein hat als Highlight lediglich einen verschrobenen Märchenkönig vorzuweisen, dessen Schloss zum Vorbild für Nachbauten in Disneyland wurde. Klarer Punkt für Hohenzollern!

- Besuchskomfort
  Wer schon einmal in Neuschwanstein war, der wird bestätigen: Mit Spaß hat das nicht allzu viel zu tun. Wenn man es unter erheblichen Mühen und mit langen Wartezeiten geschafft hat, ein Ticket zu ergattern, dann wird man in einer halbstündigen Führung durch einige Räume des Schlosses geschleift. Hier ist alles penibel durchgetaktet, denn die Gruppen dürfen sich

auf keinen Fall einander zu nah kommen. Nicht dass der amerikanische Tourist von einer japanischen Reisegruppe absorbiert wird und plötzlich im Flieger nach Tokio sitzt.
Auf Burg Hohenzollern läuft alles etwas gemächlicher und stressfreier ab. Auch hier also ein Zähler nach Schwaben! Dies sollte so bleiben, daher muss unbedingt verhindert werden, dass dieses Buch ins Japanische, Russische oder Englische übersetzt wird! Die hohe Anzahl an ausländischen Reisegruppen erhöht auch die Wahrscheinlichkeit, dass der nichts ahnende Einzelreisende bald als Randmotiv auf zahlreichen Fotos in Fernost erscheint.

- Preis-Leistungs-Verhältnis
  Burg Hohenzollern: 45 Minuten Führung für 10 Euro pro Person. Neuschwanstein: 35 Minuten Führung für 12 Euro pro Person.
  Wer rechnen kann – und vor allem der Schwabe kann das –, der wird sofort wissen, dass man auf Burg Hohenzollern pro Euro 270 Sekunden Führung bekommt, auf Neuschwanstein lediglich 175 Sekunden. Und noch ein Punkt nach Württemberg!

Kommen wir nun zum Endstand: Mit 3,5 zu 0,5 eine klarer Punktsieg für die Burg Hohenzollern. Hätte sich Neuschwanstein nicht durch die Optik einen schlappen halben Zähler erkämpft, dann wäre sogar ein K.o. draus geworden. Aber für irgendwas muss der Theatermaler ja gut gewesen sein, und so verweisen wir das bayrische Schwergewicht demütig-bescheiden und doch siegesstolz in seine Ecke!

Seehofer gegen Kretschmann

Zugegeben – Ministerpräsidenten sind nicht direkt Sehenswürdigkeiten, aber stehen als Landesväter doch symbolisch für ihr Bundesland in der Öffentlichkeit – und wenn man eine Umfrage startet, so kennen die meisten Menschen vor allem den Ministerpräsidenten eines Bundeslandes. Schon beim Vize wird es schwierig, oder kann sich jemand vorstellen, dass viele Menschen außerhalb von Baden-Württemberg Nils Schmid kennen? Er wird sich schon freuen, wenn ein paar Menschen in Baden-Württemberg nicht grußlos an ihm vorbeigehen!

Ganz im Gegensatz natürlich zu unserem grünen Landesvater Winfried Kretschmann. Bleiben wir doch daher mal beim Vergleich Bayern – Baden-Württemberg und stellen ihn dem CSU-ler Horst Seehofer gegenüber.

Um es gleich vorwegzunehmen – wo Horst Seehofer nachweislich mehr zu bieten hat, das ist natürlich die Anzahl der von ihm gegründeten Familien. Unser Winfried hingegen ist seit Jahrhunderten glücklich mit seiner Gerlinde verheiratet, ihm würde so was – hano! – nie in den Sinn kommen. Kretschmann hat mit einer Frau drei Kinder – das ist also ein Schnitt von drei Kindern pro Frau. Da wird es schon eng für Herrn Seehofer, der für seine vier Kinder zwei Frauen brauchte, also nur einen Schnitt von 2,0 Kindern/Frau erzielt. Seehofer, »… a Hund isser scho!«, wird dies mit seiner allgemeinen großen und prinzipiellen Frauenfreundlichkeit begründen: Um den Stress für die Frau erträglich zu halten, hat er seine vier Kinder auf zwei Mütter aufgeteilt!

Man könnte aber sagen, dass Kretschmann gerade für

den konservativen Wähler die eindeutig bessere Alternative darstellt: katholisch, Mitglied im Schützenverein, Kirchgänger – ein Wunder, dass die Bayern noch nicht versucht haben, ihn abzuwerben!

Gastbeitrag von Ministerpräsident Winfried Kretschmann

Eigenbeschreibung:
»Deutschlands berühmtester Provinzpolitiker«

Die Schwaben sind bekanntlich ein Volk von Dichtern und Denkern. Was bei den alten Griechen einer geistigen Elite (siehe Platon) vorbehalten war, ist hierzulande Normalität: die Dialektik.

So macht es uns Schwaben anscheinend keinerlei Mühe, Gegensätzliches, ja völlig Widersprüchliches zu vereinen. Redewendungen wie »kommed se, ganged se« oder »tu amol gschwend langsam« sind an der Tagesordnung.

Oder nehmen wir bestimmte schwäbische Ausdrücke: Der »Lombaseggl« mag sich derb anhören, aber es schwingt darin doch etwas Anerkennendes mit. Andererseits hat das positiv klingende »Gscheitle« auch einen durchaus negativen Beiklang. Das sind die feinen Nuancen einer alten Kultursprache.

Ich möchte behaupten, besagte Dialektik ist unsere eigentlich schwäbische Domäne. Gewissermaßen unser Beitrag zum Verständnis einer widersprüchlichen Welt. Oder frei nach Altmeister Georg Friedrich Wilhelm Hegel: »Das Positive in seinem Negativen festzuhalten, dies ist das Wichtigste im vernünftigen Erkennen.«

Mit solchen Weisheiten kam der Stuttgarter Philosoph sogar im preußischen Berlin zu großen Ehren. Ein gewisser Karl Marx wollte ihn dann »vom Kopf auf die Füße stellen«. Da er aber schon auf den Füßen stand, stellte er ihn auf den Kopf. Verkehrte Dialektik.

Wenn auch in der dialektischen Philosophie à la Hegel dem Widerspruch eine eminente Bedeutung zukommt, ist sie aufs Ganze gesehen doch weniger auf (ideologische) Radikalität als auf (wirklichkeitsbezogenen) Ausgleich bedacht.

Sind wir Schwaben nicht einfach die geborenen Realos?

Kommen wir nun zum politischen Vergleich: Hier schneidet Kretschmann ebenfalls viel besser ab, denn bei ihm weiß man wenigstens, woran man ist. Das kann man zwar vom Rest seiner Regierung nicht immer behaupten, aber heute wie auch früher gilt: »Gutes Personal ist schwer zu finden!« Außerdem ist das Regieren für die Grünen und Roten ja etwas völlig Neues, da muss man halt a bissle rom ond nom probieren. Es ist wie das erste Mal bei der Liebe – wer wird behaupten, dass das besonders toll war und man bereits wusste, wie alles geht!

Horst Seehofer hingegen ist ja schon berüchtigt für seine Standhaftigkeit. Er hat immer sofort eine ganz klare Meinung. Und diese ist dann mal so und mal so. Seine eindeutigen Standpunkte wechseln noch zusätzlich zu jedem Thema, nach speziellem Bedarf und besonderer Zuhörerschaft, was ihm von der bayrischen SPD sogar den Spitznamen »Drehhofer« eingebracht hat. Was wiederum belegt, dass sogar die bayrische SPD ab und an einen kreativen Einfall hat. Ich möchte Seehofer an dieser Stelle aber gegen seine Gegner verteidigen, die ihm immer wieder vorwerfen, im Einzelfall sage er auch mal die Unwahrheit! Das weise ich energisch zurück! Ein Politiker lügt nicht! Er arbeitet mit situationsangepasster Wahrheitsflexiblität!

Winfried Kretschmann hingegen kann mit Prinzipientreue punkten – wenn er sein Wort gibt, dann kann man sich drauf verlassen. Sogar das Ergebnis der S21-Volksbefragung hat er akzeptiert – auch wenn ihm das die ewige Feindschaft der verbliebenen Montagsdemonstranten einbrachte.

Ich habe beide Politiker schon mehrfach persönlich erlebt. Seehofer bereits vor über 20 Jahren bei einer Feierlichkeit in der damaligen baden-württembergischen Landesvertretung in Bonn und später noch mehrmals in München bei der Eröffnung der Wiesn. Seehofer läuft nicht, er schreitet nicht, nein, er defiliert, die Luftmassen teilend, bejubelt von seinen Anhängern. Ich will nicht übertreiben, aber dieses monarchistische Gehabe hat mir als aufrechtem, protestantischem, schwäbischem Demokraten einen Schauer über den Rücken gejagt. Wenn man so etwas erlebt, versteht man auch die blinde Treue vieler CSU-Anhänger. Ganz anders hier unser Winfried Kretschmann: Er möchte gerne arbeiten, er möchte gerne erster Diener seines Landes und seiner Bevölkerung sein, aber Repräsentanz ist ihm ein Gräuel. Ich habe sein gequältes Gesicht beobachtet, als er den Landespresseball in Stuttgart eröffnete, nein: eröffnen musste! Dazu gehörte, vorher über den roten Teppich zu schreiten, 20 Kameras seine Meinung zum anstehenden Spektakel kundzutun und später noch mit dem ersten Tanz den Ball zu eröffnen. Als ich ihm wenig später auf der Toilette begegnete, raunte ich ihm zu: »Gell, Herr Kretschmann, das war Ihne wie Spitzgras!« (übersetzt: »Das hat Ihnen nun offensichtlich wirklich keine Freude bereitet!«)

Kretschmann antwortete mit einem Seitenblick: »Do hennse fei so räachd!« (übersetzt: »Schöner hätte man mein Unbehagen nicht mehr in Worte fassen können!«)

Kurz: Moralisch wie politisch schneidet Kretschmann also klar besser ab als der bayrische Nachbar – erneut ein Sieg für Baden-Württemberg.

Wiesn gegen Wasen

Vordergründig scheint hier die bayrische Volksfestvariante zu punkten: mehr Zelte, mehr Besucher, alles ein bisschen mehr und größer. Aber es kommt doch oft auf die Feinheiten an. So hat die Wiesn immerhin eine halbe Stunde früher Zapfenstreich!

Außerdem hat der Wasen einen Riesenvorteil gegenüber der Wiesn – und der reißt dann einfach alles raus: Es gibt auf dem Wasen viel weniger Japaner und Chinesen als auf der Wiesn! Warum?

Weil »Oktoberfest in München« und »Flughafen München« einfach gleich heißt, während »Volksfest Cannstatter Wasen« und »Flughafen Stuttgart-Echterdingen« für einen im Tokioer Reisebüro den wahren Suff suchenden Touristen nicht zusammenpasst. Ond, wisset Se was? Dess isch uns fei ganz räachd! Wir sind gern ein bisschen unter uns; ein bisschen Besinnung und Kontemplation hat noch keinem geschadet. Und, hier spricht einer, der immerhin drei Jahre seines Lebens in München gelebt hat, weil er in Freising/Weihenstephan studiert hat: Schrieben mir doch unlängst Freunde aus München ganz aufgeregt im Februar (!) eine E-Mail, es sei ihnen, Wahnsinn, Wahnsinn, gschbusi mui mui, tatsächlich gelungen, einen Tisch für das berühmte und angesagte XY-Zelt auf der Wiesn im kommenden Oktober zu ergattern! Da haben sie jetzt tatsächlich, man glaube es kaum, sechs freie Plätze zugesprochen bekommen! Man müsste jetzt nur innerhalb von zwei Tagen Bescheid geben, dass man dabei sein will und einen Mindestkonsum von, wenn ich mich richtig erinnere, 200 000 Euro vorab überweisen, dann könne man bei diesem Spektakel mitmachen.

Da dachte ich mir: Was für einen schönen Cannstatter Wasen wir doch haben! Da kann man sich noch eine Woche vorher entscheiden und kriegt dann immer noch einen Platz. Das heißt nicht, dass es bei uns nicht voll ist! Aber halt nicht so spinnert.

FC Bayern gegen VfB

Ja, ja, schon klar: Da wird mancher Schwabe jetzt aufstöhnen und darum bitten, diesen Vergleich doch unter den Teppich zu kehren, denn es sei ja nun klar, wer die Nase vorne habe.

Natürlich hat der FC Bayern in den letzten Jahren nahezu alles mehrfach gewonnen, was es gibt: Champions League, Meisterschaft, Pokal, Weltpokal, Ehrenzelle in der JVA Landsberg, usw. usf.

Aber ist das noch spannend? Welch langweiliges Wesen muss der Bayern-Fan doch sein: Er ist immer auf der Siegerseite – das Leben als gleichmäßiger Fluss großer und noch größerer Triumphe. Hallo, aufwachen, liebe Bayern-Anhänger!

Das ist nicht das Leben! Das Leben ist ein ständiges Auf und Ab, ist Leidenschaft und Enttäuschung, ist Hinfallen, Wiederaufstehen, Krone zurechtrücken und Weiterlaufen, ist Nichtwissen, was als Nächstes kommt – sprich: Das Leben ist VfB Stuttgart!

Nur wer die Dunkelheit kennt, kann sich über das Licht von Herzen freuen! Nur wer die Kälte kennt, weiß die Wärme richtig zu schätzen, und nur durch das »Nichts« bekommt das »Alles-was-Ist« seinen Sinn. Oder wie Forrest Gump zu sagen pflegte: »Das Leben ist wie eine Pralinenschachtel. Man weiß nie, was drin ist!«

Also, wer Langeweile und Sicherheitsdenken für erstrebenswert hält, der soll am FC Bayern festhalten. Wer auch beim Fußball Leben fühlen will, der halte sich an den VfB! Sogar im Stadion zeigt sich das schon: Da haben sich die Bayern eine Riesenarena hingestellt (klar, protzen muss man halt!), aber die Stimmung ist so ekstatisch wie beim Stehblues im Altenheim, wenn die Gruppe »Faltenrock« ihren Tophit spielt. Wenn dann eine Handvoll bayrischer Hardcorefans (und da habe ich große Achtung davor! Es hätten in biblischen Zeiten zehn Gerechte gelangt, um Sodom und Gomorrha vor der Vernichtung zu bewahren!) es wagt, sich zu beschweren, werden diese vom damaligen Präsident des FC Bayern einfach abgebügelt. Ach ja, ich kann mich übrigens an keine VfB-Präsidenten erinnern, die jemals ins Gefängnis gewandert sind. Wobei viele sagen: Gerhard Mayer-Vorfelder hat einfach Glück gehabt!

Weißwurst gegen Maultasche

Auch bei den Nationalgerichten muss sich der Schwabe wahrlich nicht verstecken, hat die Maultasche doch gleich mehrere Vorteile gegenüber der Weißwurst:

- Verzehrzeit
  Die Weißwurst darf die Mittagszeit ja angeblich nicht erleben, die Maultasche kann man hingegen den ganzen Tag über genießen!

- Reste
  Von der Weißwurst bleibt nach dem Zutzeln dieser unappetitliche Darmrestlappen auf dem Teller liegen, der optisch nicht gerade ansprechend wirkt. Die Maultasche kann und muss zur Gänze verzehrt werden.

- Geschmack
  Auch hier besteht kein Zweifel, dass die Maultasche der Weißwurst überlegen ist – erinnert diese doch eher an Styropor mit süßem Senf. Ohne Senf würde man wahrscheinlich kaum etwas runterkriegen.

München versus Stuttgart

Hier scheint auf den ersten Blick der bayrische Nachbar das Rennen zu machen, doch was ergibt ein genaueres Hinsehen?

Schauen wir zuerst auf das Nachtleben – vermeintlich scheint das in München viel spannender zu sein, aber mal ehrlich: Ist es wirklich erstrebenswert, in das bayrische Nachtleben einzutauchen, eventuell sogar in die Schicki-Micki-Läden der Münchner Gesellschaft? Immer besteht da die Gefahr, auf Menschen wie Boris Becker oder Oliver Kahn zu stoßen! Will man das wirklich? Dann lieber durch die Stuttgarter Clubs ziehen. Hier gibt es zwar auch Promis, aber keine aufgeblasenen, sondern bodenständige: Man trifft vielleicht mal auf Thomas D. von den Fantastischen Vier, auf seinen Manager Andreas Bär Läsker oder auf den Schauspieler Walter Sittler, der einem dann sofort eine Anti-Stuttgart-21-Broschüre aufdrängt, aber wirkliche Promis? Fehlanzeige! In Stuttgart kann man in Ruhe abfeiern und wird nicht von Bodyguards oder Reportern daran gehindert, die einem dauernd im Weg rumstehen. Und als ein Mensch, der viele Nächte in Stuttgart, in Berlin und in München verbracht hat, muss ich sagen: In Berlin und Stuttgart kann man sehr einfach und problemlos ausgehen. Man lässt sich einen Tipp geben, geht hin – und ist dort. In München hingegen muss man immer erst einen kennen, der einen kennt, der mit einem befreundet ist, der den Türsteher kennt – sonst kommt man gar nicht erst rein in den Club, in dem der Drink nicht kälter, die Musik nicht lauter und die Damen auch nicht schöner sind als anderswo. Gut, die Damen sind kälter, und der Drink ist teurer – nix, was einen echten Schwaben in einen Münchner Schickimickiclub locken könnte!

Was hingegen die Stadtentwicklung angeht, so ist eindeutig Stuttgart die aufregendere Stadt – München hat seinen Flughafen, seinen Bahnhof, seinen Olympiaturm. Das steht alles da, und da wird sich wohl in nächster Zukunft nicht viel ändern.

Dagegen Stuttgart! Allein die Aufregung um den neuen Bahnhof – ein Drama mit Shakespear'schen Ausmaßen: Demos, Wasserwerfer, Intrigen. Dazu die Sperrung des Fernsehturms: Wann wird er wie wieder öffnen dürfen? Und wenn ja: warum eigentlich?

Das alles zeigt doch: Stuttgart ist spannend! Wer weiß morgens schon, wie die Stadt abends aussehen wird?

Auch vom ökologischen Faktor her ist Stuttgart die

Stadt der Zukunft! Der – nicht mehr ganz so neue – OB Fritz Kuhn, wie Winfried Kretschmann ein Grüner, hat schon ein umfassendes Radwegekonzept vorgelegt: Jede Sackgasse wird bald rechts und links einen Radweg haben, vielleicht wird sogar ein Radweg den Fernsehturm hochführen, wenn er wieder aufgemacht wird.

München mag vom Ruhm seiner Vergangenheit zehren, aber Stuttgart zehrt vom Ruhm der Zukunft!

Wer am Anfang dieses Kapitels noch dachte, beim Vergleich zwischen Bayern und Schwaben würden eindeutig die Bayern die Nase vorn haben, der dürfte eines Besseren belehrt worden sein.

Es leben ja sogar Schwaben in Bayern, im Regierungsbezirk Bayrisch Schwaben (Gegend um Augsburg), die vielleicht eines Tages ein Volksbegehren anstrengen werden, um heim nach Baden-Württemberg zu kommen. Verstehen könnte man sie! Und: Jetzt kommt der Moment, wo man sogar Wladimir Putin und seine Krim-Annexion wenigstens teilweise verstehen kann, wenn die Menschen zu einem wollen, was soll man den bitte schön dagegen tun?

Zum Abschluss dieses Kapitels möchte ich noch einmal ganz weit ausholen und die Berliner mit den Münchnern und Stuttgartern vergleichen.

Berliner versus Münchner versus Stuttgarter

Erlauben Sie mir, dazu in meiner eigenen Vergangenheit zu kramen: Ich hatte in meiner Studienzeit einmal eine Reise unternommen, die mich in zwei Tagen von Berlin via München nach Stuttgart führte.

In Berlin hatte ich einen Bus betreten und war mir, kaum vor dem Fahrer stehend, um ein Ticket zu lösen, plötzlich nicht mehr sicher, ob dieser Bus, den ich betreten hatte, auch wirklich in den Stadtteil »Wedding« fuhr oder nicht. Also fragte ich den Fahrer: »Entschuldigung, fährt dieser Bus in den Wedding?«

Der Fahrer zischte mich im Berliner Slang an, was ich aufs Erste nicht verstehen konnte, und deshalb meine Frage wiederholte. Der Fahrer wiederum wiederholte sein Gezische so lange, bis ich es verstanden hatte: »Was steht denn vorne drauf?«

Kurz: Anstatt mir eine knappe Antwort zu geben – ich wäre ja mit einem ganz kleinen und knappen, gerne auch unfreundlichen »Ja« zufrieden gewesen! Ein »...ja, selbstverständlich«, »...ja, freilich« oder ein »...worauf Sie sich verlassen können!«, habe ich ja gar nicht verlangt!

Nein, er ließ mich tatsächlich aussteigen, vor seinen Bus laufen und das Schild »Wedding« über der Windschutzscheibe in der Leuchtanzeige des Buses anschauen! Wenn Sie, geschätzte Leserin, lieber Leser, jetzt der Annahme unterliegen, ich hätte eben einen besonders schlecht gelaunten Berliner Busfahrer erwischt, so darf ich Sie aufklären: Was Taxifahrer und Busfahrer in Berlin angeht, kann man nicht von »schlecht gelaunten« Ausnahmen sprechen, weil das ja automatisch bedeuten würde, dass es davon auch gut gelaunte gibt! Wenn Sie nun sagen: Gut, gehen wir davon aus, es gibt in Berlin nur schlecht gelaunte Taxifahrer und schlecht gelaunte Busfahrer, aber der Normalbürger ist in der Regel freundlich und hilfsbereit!, muss ich Sie leider auch hier aufgrund meiner Erfahrung eines anderen belehren – ein gutes Dutzend Buspassagiere hat damals die beschriebene Szene beobachtet, und keiner ist dem offenkundig Ortsfremden mit einem kleinen zugerufenen Hinweis beigesprungen.

Am frühen Abend diesen Tages war ich dann in München angekommen und hatte dort auf dem Marienplatz ein ähnliches Problem; ich musste möglichst schnell in einen bestimmten Stadtteil kommen und fragte deshalb einfach am Abgang zur U-Bahn einen Münchner auf dem Marienplatz, wie ich denn dort am besten hinkäme. Der Mensch antwortete in tiefstem Bayrisch: »Jo, doa missn S' da nunder und aufm Plan scho sölbor schaun, jo mei!«

Am nächsten Tag verließ ich München und reiste per Anhalter heim nach Stuttgart. Der »Lift«, wie damals im Tramper-Fachjargon der Fahrer genannt wurde, der einen mitnahm, setzte mich in Feuerbach ab, wo ich seinerzeit zuvor in meinem ganzen Leben noch nie gewesen war. Dort fragte ich eine ältere Dame, wie ich denn nun am besten zum Stuttgarter Hauptbahnhof käme. Ich schwöre, dass sich das Gespräch genau so abgespielt hat, wie ich es gleich darlege; das Einzige, worin ich mich über die Jahre täuschen kann, ist über die Nummern der Straßenbahnen.

Sie sagte: »Jetzt ganget Se do nieber zom andre Glois. Do kommt dann der Siebener, den nemmet Se nicht! Dann kommt der Vierer, den nehmet se drei Statione weit, no steiget se om – ond der Vierzehner goht no voll direkt zom Hauptbahnhof – henn Se's?«

»Ja«, sagte ich, »vielen Dank!«

»Also nomal«, sagte die Frau, »da drüben kommt erscht der Siebener, den nemmet Se nicht! Dann der Vierer drei Station, no mitten Vierzehner direkt zom Hauptbahnhof!«

»Danke schön!«

Ich ging auf die andere Seite, und als dann der Siebener kam, winkte die Frau von der anderen Seite auffällig rüber und machte mit großer Zeichensprache klar, dass ich diese Straßenbahn nun auf gar keinen Fall nehmen solle! Als der Siebener abgefahren war, suchte sie mit Blicken meine Seite ab, um rauszukriegen, ob ich auch wirklich nicht eingestiegen bin, entdeckte mich, raffte ihre Handtasche und kam zu mir rüber.

Bevor ich ihr vergewissern konnte, dass ich alles begriffen hätte und meinen Weg zum Hauptbahnhof dank ihrer Hilfe nun sicher finden würde, sagte sie mit einem Seitenblick und einem gewinnenden Lächeln: »I fahr mit – zor Sicherheit!«

Liebe Leserin, lieber Leser: Wie möchten Sie gern behandelt werden? Und wo würden Sie, Hand aufs Herz, am liebsten wohnen?

Der Schwabe als Weltmarktführer

»Wer nichts verändern will, wird auch das verlieren, was er bewahren möchte.«
GUSTAV HEINEMANN

Gustav Heinemann war zwar kein Schwabe, aber sein obiges Zitat könnte genauso gut von einem knitzen schwäbischen Firmenchef aus der Aluminium-Presskolben-Verdichter-Zerspan-Zuliefer-Branche (für Laien: »Mir senn die, wo em Daimler sei Sach machet!«) stammen.

Zwar wird der Schwabe ja oft als eher konservativ charakterisiert, aber gerade im Bereich der Wirtschaft gibt es viele Beispiele, die klar belegen, wie innovativ und schnell schwäbische Firmen reagieren können, wenn es darum geht, unter neuen Rahmenbedingungen das seit Generationen erkämpfte Plätzle an der Sonne zu behalten. Seinen Ruf als Tüftler hat der Schwabe nämlich auch genutzt, um in vielen Bereichen der Industrie Marken zu etablieren, die an der Spitze ihrer jeweiligen Branche stehen.

Eine Untersuchung der *Wirtschaftswoche* zeigt, dass das Ländle in Deutschland ganz klar vorne liegt, was Weltmarktführerschaft angeht. Baden-Württemberg hatte 2013 allein 401 Weltmarktführer innerhalb seiner Landesgrenzen, was bezogen auf Deutschland einem Anteil von 26 Prozent entspricht. Noch klarer wird diese Überlegenheit, wenn man das Ganze mal auf die Einwohnerzahl umrechnet: Da sind es dann pro 100 000 Einwohner 3,8 Weltmarktführer. Man vergleiche dazu das bevölkerungsreichste Bundesland Nordrhein-Westfalen, welches es auf nur 2,1 bringt. (Die Weltmarktführer in NRW produzieren übrigens vor allem zweierlei. Zunächst mal Kohle; das wäre uns Schwaben wohlgemerkt viel zu wenig: Die Erde aufgraben und etwas ausbuddeln, was einfach nur drin liegt, das kann ja jeder! Uns geht es darum, Dinge immer so zu ändern, dass man sie nachher nicht wiedererkennt. Damit wir sie dann auch für viel Kohle verkaufen können. Das zweite Produkt, bei dem NRW zu Recht Weltführerschaft für sich beanspruchen darf, ist das Getränk »Kölsch«. Bei uns sagt man dazu: »mit Wasser gestrecktes Bier«.)

In Zeiten, in denen vielfach von der Angst vor der neuen Wirtschaftsmacht China die Rede ist, lassen sich die Schwaben nicht einschüchtern und schlagen sogar zurück – so kaufte die Firma Trumpf im Jahr 2013 einen großen chinesischen Werkzeugmaschinenhersteller einfach so auf. »… haja, 's Geld war do, ond bevor's uff der Bank verreckt, hemmor halt denkt …«

Im März 2014 hat die schwäbische Firma aus Ditzingen dann noch ordentlich einen draufgesetzt und einfach so ihre eigene Bank gegründet. Offiziell geht es darum, dass Trumpf seine Kunden besser kennt als eine Bank, die möglicherweise bei Krediten sonst einen Rückzieher macht. In Wahrheit geht es sicherlich darum, die Zinsen selbst zu behalten.

Zwangsläufig findet auch der jährliche Kongress der deutschen Weltmarktführer in Württemberg statt, genauer in Schwäbisch Hall. Klar, denkt sich der Schwabe da: »Wenn wir schon die Besten stellen, dann sollen die anderen gefälligst zu uns kommen. Das spart uns Fahrtkosten, und unsere ansässige Bausparkasse kann so gleich neue Kunden generieren, die ihre Milliardengewinne sicher unter zwar kleinen, aber soliden Bedingungen im Schwäbischen bunkern!«

Natürlich kennt man einige der großen Firmen aus dem Ländle sofort: Porsche, Daimler, Bosch oder Stihl sind jedem geläufig. Oder auch Würth. Dieser große Pionier und Firmenpatriarch nennt einerseits eine Luxusjacht sein Eigen, die täglich zahlreichen Ölscheichs die Neidesblässe ins Gesicht zaubert, nimmt sich aber doch immer wieder heraus, persönlich bei seinen Schräubles-Vertretern im Auto mitzufahren, um zu überprüfen, ob sie gegebenenfalls heimlich im Wagen rauchen oder eine Pinkelpause zu viel einlegen. Andere haben eine Schraube locker, wir schrauben uns mit einem winzigen Metallteilchen in Milliardärssphären hoch.

Dabei gibt es noch viele, die auf den ersten Blick unbekannt sind oder von denen man gar nicht weiß, welch wichtige Stellung sie haben.

Manche haben aus den schwäbischen Eigenarten dann auch gleich ein Geschäftsmodell gemacht, so zum Beispiel die Firma Kärcher aus Winnenden. Viele nehmen den Dreck auf der Straße oder in den Ecken stillschweigend hin, wir verwandeln ihn zu Gold. Kärcher macht dies auf dem Gebiet der Reinigungsgeräte. Wer könnte solche Produkte glaubwürdiger verkaufen als ein schwäbisches Unternehmen in einem Land, das die Kehrwoche erfunden hat? 1974 hatte man noch sechs Produkte im Angebot, heute sind es über 3000!

Durch große Putzaktionen in der ganzen Welt macht Kärcher immer wieder auf sich aufmerksam – so wurden bereits die berühmten Präsidentenköpfe am Mount Rushmore in den USA und die Nihonbashi-Brücke in Tokio mithilfe von Kärcher-Reinigungsgeräten gesäubert. (»So, jetzt kammor's wieder angugge – wär sonsch no äbbas dreggich?«) Expansionsmöglichkeiten gibt es auch weiterhin: Bekanntermaßen wird ja das Thema Weltraumschrott zu einem immer größeren Problem im All. Durchaus vorstellbar, dass wir bald dort oben eine sonnengelbe Kärcher-Raumstation sehen, die solar-atomar-wasserstoff-wharp-angetriebene Reinigungsgeräte ausschickt, die im Weltraum die göttliche Sauberkeit wiederherstellen. Finanziert vom baden-württembergischen Steuerzahler über eine »Sauber-Cent« genannte Sonderabgabe.

Der Weltraum, ungeputzte Weiten. Wir schreiben das Jahr 2200. Dies sind die Abenteuer des Raumschiffs Kärcherprise, das mit seiner 400 Mann starken Putzkolonne fünf Jahre unterwegs ist, um schmutzige Galaxien zu säubern. Viele Lichtjahre von der Erde entfernt, putzt die Kärcherprise in Galaxien, die nie ein Mensch zuvor gereinigt hat.

Die schwäbischen Firmen haben klar erkannt: Beliebige Massenware kann man in Fernost schneller und billiger herstellen, dagegen hat man keine Chance. Und das will man auch gar nicht. Porsche hat im Jahr 2014 seinen 15 000 Mitarbeiter jeweils 8200 Euro Sonderbonus ausbezahlt, also in etwa das, was ein Schlosser in Mecklenburg-Vorpommern im Jahr verdient. Das war die höchste Sonderzahlung, die es bei Porsche jemals gegeben hat.

Allerdings sind 600 Euro der Summe für die Altersvorsorge der Beschäftigten bestimmt. Mutter Porsche passt schwäbisch darauf auf, dass die Jungs und Mädels das Geld nicht in Gänze verprassen können, sondern zumindest einen Teil davon sinnvoll anlegen. Ob das Geld in einen Bausparvertrag nach Schwäbisch Hall geflossen ist, ist dem Autor nicht bekannt.

Nein, wir wollen, dass unsere Zuarbeiter gut bezahlt sind, damit wir selbst reich werden können. Daher heißt das Zauberwort Qualität – und das spielt dem Schwaben mit seiner Schläue und Genauigkeit natürlich in die Karten.

So sagt der Chef der Firma Recaro, die Flugzeugsitze für die großen Flugzeugbauer herstellt: »Andere sind größer, aber wir sind die Besten in dem, was wir machen. Wir machen fürs Flugzeug nur den Sitz.«

Recht so, die Spuckbeutel sollen gerne weiterhin die Asiaten zuliefern! Und da die Fluggesellschaften ja immer darauf bedacht sind, mehr Sitze in ein Flugzeug zu pressen, dürfte Recaro auch in Zukunft glänzende Geschäftsaussichten haben.

Hoffentlich gibt es niemals eine rein schwäbische Fluglinie, »Air Leinfelden« (sprich: Airline Felden), bei der auf Kurzstreckenflügen zugunsten von vier weiteren Kabinensitzen die Toiletten gestrichen sind. Man kann sich lebhaft vorstellen, wie ein strammes schwäbisches Stewardessle dann am Ausgang zu den Fluggästen sagt: »Senn Se gescheit ond ganget Se besser vorher no gschwind aufs Klo. Auch Sie, Herr Depardieu!«

Und selbst wenn diese Airline dann noch auf die Idee käme, im Flugverkehr Stehplätze einzuführen, würde Recaro mit Sicherheit die besten Haltegriffe herstellen und liefern.

So sind wir Schwaben halt: Wir suchen und finden die Nische in der jeweiligen Branche, machen uns drin breit, beißen uns fest und lassen uns so schnell nicht wieder rauskriegen.

Völlig klar, lieber dieses Buch lesender Außerschwäbischer und Nicht-Baden-Württemberger, dass Sie uns deshalb nur schwerlich mögen mögen! Ständig wird Ihnen ein Megaerfolg, gejagt vom nächsten Superlativ, unter die Nase gerieben! Auch wir würden so etwas ganz schrecklich finden, wenn es uns widerfahren würde! Ganz ehrlich: Wir, wenn wir es mit uns zu tun hätten, könnten uns ebenfalls nicht leiden! Deshalb ist dieses Buch ja nicht der Versuch, Ihre Liebe zu uns zu erzwingen. Sehen Sie es lieber als Aufforderung, es uns gleichzutun. Denn auf Augenhöhe kann man sich viel besser gegenseitig verachten und dies dann schon wieder als Zuneigung empfinden!

Und, jenseits allen Neids und aller Missgunst: Denken Sie doch mal darüber nach, wie traurig und trist das Leben wäre ohne uns Schwaben. Oder, sagen wir, ohne unsere Produkte. Wollen Sie wirklich alle Opel fahren? Wir Schwaben gelten als bieder, und doch treiben wir's mitunter ganz schön heiß. So stammt auch der Weltmarktführer für Saunen aus Schwäbisch Hall. Die Idee kam der Firma Klafs nach dem Zweiten Weltkrieg, als viele Kriegsheimkehrer von Saunen in Finnland und Russland berichteten. Wir lernen: Sogar aus den größten Katastrophe für Deutschland zieht der Schwabe ein Geschäftsmodell!

Heute liefert Klafs Saunen in die ganze Welt. Und natürlich dürfen die Angestellten selbst kostenlos die Betriebssauna nutzen. Aber ein bisschen schwäbischer Pietismus bleibt da dann doch noch übrig, wie der aktuelle

Chef von Klafs, Stefan Schöllhammer, zugibt. Die Frage der *Stuttgarter Zeitung*, ob man dann auch nackt mit dem Chef zusammensitze, verneint er ungefähr so: »Ha no, wo komme mir da na! Irgendwo isch dann halt au mal guad …«

Natürlich gibt es viele Firmen im Schwäbischen, die Dinge herstellen, die einem im Alltag gar nicht so auffallen, ohne die aber vieles nicht möglich wäre. Dabei lässt man sich von Rückschlägen nicht einschüchtern. Die Firma Carl Stahl aus Süßen im Filstal hatte sich zu einem führenden Unternehmen für Stahlseile von Baubaggern entwickelt, erfuhr aber mit der Erfindung der Hydraulikbagger einen herben Rückschlag.

Man reagierte aber schnell, stellte die Produktion um und bot den Kunden alles von Drahtseilen über Textilschlingen bis zu kompletten Kransystemen, aber auch Schutzausrüstungen für Höhenarbeiter und Industriekletterer an. Die Folge: Aus 25 Mitarbeitern in den 1980er-Jahren wurden bis zum heutigen Tag 1500.

Wahrscheinlich war es die Firma Carl Stahl, die verantwortlich für folgenden uralten und viel zitierten Schwabenwitz ist:

Die Amerikaner haben einen neuen Draht erfunden. Jetzt ist der aber so dünn, dass sie nicht in der Lage sind, seinen Durchmesser zu messen. Also schicken sie ihn nach China, die sind ja Experten für kleine Dinge. Nach drei Wochen kommt das Paket mit dem Draht zurück. Im beiliegenden Brief steht, dass es ihnen auch nicht möglich wäre, den Draht zu vermessen.

Nicht verzagen, Engländer fragen. Gesagt, getan. Nach weiteren zwei Wochen kommt der Draht erneut zurück mit dem gleichen Brief im Anhang!

Jetzt haben die Amerikaner einen genialen Einfall: die Schwaben! Dieses Volk ist berühmt dafür, alle Probleme dieser Welt mit Leichtigkeit zu bewältigen. Also schicken sie den Draht ins Schwobaländle. Eine halbe Stunde nachdem das Paket angekommen ist, ruft ein Schwabe in Amerika an und sagt: »Also, vermessa hem mrn. Was solla mr jetzt no macha? A Loch durchbora oder gschwend no a Gwend druff schneida?«

Der Schwabe außerhalb Schwabens – Kein leichtes Leben!

Natürlich ist der Schwabe nicht nur innerhalb der Grenzen seines Heimatraums zu finden, sondern praktisch in der ganzen Welt. Die Einstellung, mit der ihm die Einheimischen der jeweiligen Gegend gegenübertreten, ist dabei so unterschiedlich, wie sie nur sein könnte. Teilweise wird der Schwabe wegen seiner Fähigkeiten hofiert und verehrt, andernorts schlägt ihm fast schon blanker Hass entgegen.

Die Identifizierung des Schwaben fällt zumeist eher leicht, denn sein Dialekt weist schon nach Sekunden auf die Heimat hin, und selbst weltläufigen Schwaben fällt es schwer, diesen so weit zu unterdrücken, dass die Herkunft nicht mehr nachvollziehbar wäre. Außerdem bringt der eine Schwabe oft ein solches Selbstbewusstsein mit, dass er es gar nicht für nötig erachtet, sich zu verstellen. Wer sich einmal in Palma de Mallorca auf den Ballermann verirrt und dort auf eine Gruppe ausgelassen feiernder Schwaben trifft, weiß, wovon ich rede.

Der andere Schwabe tritt wiederum so devot und verklemmt auf, dass mit einem Schlag alles, was seine Dialektgenossen möglicherweise über Jahre an positivem Image aufgebaut haben, mit einem einzigen Kontakt zum Außerschwäbischen wieder in sich zusammenfällt.

Beginnen wir mit Berlin, dem Ort, an dem es momentan für den Schwaben am gefährlichsten zu sein scheint.

Der Schwabe in Berlin

»Ich habe, wenn wir Freunde und Verwandte zum Besuch hatten, oft gehört, dass in Berlin Familien ausziehen wegen Klavierspiel oder wegen Schwaben oder wegen einer unfreundlichen Portiersfrau.«
THEODOR FONTANE

Die Unbeliebtheit des Schwaben scheint also schon länger ihren festen Platz im Berliner Bewusstsein zu haben. Früher wurde der Schwabe aber immerhin noch mit Klavierspiel oder einer unfreundlichen Portiersfrau verglichen, heute stellt sich die Situation durchaus etwas dramatischer dar.

Man schätzt, dass sich circa 300 000 Schwaben in Berlin aufhalten, und man hat manchmal das Gefühl, dass sie im öffentlichen Ansehen in der Hauptstadt gerade noch knapp vor irgendwelchen ausländischen Mafia-Clans rangieren, wenn nicht sogar dahinter. Die unbeliebtesten Menschen sind für den Ur-Berliner oft Schwaben und Vermieter – und leider sind diese beiden Gruppen inzwischen sehr oft ein- und dasselbe.

Der Schwabenhass drückt sich in ganz unterschiedlichen Formen aus. Das kann auf der einen Seite noch halbwegs lustig zugehen, wie in einem halbseiden-ordinären Lied des Berliner Komikers Fil: »Der Penis ist in der Vagina ein glücklicher Zwerg, so wie der Schwabe im Prenzlauer Berg.«

Das Berliner Szenemagazin *ZITTY* wurde dann schon etwas bösartiger, als es den Schwaben 2009 wie folgt beschrieb: »Er ist die Weiterentwicklung des Latte-Macchiato-Trinkers und des urbanen Penners, allerdings mit mehr Geld. Der Porno-Hippie-Schwabe kann durchaus ein Medienmensch sein, muss aber nicht, möglicherweise verdient er sein Geld auch in der Werbung. Sein Ziel ist es, in einem Townhouse zu wohnen, das ist der schwäbische Ansatz. Porno wohl deshalb, weil er im Sommer gerne große Sonnenbrillen trägt, denn der Porno-Hippie-Schwabe ist am Ende auch ein Fashion-Victim.«

Der Berliner *Tagespiegel* ging die Sache etwas seriöser an, machte für den Schwabenhass vor allem »Mietpreistreibung und Gentrifizierung« verantwortlich. Schon gemein, wenn so ein Schwabe nach Berlin kommt, Geld in die Hand nimmt, um aus maroden Abbruchhäusern schönen Wohnraum zu machen, und dann die Dreistigkeit besitzt, dafür mehr Miete als vorher zu verlangen, nur weil es jetzt fließend warmes und kaltes Wasser, eine funktionierende Heizung, gut isolierte Räume und weitere Annehmlichkeiten gibt.

Das sieht der Berliner dann wohl schon, sagt aber: »Dafür konnten hier früher 20 Punks und 30 Rentner wohnen!«

Es ist halt nicht einfach für Leute zu verstehen, die die Beschaffung von Wohnraum zumeist durch das Besetzen desselben erreicht haben.

Spielt hier nicht auch etwas Neid auf die cleveren Schwaben hinein? Berlin kokettiert ja gerne mit seinem »Arm, aber sexy«-Image, das ihm der Party-Exbürgermeister Klaus Wowereit einst verpasst hat, aber ganz ehrlich: Nur von sexy kann man halt nicht so toll leben.

Zugegebenermaßen verhält es sich beim Schwaben eher umgekehrt: Eine übertriebene erotische Anziehungskraft hat ihm noch nie jemand unterstellt, bloß arm ist er in der Regel halt auch nicht.

Des Weiteren stören sich die Einheimischen oft daran, dass der Schwabe zu ordnungsliebend sei. Doch selbst der Berliner kann so etwas schätzen lernen. Ein Bekannter von mir, eher unfreiwillig durch den Job seiner Frau von Berlin nach Stuttgart verpflanzt – nach Berlin geht man wegen des Flairs; wenn das Geld dann aus ist und man dringend einen fair bezahlten Job braucht, kommt man wieder zu uns! –, meinte nach einigen Monaten, es gefalle ihm nun doch ganz gut hier, vor allem sei es schön, dass man nicht dauernd in Hundehaufen trete so wie in Berlin.

Vor Jahren habe ich gelesen, dass in Berlin das erste Hundekot-Kraftwerk Europas errichtet werde, ein Kraftwerk, in dem aus Hundekot Gas erzeugt wird – gut, jeder nutzt seinen Rohstoffreichtum anders. Allerdings gibt es in der Bundeshauptstadt wohl doch genug Menschen, die die Hundehaufen den Schwaben vorziehen würden, und so kam es im Verlauf des sogenannten Spätzleskriegs zu durchaus heftigen Übergriffen.

Am häufigsten äußerte sich die Abneigung durch Graffiti mit Sprüchen wie: »Schwaben töten« oder »Wir sind ein Volk. Und ihr seid ein anderes«. Im Bezirk Mitte wurde eine Statue des (schwäbischen) Philosophen Hegel mit Currywurst beschmiert und einem Zettel versehen, auf dem stand: »Schwaben ausbürgern«.

Interessant in diesem Zusammenhang, dass gerade von Hegel der Spruch stammt: »Die Wahrheit einer Absicht ist die Tat« – eher unwahrscheinlich aber, dass der Täter sich so intensiv mit unserem schwäbischen Vorzeigephilosophen befasst hatte.

Es soll nicht verschwiegen werden, dass es dann im Gegenzug zu revanchistischen Reaktionen proschwäbischer Gruppen kam, die zum Beispiel die Statue der Berliner Bildhauerin Käthe Kollwitz mit Spätzle verunstalteten und auf dem Prenzlauer Berg ein »Maultaschen-Mäuerle« errichteten. Ich habe mir dabei vorgestellt, wie die Attentäter auf anonymen Flugblättern ihren Mitaktivisten subversiv mitteilen: »Tipp: Nach dem Attentat das Material einfach wieder mit nach Hause nehmen! Das erhält die allgemeine Sauberkeit und, einmal aufgekocht, dient es noch bestens für eine Hauptmahlzeit!«

Darüber berichtete dann sogar die *New York Times* in einem Artikel, der so übertitelt war: »Swabian separatists fling Spätzle to make their point«, zu Deutsch: »Schwäbische Separatisten werfen Spätzle, um ihr Anliegen deutlich zu machen.«

Man fühlte sich schon fast an Berichterstattungen aus ethnischen Krisenregionen wie Kosovo oder Bosnien erinnert. Ein Wunder, dass sich nicht gleich der UN-Sicherheitsrat mit dem Thema beschäftigte. Wobei das sicher ein interessantes Bild wäre, sich UN-Friedenstruppen (vielleicht aus Afrika) vorzustellen, die in Berlin die Einheimischen und Schwaben voneinander trennen. Und dann, wenn keiner schaut, heimlich von den leckeren Attentatswaffen naschen.

Der Höhepunkt der antischwäbischen Aktionen wurde aber durch die Taten eines 29-jährigen Mannes markiert, der am Prenzlauer Berg in mehreren Hausfluren Kinderwägen angezündet hatte. Als Motiv gab der Mann Schwabenhass an. Es konnte nicht geklärt werden, inwiefern er die einzelnen Kinderwägen schwäbischen Besitzern zuordnen konnte – wahrscheinlich hat er einfach die angezündet, die am teuersten und schnittigsten aussahen, sozusagen die Daimlers und Porsches unter den Kinderwägen.

Die Schwaben hingegen begeben sich nicht auf dieses Niveau herab. Einen ganz originellen Gegenentwurf lieferte ein 28-jähriger Schwabe in Berlin, der sich aufmachte, die zahlreichen »Schwabenhass«-Graffitis fantasievoll zu bekämpfen. Er veränderte das zweite »s« im Wort einfach in ein »e« zu »Schwabenhase« und malte daneben noch einen Hasenkopf als Symbol seiner Aktion. Das beschwor zwar die Gegner auf den Plan, die wieder ein »s« daraus machten, zeigt aber doch den Ideenreichtum des Schwaben selbst in einer solchen Auseinandersetzung.

Die Aktion »Neuschwabenberg«, drei anonyme Berliner Künstler, haben in einer Nachtaktion 110 Berliner Straßennamen lustig überklebt. So wurde aus der »Wörther Gasse« das »Wörther Gässle«, aus der »Kollwitzstraße« das »Kollwitzsträssle« und aus dem »Kollwitzplatz« das »Kollwitzspätzle«. Zum Glück kam noch keiner auf die Idee, Berliner Notrufsäulen mit Pappmaschee zu Schweinen umzumodellieren und »Notruf-Säule« drunter zu schreiben (für unsere reinlauten Freunde als Übersetzung: ein »Notruf-Säule« ist dem schwäbischen Sprachverständnis nach ein kleines, um Hilfe schreiendes Ferkel).

Ich war im Februar 2013 vom ZDF für einen Gastauftritt in Carmen Nebels sensationeller Musiksendung engagiert und hatte dabei vor, mich als militärisch-operativen Arm der schwäbischen Kräfte in Berlin zu outen. Ich wollte dem Ziel, den Prenzlauer Berg von Berlin abzuspalten und hernach zur autonomen, schwäbischen Republik zu erklären, vorantreiben. Unter fadenscheinigen Gründen wurde ich nach der ersten Probe von der Sendung ausgesperrt. Das Schlimmste für mich in dieser Sache war, dass der Flug zur Livesendung bereits gebucht und nicht mehr zurückgegeben werden konnte. So werden bei uns Gebührengelder verschwendet! Seit Putins Aktion auf der Krim wissen wir, dass derartige Anstrengungen überhaupt nicht notwendig sind; man muss einfach nur ein Volksreferendum machen, dann klappt die Sache von selber. Und, soll doch die EU danach ruhig unsere ausländischen Gelder einfrieren! Wir haben sowieso alles in unseren Häusle und unter unseren Kopfkissen gebunkert!

Ein anderer Schwabe in Berlin, der Regisseur und Schauspieler Achim E. Ruppel, rief 2012 die erste schwäbische Kulturwoche, die »Schwabiennale«, in Berlin aus. Sie war als Gegenpol zur Schwabenhetze und den Graffiti-Aktionen gedacht. »Hassen dürft ihr uns, aber zuerst wird gevespert!«, so der Initiator der Aktion.

Die Kommunikationsagentur Oeben aus dem schwäbischen Wendlingen hatte dann noch eine andere Idee, um eine Versöhnung zwischen Schwaben und Berlinern herbeizuführen. »Berliner Schwaben, zeigt Button!«, lautete die Aufforderung. Die Agentur ließ unterschiedliche Buttons für in Berlin lebende Exilschwaben herstellen: Einer zeigt den Schriftzug »I bin en Berliner« (mit Abbildung eines mit Marmelade gefüllten Krapfens). Auf dem zweiten Button »Beste aus zwei Welten« werden Currywurst und Brezel als harmonische Einheit abgebildet. Das dritte Motiv weist den Träger als »Experte in Sachen Kehrwoche« aus.

Wie viele Schwaben sich die Buttons tatsächlich angesteckt haben, ist allerdings nicht erwiesen. Dem einen oder anderen war es vielleicht doch zu gefährlich, sich schon rein optisch als Hassobjekt zu erkennen zu geben.

Den medialen Höhepunkt erreichte die Auseinandersetzung um die Schwaben in Berlin aber erst, als sich auch noch Wolfgang Thierse, ehemaliger Bundestagspräsident, in die Debatte einmischen musste. Gut, Thierse ist bei der SPD, da kann man schon verstehen, wenn man ein frustriertes Grundempfinden irgendwo kompensieren will, aber musste dafür dann wieder der Schwabe herhalten?

Ausgerechnet Thierse! Er gilt ja als Erfinder des Ganzkopfzuzzelbarts und, hätte er schwäbische Herkunft, wäre er unser perfekter Botschafter; schließlich kommt er seit Jahren, wenn nicht seit Jahrzehnten, mit derselben Anzugsjacke aus! Er erregte sich Ende 2012 über die mangelnde Bereitschaft der Schwaben, sich an ihre neue Heimat anzupassen. Vor allem fuchste Thierse, dass es nun oft schon »Weckle« beim Bäcker hieße und nicht »Schrippen«. »In Berlin sagt man Schrippen – daran könnten sich sogar die Schwaben gewöhnen.« Ich hätte als versöhnlichen Kompromiss in der Mitte einfach »Schripple« vorgeschlagen!

Doch das Medienecho auf diese Äußerungen war gewaltig. Der ehemalige Ministerpräsident von Baden-Württemberg Günther Oettinger meinte trocken, die Berliner sollten sich freuen, dass es die Schwaben gebe, denn nur wegen der Zuflüsse aus dem Länderfinanzausgleich (in den Baden-Württemberg maßgeblich einzahlt) hätte die Bundeshauptstadt überhaupt noch Geld. Den größten Beifall an schwäbischen Stammtischen hat man damals mit der Meinung bekommen: »... von unserem Geld leben, aber dann 's Maul uffreiße!«

Sehr schön formulierte seinen Widerspruch der Journalist Reinhard Mohr. Thierse, der »gegen die Überfremdung der Urberliner Ackerkrume, wo alle zehn Meter die Hundescheiße dampft wie Currywurst«, kämpfe, sei selbst in Breslau geboren und in Thüringen aufgewachsen.

Die Spaßguerillagruppe »Free Schwabylon« forderte einen eigenen abgegrenzten Bezirk für die Schwaben rund um den Kollwitz-Platz und die Ausweisung von Wolfgang Thierse. Gut, das wäre sicher schwierig geworden. Welches Land hätte ihn wohl aufnehmen wollen?

Nachdem die ganze Geschichte sogar die ausländische Presse beschäftigte und Thierse zahlreiche Protestmails und -briefe bekam, knickte er schließlich ein und ruderte zurück. Dass der Schwabe nicht nachtragend ist, zeigte sich daran, dass Thierse als erster Nichtschwabe die »Goldene Narrenschelle« der Vereinigung Schwäbisch-Alemannischer Narrenzünfte erhielt, sozusagen im Rahmen einer preußisch-schwäbischen Versöhnung.

Außerdem machte sich Thierse in seinem nächsten Sommerurlaub 2013 dann tatsächlich auf, Baden-Württemberg zu besuchen. Den Großteil der Zeit logierte er dabei auf der Insel Reichenau im Bodensee. Und die gehört genau genommen eigentlich zu Südbaden. Na ja, aber der Herr Thierse ist ja lernfähig, dann klappt das mit der Geografie vielleicht irgendwann mal. Wenn nicht – im Zweifel die Klappe zu halten ist auch schon mal was!

Gastbeitrag von Cem Özdemir, Bundesvorsitzender von Bündnis 90/Die Grünen und Bundestagsabgeordneter aus Stuttgart

Von Schwaben und Schweden

Lange Zeit glaubte meine Tochter, dass wir ins Land von Astrid Lindgren fahren, wenn ich sagte, dass wir zu den Schwaben gehen. Schwaben, Schweden, für meine Tochter offenbar irgendwie dasselbe. Am Anfang war die Enttäuschung natürlich groß, wenn statt Michel aus Löneberga Stephan aus Bad Urach wartete und statt Pippi Langstrumpf Elena aus Bad Cannstatt. Ich gebe zu, kurz habe ich daran gedacht, die Analogie für aktuelle Politikbezüge zu missbrauchen. Etwa Mappus als Ritter Kato und Rülke & Hauk als seine fiesen Späher. Aber das hätte Astrid Lindgren dann vielleicht doch nicht gewollt, vermute ich. Mittlerweile haben wir einen Deal, wie man es wohl in modernen Eltern-Kind-Beziehungen heutzutage zu machen pflegt: Wir fahren eines Tages mal nach Südschweden, nach Småland, wo viele Geschichten von Astrid Lindgren spielen.

Bis dahin geht es ins Schwabaländle. Ich zeige meiner Tochter und meinem zwischenzeitlich hinzugekommenen Sohn die vielen anderen schönen Flecken im Ländle. Einiges haben wir bereits hinter uns gebracht: der Bodensee bei Überlingen, das Spielmuseum in Ravensburg, der Märchengarten in Ludwigsburg, die Burgruine Hohenurach (für meine Kinder die »kaputte Burg«) oder der Wasserfall in meiner Geburtstadt Bad Urach, der allerdings seit unserem Besuch bei den Iguazu-Wasserfällen in Südamerika bei den Kindern etwas an Renommee eingebüßt hat. Gegenwärtig sind wir in der »Alles Nachlesen-und-Nachschauen»-Phase. Als der Uracher Wasserfall im Internet weder unter den zehn, noch unter den 100 größten Wasserfällen auftauchte, wusste ich mir nicht anders zu helfen: Ich erklärte ihnen, dass er zwar nicht der größte, aber dafür halt der schönste Wasserfall meiner Kindheit ist. Mit meiner Huldigung waren sie doch einigermaßen zufriedengestellt. Und wenn man erst mal die Wimsener Höhle entdeckt hat, dann ist man gefühlt sowieso in der Champions League der weltweiten Sehenswürdigkeiten. Irgendwie klar, dass die einzige befahrbare Wasserhöhle auf der Schwäbischen Alb liegt und noch dazu mit einem Fährmann ausgestattet ist, der es locker mit einem professionellen Komiker aufnehmen könnte. Aber das will der gar nicht. So isch des halt bei ons Schwaben: Immer schön Understatement betreiben. Net g'schompfa isch g'nug g'lobt.

Wir sind natürlich noch längst nicht durch. So kam jüngst der Hohenneuffen dazu, den mein Sohn nur noch die »kalte Burg« nennt. Er ist fest davon überzeugt, dass der böse Ritter Kato dort dereinst sein Unwesen trieb, weil es ähnlich wie in Astrid Lindgrens Kinderbuch *Mio, mein Mio* kalt und dunkel war, als wir dort waren. Dann wieder die Falkensteiner Höhle, in der sich zumindest eine Zeit lang der schreckliche Sven versteckt hatte, bekannt aus *Wickie und die starken Männer.* Und wenn man so wie ich das Glück hat, den Oberbürgermeister von Tübingen gut zu kennen, dann darf man sogar mal im schönen Dübinga Stocherkahn fahren, vorbei am Hölderlinturm und den schönen Platanen, die gar nicht so alt sind, wie Boris Palmer längst herausgefunden und natürlich nachgerechnet hat. Ganz nebenbei kann man anhand Palmers Genauigkeit und Geschicklichkeit gleich noch demonstrieren, was einen schwäbischen Schultes ausmacht. Danach geht's zur Bärenhöhle bei Engstingen, vorbei an den Jugendsünden des Vaters an den Gönninger Seen. Dort durfte ich – oder wohl eher: musste ich – erstmals nackt baden, weil es der alternative Zeitgeist so wollte, um im Adamskostüm die schwäbische Albrevolte zu planen. Schon damals hat sich für mich irgendwie entschieden, dass Kommunismus und ich nicht zusammenpassen. Nett gemeint, aber nichts für mich und eigentlich auch nichts für ons Schwaba. Schließlich sind wir nicht an der Ostsee und heißen gewöhnlich auch nicht Kevin oder Mandy. Bin ich jetzt ein Spießer? Ach was, der Vorwurf perlt an mir ab, dafür lebe ich schon zu lange als Schwabe in Berlin.

In der Landeshauptstadt wartet im Neuen Schloss die jugend- und kindgerecht aufbereitete Ausstellung, bevor es ins Lindenmuseum geht, wo man sich über Indianer, Inka und andere Ergebnisse der schwäbischen Neugierde informieren kann. Doch das eigentliche Highlight ist wie immer die Butterbrezel bei der Oma, die so einen eigentümlichen Slang spricht, ein Amalgam aus Schwäbisch und Türkisch mit einigen schriftdeutschen Versatzstücken. Wenn man dann noch weiß, dass laut Thaddäus Troll die Brezel ja in meiner Geburtsstadt Bad Urach erfunden wurde, dann schmeckt's natürlich gleich doppelt so gut und kostet ja trotzdem dasselbe.

Aktuell bereitet mir der VfB etwas Kopfschmerzen. Nein, nicht wegen der verkorksten Saison 2013/14. Die natürlich auch und sowieso. Ich rede auch nicht davon, dass mein Sohn kürzlich den umstrittenen Gaucho-Song nachgemacht hat – nur gut, dass seine aus Argentinien stammende Mutter Humor hat. Nein, ich meine den vierten Stern für die deutsche Nationalmannschaft und die Folgen. Die sind heftig zu spüren. Es fängt an bei der Frage meines Juniors, wer alles denn vom VfB zum Erfolg der Nationalmannschaft in Brasilien beigetragen hat, und endet noch nicht damit, warum wir nicht für den FC Bayern seien oder doch zumindest Borussia Dortmund wie fast alle anderen in der Schule oder im Berliner Kindergarten. Schadenfreude über Hertha ist da leider nur ein schwacher Trost. Aber wofür bin ich Politiker geworden? Schließlich können wir ja bekanntlich jedem »a Mark end Dasch schwätza«.

So wissen meine Kinder seit dem WM-Finale gegen Argentinien, dass Sami Khedira alles, was er kann, natürlich beim VfB gelernt hat. Auch der Hinweis, dass der VfB mit und dank Jogi Löw den DFB-Pokal gewonnen hat und sogar im Europapokalfinale stand, darf nicht fehlen (dass Löw dann von einem selbstherrlichen Präsidenten und CDU-Politiker entlassen wurde, werde ich ihnen eines Tages sicher auch noch erklären. Etwas vereinfacht, dafür aber fair und ausgewogen ungefähr so: Den Schwarzen darf man nicht nur das Land nicht überlassen, sondern erst recht den VfB nicht). Und jetzt, wo der Meistermacher Armin Veh wieder daheim ist, wird sowieso wieder alles gut. Abgesehen davon habe ich meinem Sohn erklärt, dass unser Jogi die Jungs vom VfB nur deshalb noch nicht ins Team berufen hat, weil er den Spielern vom FC Bayern noch eine allerletzte Chance geben wollte, bevor sie dann in Rente gehen. Mit der Erklärung bin ich neulich ins Kinderzimmer gestürmt – und ich hoffe, dass nicht wieder irgendein Halbdackel von Bayern-Fan unter meinen Nachbarn und Mitarbeitern mir in den Rücken fällt und wieder alles zerredet. Ob ich vielleicht auf Sportjournalist umschulen sollte?

Bloß eines habe ich noch nicht geschafft, zufriedenstellend zu erklären. Immer wenn wir am Hauptbahnhof in Stuttgart aus dem von meinen Kindern geliebten ICE aussteigen, kommt die Frage, warum denn der Bahnhof gerade kaputt gemacht wird, wann das vorbei ist und was da Neues kommen soll. Da verlässt mich manchmal die Überzeugungskraft. Ich sage dann nur kurz und knapp, dass das vermutlich leider noch ein Weilchen dauern wird und manche glauben, dass dann alles besser sei, andere aber sagen, dass dann alles schlechter sei. Hend leit so wella. Ich merke dann an den fragenden Augen der Kinder, dass das keine zufriedenstellende Antwort ist. Was soll ich machen, mir geht's ja genauso. S'isch, wia's isch.

Allgemein sollten die Berliner froh sein, dass sie die Schwaben haben, bereichern sie das Leben in der Hauptstadt doch in vielen Bereichen. Ob Schrippe oder Weckle, darüber hinaus haben die Schwaben immerhin ihre legendäre Laugenbrezel mitgebracht. Und wenn wir schon im kulinarischen Bereich sind: Der Berliner kam ja nun mal kulinarisch nicht allzu weit über seine Currywurst hinaus und sollte mit Dankbarkeit quittieren, dass ihm die Türken den Döner, die Italiener die Pizza und die Schwaben die Maultaschen und die Kässpätzle schenken.

Und sicher gibt es auch manchen Berliner, der sich gerne einmal an einem guten Württemberger Wein labt. Wahrscheinlich tut er dies dann heimlich oder behauptet seinen Gästen gegenüber, es handle sich um einen feinen Franzosen!

Aber es gibt Hoffnung für die Schwaben in Berlin! Laut einem Bericht der *Berliner Morgenpost* sind es inzwischen die Bremer, die in Scharen nach Berlin zu strömen scheinen. »Schwaben, Spanier und Südafrikaner waren gestern, die Einwanderungswelle kommt jetzt von der Weser«, schreibt die Autorin da.

Problem ist nur: Der Bremer spricht Hochdeutsch und ist nicht so einfach zu identifizieren. Außerdem, was aus Berliner Sicht massiv gegen Bremer-Hassattacken spricht: Der einzelne Bremer mag noch so ein nerviger Trottel sein, aber er ist im Zweifel eben kein Schwabe und kein Sachse.

Da wird der Schwabe vielleicht doch noch eine Weile als Feindbild herhalten müssen! Das Gute an uns: Wir kriegen das meiste davon gar nicht mit, weil wir eh so viel schaffen müssen! Und zu tun haben wir! Von den 2012 über den Länderfinanzausgleich insgesamt umverteilten 7,925 Milliarden Euro zahlte Baden-Württemberg 34 Prozent. Berlin erhielt 3,3 Milliarden Euro, also nur wenig mehr als das, was Baden-Württemberg eingezahlt hat. Man könnte also auch sagen: »Berliner, heul leise, wir müssen für dich arbeiten; stör uns nicht dabei!«

Der Schwabe in der Schweiz

Die Schweiz ist für circa 7000 Schwaben pro Jahr ein erstrebenswertes Auswanderungsland. Diese Zahl wird sich aller Voraussicht nach aber in Zukunft vermindern, denn nach der erfolgreichen Volksabstimmung gegen Masseneinwanderung wollen unsere Nachbarn ja nun etwas genauer hinschauen, wer und wie viele Neubürger da auf sie zukommen.

Sehr interessant in diesem Zusammenhang ist aber, dass dieselbe Partei, die diese Volksabstimmung anzettelte, die Schweizer Volkspartei (SVP), im Jahr 2010 noch einen ganz anderen Vorschlag gemacht hatte. So kam die rechtspopulistische Partei auf die Idee, dass sich Baden-Württemberg doch der Schweiz anschließen solle. Weitere Unterstützung fand dieser Vorschlag in der Schweiz dann allerdings nicht. Vielleicht hatten einige Schweizer gemerkt, dass Stuttgart danach die größte Stadt der Schweiz sein würde und sie Schwäbisch als weitere Amtssprache hätten einführen müssen.

Vielleicht war es aber auch nur eine Idee, um die ständigen Streitigkeiten um den Fluglärm durch Schweizer Flughäfen im Südwesten zu beenden. Für unsere reichen Steuerbetrüger wäre es eine schicke Idee gewesen, denn sie hätten ihr hinterzogenes Geld hübsch im eigenen Land verstecken können.

Aber trotzdem: Versteh einer die Schweizer – die einzelnen Schwaben wollen sie nicht, dafür aber das ganze Bundesland!

Viele Schwaben wiederum mögen die Schweizer: Sie haben Berge, Schnee und frische Luft, sie haben schwäbisches Geld auf ihren Konten und das, was wir noch bei uns haben, holen sich die eidgenössischen Wegelagerer, indem sie uns auf ihrer Autobahn blitzen, die noch schneller fahrenden Schweizer weiterwinken, uns aber dazu zwingen, sofort entweder eine irrsinnige Summe abzutreten oder das Auto stehen zu lassen. Das sind immer die Momente, wo ich mir einen schwäbischen Wilhelm Tell herwünsche, der bearmbrustet durch die nächste hohle Gasse erscheinen möge!

Der Schwabe in den USA

Auch nach Übersee hat es immer wieder Schwaben verschlagen. Dort angekommen, sorgten sie oft dafür, dass die schwäbische Kultur sich nicht völlig im amerikanischen Mischmasch auflöste und teilweise bis heute weiterexistiert.

So gibt es den »San Francisco Schwaben Verein«, der 1881 von sieben (!) Schwaben gegründet wurde. Irgendwann kam der »Schwäbische Liederkranz« dazu, und bis in die 1970er-Jahre wurde sogar das Cannstatter Volksfest in San Francisco gefeiert – wahrscheinlich etwas beschaulicher als das auf dem Stuttgarter Wasen und vielleicht sogar mit amerikanischem Bier (man kennt das: Wasser mit einem Hauch Biergeschmack), aber immerhin.

Die schwäbischen Frauen zogen übrigens bereits 1911 nach und gründeten den »Schwäbischen Frauen Verein«. Für die aktiven Mitglieder wurde eine Kranken- und Sterbekasse eingeführt, wobei penibel darauf geachtet wurde, dass man als aktives Mitglied folgende Kriterien erfüllen musste:

»Jede in Württemberg oder Hohenzollern [heute Baden-Württemberg, der Autor] Geborene oder Abkömmlinge derselben, sowie solche Frauen, deren Männer in Württemberg oder Hohenzollern geboren sind, welche das achtzehnte Lebensjahr erreicht und das fünfzigste nicht überschritten haben, und deren Charakter und Gesundheitszustand unzweifelhaft gut ist.«

Leider finden sich in den Quellen keine genauen Hinweise, wie der gute Charakter definiert wird. Wird sicher irgendwas mit Sauberkeit und Ordnungsliebe zu tun haben.

In Chicago gibt es ebenfalls einen Schwabenverein, der 2013 sogar bereits die 136. Auflage seines Cannstatter Volksfestes gefeiert hat. Ganz stilecht wirbt man auf dem Plakat mit »Live music directly from Germany«: die fidelen Kirchheimer. Na dann – viel Vergnügen!

Im Bundesstaat Arkansas schließlich kann man die Stadt Stuttgart finden – 1878 von einem schwäbischen Auswanderer gegründet. Er hieß Adam Bürkle und stammte aus Stuttgart-Plattenhardt. Hätte er seine neue Stadt »Plattenhardt« genannt, hätte sich das im Amerikanischen sicher zu »Plathard« oder gar zu »Hard Plat« abgeschliffen; mit »Stuttgart« war so was glücklicherweise nicht möglich.

Im Internet lassen sich Bilder dieser Stadt von heute finden. Mit dem großen Bruder im Ländle hat sie natürlich wenig zu tun, weder ein Tiefbahnhof noch ein Fernsehturm machen den Bewohnern Probleme – und vielleicht wissen viele heute gar nicht mehr, wer für den Namen ihres Heimatortes Pate stand, aber immerhin sehen die Straßen sehr sauber aus. Irgendwas ist also vielleicht doch noch hängengeblieben.

Und: Stuttgart Arkansas hat einen eigenen Flughafen, den »Stuttgart Municipal Airport«. Nachdem bei uns gerade entschieden wurde, unseren Flughafen nach dem alten Stuttgarter Bürgermeister Manfred Rommel umzubenennen, bin ich gespannt, ob unsere kleine amerikanische Schwester mit dem »Little-Adam-Buerkle-Airpoertle« nachzieht.

Stuttgart Arkansas bezeichnet sich selbst stolz als »Hauptstadt von Reis und Enten!«; okay, dann sind wir in Schwaben die »Hauptstadt von Preis und Renten«.

Ein Sonntag in New York

Der Inhalt des US-amerikanischen Spielfilms »Ein Sonntag in New York« aus dem Jahr 1963 (ich war damals ein Jahr alt und heillos begeistert!) ist schnell erzählt: Ein amerikanischer Flugkapitän hat ein Wochenende frei und plant ein Stelldichein mit seiner Freundin Mona in seiner New Yorker Wohnung. Da kommt seine kleine Schwester Eileen zu Besuch. Sie ist im Streit vor ihrem Verlobten geflohen, der sie zu Sex vor der Ehe verführen will.

Irgendwann lernt Eileen einen Journalisten kennen, verliebt sich in ihn, geht mit ihm in die Wohnung des Kapitäns. Dort erscheint dann noch ihr Verlobter, um sich bei ihr zu entschuldigen. Flugs wird der Journalist zu ihrem Bruder erklärt, und, als auch noch der Kapitän auftaucht, der zu dessen Copiloten. Am Ende geht der Verlobte leer aus, der Journalist und Eileen finden zusammen, und der Pilot heiratet seine Freundin Mona. Geiler Plot!

Nicht weniger bunt ist das Buch »Ein Sonntag in New York« von Andy Warhol und Truman Capote. Die zwei Stars aus verschiedenen Kunstwelten spazieren durch die Metropole und unterhalten sich dabei über dies und das, vor allem aber über jenes. Die Autoren sind berühmt, und das Lesen ist anstrengend.

Den absoluten Sonntagshöhepunkt in New York aber – zumindest für mich selbst – habe ich persönlich erlebt. Und das gleich zweimal!

Gute Ideen kommen ja oft in einer guten Feierlaune zur Welt. Ich saß nach einem erfolgreichen Auftritt gemeinsam mit dem örtlichen Veranstalter, Thomas Greiner aus Metzingen, zusammen. Er erzählte mir dabei beiläufig, dass er längere Zeit seines Lebens in New York verbracht und in diesem Zusammenhang viele Menschen kennengelernt hätte, die aus Schwaben dorthin ausgewandert seien. Kurz: Er verfüge über einen E-Mail-Verteiler von rund 400 Adressen und überlege sich die ganze Zeit, was er damit einmal anstellen könnte. Ich sagte ihm: »Lass uns doch dort gemeinsam einen schwäbischen Auftritt veranstalten!« Diese Idee haben wir dann immer wieder hin- und hergeschickt, ständig verfeinert, bis wir sie verwirklicht haben: Am 17. November 2004, dem internationalen »Tag der Toleranz«, war es dann so weit, und mein Auftritt fand statt im »Laurie Beechman Theatre« am Broadway.

Obwohl ich zu diesem Zeitpunkt bereits über 20 Jahre Bühnenerfahrung und 15 Jahre Profi-Unterhaltertum auf dem Buckel hatte, war ich vor diesem Termin sehr nervös: Wie würden die Menschen mich aufnehmen? Würden Sie mich nach Jahrzehnten Abwesenheit von meinem Dialektraum überhaupt noch verstehen? Würden denn nur Schwaben oder gar Hessen oder NRW-ler oder andere kommen, die sich über den Umweg Amerika noch schwerer mit meinem Dialekt tun würden?

Vorsichtshalber hatte ich mein ganzes Programm auch in englischer Sprache vorbereitet. Das war natürlich im Vorfeld eine Heidenarbeit, und ich war mir wirklich nicht sicher, ob ein auf Schwäbisch zurechtgedachter Witz übersetzt in eine andere Sprache überhaupt funktionieren kann. Mein Plan war folgender: Ich gehe auf die Bühne, begrüße die Menschen in breitestem Schwäbisch und frage sie dabei: »Hallo, Leutle, saget amole: verstehn ihr mi üborhaubt?«

Die mehrheitliche Antwort würde dann darüber entscheiden, ob ich mein Programm auf breit Schwäbisch, auf ins Hochdeutsch angelehnte Schwäbisch oder gar auf Englisch abliefern würde.

Sensationell waren die Proben am Tag zuvor mit dem amerikanischen Techniker. Ihm musste ich mitteilen, wann er einen Tonzuspieler abfahren, wann er die Lichtstimmung ändern und wann er einen Blackout setzen musste.

Dazu spielte ich ihm die entsprechenden schwäbischen Textpassagen vor. Das hörte sich etwa so an: »James, when you hear that sentence: ›I glaub, i däd mi jetzt a bissle nahlega!‹, then you change the light from very bright to that smooth spot in the corner, got it?«

»Yes, say that again please!«

»I glaub, i däd mi jetzt jetzt a bissle nahlega!«

»Got it, thanks!«

Das sah auf seinem Zettel dann in etwa so aus: »Ee globe ee dade me houts a bees lee nalaygy!«

Diese Aufschriebe von James hab ich mir nach der Show ergattert, aber leider mittlerweile verloren. Ich glaube, sie wären abgedruckt ein Verkaufsrenner!

Es nahte der Abend der Vorstellung, ich betrat die Bühne und fragte das Publikum wie geplant: »Hallo, Leutle, saget amole: verstehn ihr mi üborhaubt?«

Daraufhin schallte es von allen Seiten wild übereinander: »yes!«, »ja«, »ha freilich!« und so weiter.

In Sekundenschnelle fiel der weise Entschluss, das Programm in breitem Schwäbisch durchzuziehen. Dabei stellte sich eine ungewohnte Situation dar: Immer dann, wenn das Programm spezielle schwäbische Worte, Idiome oder Ausdrücke enthielt, die die Menschen seit Jahrzehnten zwar im passiven Wortschatz gespeichert, aber eben seit ewiger Zeit nicht mehr verwendet hatten, musste ich das Programm oft minutenlang unterbrechen, bis alle der 300 Besucher es mindestens einmal nachsprechen konnten. So schallten Worte und Ausdrücke wie »Schofseckel«, »dui Plohder«, »dui daub Schelle dui daub«, »zahl dei Sach, no brauchsch de net bedanke« und dergleichen kreuz und quer und hin und her durch den Theatersaal. Dann wurde für Sekunden ich zum staunenden Zuschauer, und meine Zuschauer übernahmen das Abendgeschehen, das war kolossal, beeindruckend und natürlich für mich völlig ungewohnt.

Ungewohnt auch, als ich in meinem Programm auf den damals üblichen Programminhalt »Bush-bashing« kam; George W. Bush galt bei uns in Deutschland damals als grenz-fanatischer, unbelehrbarer Kriegstreiber, und es war auf deutschen Kabarettbühnen gang und gäbe, ihm mindestens zehn hämisch-witzige Minuten zu widmen. Da kannten dann meine schwäbischen Landsleute plötzlich kein Erbarmen mehr, da war es schlagartig aus mit der Sympathie zu mir. Sie waren mit Haut und Haaren zu Amerikanern geworden, offenbar zu besseren als die Kaugummi kauenden Originale selbst und wollten es partout nicht zulassen, dass ihr gerade erst im Amt bestätigter Präsident kritisiert wird. Plötzlich schallte ein regelrechter Regen aus Buhrufen auf mich herab, sodass ich das bei mir daheim so erfolgreiche und heftig belachte »Auf-den-Bush-Klopfen« wirklich erschreckt aus dem Programm fallen ließ und dahinter mit – für Amis – harmloseren Themen wieder einsetzte.

Nach dieser Vorstellung klopfte mir mein amerikanischer Techniker James, der seine Arbeit wirklich gut gemacht hatte und dem trotz fremder Sprache nicht mehr Fehler unterlaufen waren, als ich es von deutschen Technikern gewohnt war, auf die Schulter und sagte: »I didn't unterstand one word, but, man, you killed them!«

Und ein älterer Herr trat auf mich zu und sagte in herrlichem Kauderwelsch: »Mischder Sonntag, ei tell you wat! I keim over to Amerika – wann war des nomal gschwend, wait, wait, i hans glei, jetzat: 1972! And ei have my ganz Läbe net so glachet wie heut Abend!«

Vier Jahre später wiederholten wir das Abenteuer im »Helen Mills Theater«, ebenfalls am Broadway. Diesmal hatten wir noch einen Koch mitgenommen, der unsere Besucher vor der Show mit schwäbischen Maultaschen und Kartoffelsalat überraschen sollte und, weil wir nicht sicher waren, ob wir alle Zutaten dazu in Amerika bekommen, haben wir diese auf die Reisegruppe verteilt im Koffer versteckt. Die Reiseagentur Brandner in Fellbach, die sonst vor allem Individualreisen in die schönsten Gegenden der Welt wie Hawaii, Mauritius und dergleichen veranstaltet, hat eine Reise nach New York aufgelegt, an der viele Menschen teilgenommen haben. So habe ich diesmal auf eigene Faust zusätzlich schwäbische Fans mit nach New York gebracht.

Dieser Auftritt war bereits am Wochenende vor unserer Abreise ausverkauft, sodass ich Plakate mit meinem Gesicht, meinem Programmtitel, der Spielstätte und einem roten darüber geklebten Störer, der »sold out« bekundete, überall in New York aufgehängt habe; das war mein Zeitvertreib bis zur Show, vor der ich diesmal, nach meinen Erfahrungen von 2004, zu Recht überhaupt keine Angst mehr hatte.

Zu dieser Show hatte sich eine Gruppe älterer schwäbischer Damen aus Long Island einen Bus gemietet, um gemeinsam nach Manhattan zu kommen. Zum Ende meiner Show stand ich noch mit den wenigen Büchern, die ich im Koffer mitnehmen konnte, unten an einer Art improvisiertem Büchertisch.

Die ganze Reisegruppe war schon wieder oben am oder im Bus, bloß eine Dame namens Erna konnte sich nicht entscheiden, nahm ein Buch in die Hand, blätterte unschlüssig darin, legt es wieder hin, ergriff ein anderes und so weiter, bis eine Kollegin von oben von der Treppe herunterrief:

»Erna, kamm!«

Antwort nach oben: »Yes! Glei ...!«

Nach wenigen Sekunden wieder: »Erna, ka-hamm!«

Antwort nach oben: »Yes, wart halt gschwend no ...!«

Dann wieder: »Erna, kamm doch endlich!«

Erna (gereizt): »Was soll denn des Gedrängel! Why go we eigentlich so soon?«

Von oben (energisch): »Because se Bus wird teurer when we schday longer!«

Ich habe diese Geschichte schon oft erzählt, und kaum jemand kann glauben, dass sie wirklich so geschehen ist. Es soll mich auf der Stelle eine Straßenbahn überfahren, wenn es nicht stimmt! Großartig! Wir Schwaben kriegen auch den Big Apple klein!

Die Weltgeschichte auf Schwäbisch

Schwaben hat viele große Köpfe hervorgebracht, die die Welt bereichert haben. Aber vieles hätte auch anders – und oft besser – laufen können, wären noch mehr weltgeschichtlich relevante Personen Schwaben gewesen. Bei manchen allerdings muss man auch zu der Folgerung kommen, dass sie schwäbisches Blut in den Adern haben mussten, denn sonst wären ihre Leistungen wohl kaum möglich gewesen. Begeben wir uns also nun auf einen Gang durch die Geschichte und betrachten einige ausgewählte Personen und Ereignisse aus dem schwäbischen Blickwinkel. Sind Sie bereit? Wohlauf!

Biblische Geschichte(n)

Nehmen wir uns erst einmal die Bibel vor. Schon bei Gott selbst sehen wir einige Anlagen, die dem schwäbischen Typus entsprechen – auf jeden Fall war er sehr schaffig, hat er doch in gerade mal sieben Tagen die Welt erschaffen. Und er war erfindungsreich, denn um die ganzen Tier- und Pflanzenarten zu kreieren, muss man doch ein gewisses Tüftlergen in sich tragen.

Gut, allerdings hat Gottvater dann wiederum den Sonntag zum Ausruhen bestimmt – wäre er ein waschechter Schwabe, hätte er hier wohl auch noch was getan, was zwar keiner mitkriegt, aber doch dringend mal »weggschafft« werden muss, zum Beispiel den Keller aufräumen oder die marderalten Kleider, die kein Mensch mehr tragen kann, in den Kleidersack der Caritas stecken oder so was.

Aber spätestens bei Adam müssen wir ganz klar feststellen: Der muss ein Schwabe gewesen sein! Adam saß nämlich nach einer Weile gelangweilt im Paradies herum. Es gab nix zu tun, denn Gott hatte ja alles perfekt eingerichtet, und Adam konnte nicht einmal sein Auto waschen, denn das war ja noch nicht erfunden.

So wurde es Adam dann mit der Zeit doch sehr dröge, und er fragte Gott, ob er ihm nicht jemanden machen könne, der nett, schön und intelligent und zum Liebhaben sei.

Gott dachte einen Moment nach und antwortete dann: »Sicher kann ich das! Aber dafür brauche ich allerdings deinen rechten Arm und dein linkes Bein!«

Adam überlegte kurz und fragte dann: »Was kriege ich denn für eine Rippe?«

Tja, manchmal geht die schwäbische Sparsamkeit halt auch nach hinten los. Nein, wir wollen jetzt nicht überlegen, was man für den Arm und das Bein hätte bekommen können! Gut, für seine im Urparadies wahrhaftig gewordene Sparsamkeit (»I geb bloss des her, was i sicher nemme brauch!«) büßt der einzelne Mann bis heute. Mir sagte mal einer in der Kneipe zum Thema »heiraten«: »'s isch halt so: oine isch zviel und koine isch zwenig.«

Schön ist auch der schwäbische Schmäh: »Er wär scho recht, aber sui!« Bei anderen erfüllen sich die biblischen Wahrsagungen so gar nicht: »Es steht geschrieben, es soll kommen eine große Dürre, und was kam? Eine kleine Dicke!«

Aber nun will ich wirklich damit aufhören, die Feministen und Frauen gegen mich aufzubringen; das sind natürlich alles nur Witze, und diese sind selbstverständlich auch immer auf das andere Geschlecht anwendbar. Zur Ausgeglichenheit noch zwei in die andere Richtung: Viele Männer halten sich für wohlerzogen, wenn sie nicht mit vollem Mund reden, zögern aber keine Sekunde, es mit leerem Kopf zu tun! Und was macht die Frau, wenn sie ihren Mann im Garten torkeln sieht? Noch mal schießen. Schluss jetzt!

Weitere Figuren aus der biblischen Geschichte, die was vom Schwaben hatten, sind die Heiligen Drei Könige: Sie schenkten Gold, Weihrauch und Myrrhe. Einer von denen war definitiv kein Schwabe; welcher schwäbische Heilige würde schon Gold verschenken? Gold ist etwas, an dem sich jeder Schwabe erfreuen kann. Aber natürlich nicht dann, wenn es flüssig gemacht und gegen ein besseres Leben eingetauscht wird, und schon gar nicht, wenn es die Frau um den Hals trägt! Nein, es muss unten in der Garage hinten im versteckten Wandtresor lagern! Dann sieht es der Schwabe nicht, weiß aber, dass es da ist, und das macht ihm ein besseres Gefühl. Ich rate Freunden immer, wenn sie gerade aktuell wirtschaftliche Probleme haben, sich einfach vorzustellen, sie hätten in der Garage einen Tresor, in dem fünf Kilogramm reines Gold lagern. Und schon geht es ihnen besser. Kein Schwabe würde sein

Gold, selbst in schlimmsten wirtschaftlichen Schieflagen nicht, aus dem Tresor nehmen! Kurz: Es ist völlig egal, ob er es hat oder nicht!

Die anderen Könige waren von uns; irgendwelches Kraut aus dem eigenen Schrebergarten wie Weihrauch oder Myrrhe zupfen und dann auch noch von der Frau Königin für das saubere Vorgärtle gelobt werden, das ist schwäbisches Win-win!

Auch Noah kann nur ein Schwabe gewesen sein! Ein Tüftler, der es schafft, aus Holz, das er nicht bezahlen, sondern bloß schlagen und bearbeiten muss, eine cw-Wert-freundliche Arche mit erneuerbarem Energienantrieb zu bauen, auf die ein Paar von jeder Tiersorte passt, muss einfach schwäbische Gene haben. Man würde ihn allerdings im Nachhinein doch mal fragen, warum er unbedingt die Schnaken, Zecken und Haushunde mitnehmen musste.

Eindeutig ein Schwabe ist auch Samson. Sehr sparsam! Ging nicht zum Friseur! Und hat die Geldersparnis als Stil verkauft, was ihn wiederum so stark machte, dass nicht mal mehr sein auffälliger Dialekt ins Gewicht fiel! Und als ihm dann eine Frau die Haare abschneiden ließ, ging's bergab. Kann er sich wieder bei Adam bedanken. Am Schluss hat er aber doch noch mit einem kräftigen Ruck an zwei Säulen einen Tempel zerstört, den er vorher weder bauen noch finanzieren musste. Und dem lästigen Wiederaufbau oder Diskussionen um Reparationszahlungen hat er sich durch den dadurch erfolgten eigenen Tod listig entzogen! So ischs recht!

Das schlaue Schlitzohr König David könnte durchaus Schwabe gewesen sein. Allerdings mit etwas südländischem Blut! Er verliebte sich in die verheiratete Batseba, was natürlich auch einem anderen, attraktiven Schwaben hätte passieren können. Sie aber dann zu schwängern, da war er einfach nicht vorsichtig genug. Mensch Kerle, was des koschd uff lange Sicht! Ihren Gatten, einen General, schaffte er aus dem Weg, indem er ihn in die Schlacht schickte. Kam nicht zurück, David nimmt sich der »trauernden« Witwe an – Plan aufgegangen! Saubor!

Moses hat das Rote Meer geteilt. Was aussieht wie ein Wunder, war lediglich ein besonderes Meisterstück schwäbischer Ingenieurskunst!

König Salomo war ja für seine Weisheit bekannt. Jeder weiß um die Geschichte, wie er einst den Streit zwischen zwei Frauen schlichtete, die beide behaupteten, Mutter desselben Kindes zu sein. Er meinte, man solle das Kind in der Mitte mit dem Schwert teilen und jede bekäme ein halbes Kind. Eine der Frauen sagte dann, die andere solle es haben, es dürfte aber auf keinen Fall getötet werden. Da wusste Salomo, wer die wahre Mutter war, und sprach ihr das Kind zu.

Tja, und ganz eindeutig ist Salomo damit Vorfahre eines anderen großen schwäbischen Schlichters, nämlich von Heiner Geißler! Der hatte doch im Falle von Stuttgart 21 zwischen zwei ähnlich emotionalen Parteien vermittelt – und das auch mit großer Ruhe und Weisheit. Okay, Stuttgart 21 ist halt etwas komplexer, und die Idee, den Bahnhof zu zerteilen und die eine Hälfte oben zu lassen und die andere unten zu bauten, kam nicht wirklich in die engere Wahl!

Verlassen wir nun den biblischen Bereich und begeben uns in zumindest teilweise gesicherte Historie.

Diogenes in der Tonne

Wir müssen nicht lange suchen, denn schon unter den antiken Philosophen finden wir einen Schwaben – den legendären Diogenes von Sinope. Im Gegensatz zu anderen Denkern seiner Epoche führte Diogenes sein Leben nach seinen eigenen Grundsätzen und stellte diese nicht nur als Theoriegebilde zur wissenschaftlichen Diskussion.

Er lebte ohne besondere Bedürfnisse oder Ansprüche und verachtete jene, die mit ihrem Reichtum protzten (ganz schwäbisch!). Bekannt wurde er vor allem dadurch, dass er sich in einer Tonne häuslich niedergelassen haben soll. Hier kommt das schwäbische Element ganz klar durch – arm ja, aber wenigstens ein Eigenheim muss sein!

Originell und halsstarrig war er natürlich auch – so soll er einmal auf offener Straße onaniert haben. Als die Leute sich darüber aufregten, soll er gesagt haben, es wäre schön, wenn er andere Bedürfnisse wie Essen und Trinken ähnlich leicht befriedigen könne.

Auch sein Verhalten gegenüber der Obrigkeit war von wenig Unterwürfigkeit geprägt, man denke dabei an Friedrich Schiller und die Stuttgarter Montagsdemonstranten; denn als Alexander der Große einst vorbeikam und ihn fragte, was denn sein größter Wunsch sei, so antwortete er wahrscheinlich deshalb, weil er damals schon Solarzellen auf der Tonne hatte und das kW-Ergebnis nach dem damaligen Einspeisevergütungsgesetz an diesem sonnigen Tag nicht durch einen dämlichen Herrscher versaut wissen wollte: »Geh mir aus der Sonne!«

Sein Verhältnis zur Erotik war, wie beim Schwaben auch, eher pragmatisch geprägt: Den Geschlechtsverkehr sah er als Notwendigkeit zum Überleben des Menschen an. Oder wie heißt es doch so schön: der schwäbische Orgasmus – sodele, jetzetle. Da wird keine Zeit mit überflüssiger Romantik vergeudet, schließlich hat man außer der schönsten Sache der Welt auch noch ordentlich im und ums Haus zu tun!

Kaiser Nero

Bei diesem prominenten Herrscher wird man sehen, dass bei ihm mehr schwäbische Anteile eindeutig von Vorteil gewesen wären! Das Bild, das wir vom legendären römischen Kaiser, 37 bis 68 n. Chr., haben, wurde sicher vor allem vom legendären Historienschinken »Quo vadis« geprägt, in dem Peter Ustinov eine großartige Performance ablieferte: ein wankelmütiger, eher den Künsten denn der Politik zugeneigter Herrscher, dessen Geisteszustand ihn heute irgendwann zu einem Patienten einer geschlossenen psychiatrischen Anstalt gemacht hätte – oder auch zum Darsteller einer Realitysoap eines deutschen Privatsenders!

Obwohl nicht alles stimmte, was im bunten Filmepos so gezeigt wurde; Nero war sicher kein Mensch, der auf der Liste der Leute, mit denen man gerne allein auf einer einsamen Insel ausgesetzt werden würde, ganz oben stünde. Wahrscheinlich trug er das Unheil schon in den Genen, denn seine Mutter Aggripina war eine Schwester des Kaisers Caligula, dem man ja auch schon einen leichten Hang zu abseitigem Verhalten nachsagte.

Durch seine Mutter stark gefördert, wurde Nero im Jahre 54 selbst römischer Herrscher. Wir wissen nicht, wie positiv Agrippina dieser frühkindlichen Fördermaßnahme fünf Jahre später noch gegenüberstand, als Nero sie töten ließ, aber wie so oft gilt: Im Nachhinein ist man immer klüger. Wobei hier der Spruch: Kein Grund, den Kopf hängen zu lassen, für Aggripina nicht ganz so passend wäre.

In den ersten Jahren machte Nero seine Sache noch ganz ordentlich, aber dann ging es nach und nach bergab mit ihm. Zum tragischen Höhepunkt kam es schließlich in der Nacht vom 18. auf den 19. Juli im Jahre 64 n. Chr., als in einem gewaltigen Feuer zehn von 14 Stadtteilen Roms ganz oder teilweise niederbrannten. Nun gab es einige – auch einflussreiche – Zeitgenossen, die Nero als Brandstifter sahen: Als Grund wurde gemunkelt, Nero wolle Rom viel größer und schöner wieder aufbauen und habe dafür halt erst einmal Tabula rasa machen müssen.

Im Film begleitet Peter Ustinov den Brand singend mit den Worten: »Flammen, verzehrt es wie im Feuerofen!«

Okay, in Wahrheit war Nero wohl zu dieser Zeit gar nicht vor Ort, sondern 50 Kilometer entfernt von Rom, aber es passt halt so schön ins Bild des durchgeknallten Despoten! Auf jeden Fall musste die Stadt nun in großem Stil wieder aufgebaut werden – und das kostete natürlich einen Haufen Geld. Gemeinden und Privatleute mussten deshalb Spenden aufbringen, es wurden Provinzen und Tempel geplündert, um das Ganze zu finanzieren, was den römischen Herrscher bei seinen Untertanen auch nicht wirklich sympathischer machte.

Allzu lange halten konnte er sich dann nicht mehr – im Jahre 68 wurde er schließlich als Kaiser abgesetzt und beging Selbstmord. Jaja, gegen die Intrigenspiele der römischen Politik wirkt sogar unsere Große Koalition wieder wie eine gemütliche Kuschelrunde, in der man sich

Horst Seehofer dennoch als gewieften römischen Intriganten vorstellen könnte.

Wäre Nero nun Schwabe gewesen, so hätte alles wohl ein besseres Ende genommen. Man stelle sich vor, der Anblick Roms hätte ihn tatsächlich so angewidert, dass er einen Neuaufbau als unausweichlich betrachtet hätte – als Schwabe wäre ihm sicher folgender Plan in den Sinn gekommen:

Zuerst gründet er eine staatliche Bausparkasse und macht all seinen Untertanen in Rom den Abschluss eines Bausparvertrags schmackhaft. In großen Werbekampagnen zeigt er ihnen, wie sie schon bald aus ihren ärmlichen Hütten schicke Eigenheime machen können. Die Bürger zahlen kräftig ein, und als die Verträge zuteilungsreif sind, machen sie sich ans Werk. Natürlich müssen sie noch weitere Kredite aufnehmen – vornehmlich bei der Landesbank Rom. Außerdem erleben die örtlichen Handwerker einen Boom (damals war das Problem der osteuropäischen Billiglöhner noch nicht so groß, da man in diesen Gegenden erst kürzlich den Faustkeil erfunden hatte!). Diese Handwerker zahlen natürlich auch wieder fleißig Geld in die Staatskasse, sodass genug Sesterzen da ist, um die Herrscherpaläste repräsentativ neu entstehen zu lassen.

Am Ende haben alle ihre schicken Häuschen – die Bürger, die Handwerker – und die Herrschenden sind glücklich. Zudem kann Rom das Modell der Bausparkasse noch in die weite Welt hinaus exportieren. Kein Feuer, kein früher Tod – tja, Nero, wärsch halt oiner von ons gwä! Sälbor schuld!

Noch ein böser Witz zum Schluss der Nero-Betrachtung, den mir mal ein Badener erzählt hat: Warum hat Nero Rom angezündet? Weil es damals Stuttgart noch nicht gab. Haha.

Ich habe geantwortet: Mit Blick auf unsere Großbaustellen weiß man im Moment ohnehin nicht, ob man die Situation vor oder nach einem Großbrand vor Augen hat!

Leonardo da Vinci

Kommen wir nun zu einem Mann, der auf jeden Fall ein echter Schwabe gewesen sein muss. Das Multitalent Leonardo da Vinci (1452–1519) war ja nicht nur ein großartiger Maler, der Mona Lisa bildlich festhielt, sondern unter anderem auch ein herausragender Erfinder. Einige halsstarrige Historiker mögen jetzt behaupten, dass da Vinci doch eindeutig Italiener gewesen sei, aber das ist natürlich Quatsch! Historischen Quellen zufolge war er nämlich 1,94 Meter groß! Ein Italiener? Also, bitte!

Leonardo war ein findiger Ingenieur, der seiner Zeit weit voraus war. Sigmund Freud beschrieb ihn einmal wie folgt: »Er glich einem Menschen, der in der Finsternis zu früh erwacht war, während die anderen noch alle schliefen.«

Auch das ein klarer Hinweis auf das Schwäbische in ihm, denn der Schwabe verpennt den Tag schließlich nicht, sondern steht zeitig auf, weil es ja immer was zu schaffen gibt. Wir mussten als Kinder in der Jungschar folgendes Lied trällern, das ich heute noch als das große schwäbische Halleluja bezeichne:

»Wer nur den lieben langen Tag ohne Plag, ohne Arbeit vertändelt, wer das mag, der gehört nicht zu uns! Wir stehn des Morgens zeitig auf, hurtig mit der Sonne Lauf, sind wir, wenn der Abend naht, nach getaner Tat, eine muntere, fürwahr, eine fröhliche Schar!«

Im Bereich der Erfindungen war es Leonardos großes Ziel, Dinge zu erschaffen, die den Menschen bei seiner Arbeit entlasteten – da passt er doch ganz ausgezeichnet in das Bild des schwäbischen Tüftlers. Wir wollen nicht verschweigen, dass er auch die Kriegsführung verbessern wollte und an modernen Waffen arbeitete – von daher muss einer seiner Nachfahren vielleicht dann die Waffenschmiede Heckler & Koch gegründet haben!

Auch der Schneider von Ulm könnte von Leonardo abstammen, denn selbst Fluggeräte, die den heutigen Hubschraubern ähneln, gehörten in Leonardos Repertoire. Die Flugversuche – und das hat er mit dem Schneider von Ulm gemein – scheiterten aber noch. Allerdings war Leonardo etwas klüger als der Ulmer Flugpionier, denn er ließ die Versuche von seinem Assistenten Tommaso Masini durchführen, der sich dabei ein Bein und einige Rippen brach. Merke: Gefährliche Arbeiten sourct der Schwabe gerne auch mal out!

Über Leonardos Kreationen und Taten sind ja schon viele Bücher geschrieben worden, daher will ich es an dieser Stelle mal belassen. Auf jeden Fall dürfte klar geworden sein, dass wir es hier mit einem Urahn all der Würths und Fischers und Boschs und Daimlers zu tun haben! Leonardo Italiener? Lächerlich!

Kolumbus

Auch bei Christoph Kolumbus (wahrscheinlich 1451–1506) kann man den einen oder anderen schwäbischen Zug im Psychogramm entdecken. Kolumbus hatte sich in den Kopf gesetzt, den westlichen Seeweg nach Indien (bzw. China) zu finden. Hier zeigt sich die auch beim Schwaben oft gefundene Eigenschaft, ausgetretene Pfade zu verlassen, um etwas Neues zu entdecken. (Schwaben waren ja auch in den 1960er-Jahren die Ersten, die auf dem Weg an die Adria mit ihrem 34-PS-Boxermotor-Käfer die mautfreien Umgehungsstraßen gefunden haben!)

Kolumbus stand vor folgender Sachlage: Der Landweg nach Osten war durch das Osmanische Reich blockiert, welches gerade für Luxusgüter hohe Zölle forderten. Da fielen ihm besagte Passstraßen über die Alpen ein, und er dachte ganz schwäbisch: »Schad ums Geld, dess muss au anders gange!« Und, noch cleverer und ganz nach dem Motto: »Warum sich selber in Schulden stürzen, wenn man doch andere schröpfen kann?«, blieb Kolumbus so hartnäckig, bis er schließlich vom spanischen Hof finanzielle Unterstützung zugesagt bekam.

Zusätzlich sicherte sich der knitze Kolumbus im dann aufgesetzten Vertrag auch gleich noch zehn Prozent der Profite aus dem Verkauf der Waren, die er an den Hof bringen würde. Außerdem sollte er Statthalter neu gefundener Gebiete werden und den Titel »Admiral der Weltmeere« erhalten. Der Verdacht, Kolumbus sei vielleicht sogar ein ganzer Schwabe gewesen und habe die italienische Herkunft nur als Tarnung angenommen, wird immer größer. Immerhin gab es stets Kontroversen um seine genaue Abstammung, und vielleicht hat sich Kolumbus ja auch deshalb selbst nur nebulös dazu geäußert, weil er weder Italiener noch Spanier noch Portugiese war, es sich aber – aus geschäftlichen Gründen – mit keinem von ihnen verderben wollte!

Auf jeden Fall konnte die erste große Reise schließlich im August 1492 beginnen, und im Oktober betrat er zum ersten Mal den Landboden der Neuen Welt, wo er auch auf Eingeborene traf und sehr schnell einen Handel mit ihnen begann. Die Idee, den Eingeborenen für Baumwolle und andere nützliche Waren einfach Glasmurmeln anzudrehen, halte ich dagegen für die italienische Art. Wir hätten den Eingeborenen die Glasmurmeln auf Kredit angeboten; fünf Prozent Disagio, zwölf Prozent Zins, Laufzeit 400 Jahre.

Kolumbus wurde später bei seiner Heimkehr als großer Held gefeiert. Er machte weitere Reisen und weitere Entdeckungen. Später ging es dann bergab mit ihm, aber das eint wohl alle Großen der Geschichte. In diesem Augenblick, liebe Leserin, lieber Leser, lassen Sie uns für einen Moment zusammen glücklich sein, dass wir alle nicht zu den ganz Großen zählen! Wir Schwaben gehören zwar zu den Größeren, aber darum dreht sich ja schließlich dieses ganze Buch, und dieses Aussage dürfte Sie deshalb an dieser Stelle auch nicht mehr allzu sehr überraschen, gell?

Bis zu seinem Tode glaubte Kolumbus daran, den westlichen Seeweg nach Indien gefunden zu haben. Eine gewisse Sturköpfigkeit ist ihm darum nicht abzusprechen, die man den Schwaben ja durchaus auch ab und zu nachsagt.

Ludwig XIV.

Bei diesem Herrn fällt es erst einmal schwer, irgendwelche schwäbischen Anteile auszumachen, steht er doch wie kein anderer für den Absolutismus, für Prunk und Pomp und ambitionierte Bauwerke wie das Schloss von Versailles. Allerdings muss man bedenken, dass am Ende seiner Amtszeit Frankreich das reichste Land Europas war und über eine beeindruckende Wirtschaftskraft verfügte.

Seinen Nachfolgern lief das Ganze dann allerdings etwas aus dem Ruder. Sie zeigten erst eine gewisse Kopflosigkeit in Sachen Staatsfinanzen und schließlich auch ganz allgemein. Ein Schwabe weiß immer: Das Volk gönnt den Mächtigen Wohlstand, wenn es ihn auch selber spürt. Man denke hier wieder an die Porsche-Sonderzahlungen für seine Mitarbeiter. Ein Satz wie der von Marie-Antoinette, wenn das Volk kein Brot mehr habe, solle es halt Kuchen essen, kann einen dann halt gern auch mal das Leben kosten!

Marie-Antoinette war also sicher keine Schwäbin, sie war nicht mal Französin, sondern Österreicherin. Damit wäre ja einiges klar – sie hat das Problem nicht begriffen.

Die amerikanische Unabhängigkeit

Auch führende Köpfe der amerikanischen Unabhängigkeitsbewegung könnten durchaus Schwaben gewesen sein – bei diesem Mischmasch, der sich in den USA entwickelt hat, weiß man das ja nie genau. Die ursprünglichen Kolonien standen unter der Fuchtel des Mutterlandes Großbritannien. Aber als man dort versuchte, immer mehr Steuern aus den Gebieten der Neuen Welt rauszuziehen, schwoll den dortigen Siedlern der Kamm. Sie hatten nichts mitzuentscheiden, sollten aber zahlen. Genau das, was die Montagsdemonstranten über Stuttgart 21 sagen! Das sah man nun ganz und gar nicht ein und verlangte: »No taxation without representation!« – auf Schwäbisch: »Mir zahlet nix, wenn mr nix zom sage hen!«

Montagsdemos gab es zwar dann in den Kolonien noch nicht, aber andere Proteste. Legendär natürlich die Tea Party, als die Kolonisten die Teeladung eines englischen Schiffes wegen der hohen Teesteuer ins Wasser warfen.

Gut, hier hätten echte Schwaben sicher einen Weg gefunden, den teuren Tee nach der Protestaktion aus dem Wasser zu fischen, zu trocknen und als »100% sea-salt added premium first flush« zum doppelten Preis zu verhökern. Der Konflikt eskalierte weiter und führte dann zum Unabhängigkeitskrieg, der schließlich mit der Loslösung von England und der Gründung der USA endete.

Leider sind die schwäbischen Elemente (Starrköpfigkeit, Freiheitsliebe und Einfallsreichtum), die diesen Freiheitskampf beförderten, im Laufe der Jahrhunderte in den USA etwas verloren gegangen. Bei den letzten US-Präsidenten hat sich nur noch ein schwäbischer Charakterzug durchgesetzt: die Sparsamkeit! Obama sparte sich Erklärungen zur NSA, Bush sparte sich echte Beweise für Massenvernichtungswaffen im Irak, und Bill Clinton sparte sich die korrekte Verwendung seiner Zigarre.

Abraham Lincoln

Diesen amerikanischen Präsidenten will ich aber noch mal extra erwähnen. Er hätte auch ein schwäbischer Unternehmensführer sein können! Lincoln schaffte die Sklaverei ab, denn er wusste schon: Der Mensch arbeitet viel besser und williger, wenn man ihn ordentlich dafür bezahlt und gut dabei behandelt. Eines der Erfolgsgeheimnisse der schwäbischen Weltmarktführer ist ja schließlich auch das gute Klima im Unternehmen.

Sein Ende kam dann allerdings ganz unschwäbisch und durch einen dummen Zufall: »Mir ist so langweilig. Lasst uns mal wieder ins Theater gehen.« Dies ist kein belegtes Zitat, muss aber so ähnlich gelaufen sein. Ein schwäbischer Unternehmer hätte für solche Kinkerlitzchen keine Zeit gehabt! Der geht nicht ins örtliche Theater, sondern sponsert den Bau der Stadthalle und lässt sie dafür seinen Namen tragen!

Charles Darwin

Ob Darwin selbst ein Schwabe war, weiß ich nicht, aber er muss hier aufgeführt sein. Denn der berühmte Forscher begründete die Evolutionstheorie – und erklärte schon damit den Erfolg der Schwaben bis heute, denn auf keinen anderen passt sie besser als auf den Schwaben! Darwins These lautete ja, dass in der Natur nicht der Stärkste, sondern der Bestangepasste durchkommt. Die Dinosaurier würden das bestätigen, wenn sie könnten. Vielleicht müsste man heute eher die Kakerlaken fragen!

»Survival of the fittest« – passt auch ganz hervorragend auf den Schwaben, der sich unter widrigen Bedingungen immer wieder ausgezeichnet an neue Herausforderungen anpassen kann, um vorne dabei zu sein.

Gorbatschow

Wir alle verehren Gorbatschow sehr, weil durch seine Politik erst die deutsche Wiedervereinigung möglich wurde. Viele Spötter sagen: Ohne seine hervorragende Politik wäre uns viel erspart geblieben, aber das bleibt unter uns. Schlecht ist sein Ansehen im heutigen Russland. Viele Menschen dort machen ihn nämlich verantwortlich für den Niedergang der Sowjetunion und die herablassende Haltung des Westens gegenüber der einstigen Supermacht.

Daher kommen ja viele der heutigen Probleme: Auf einen Putin, der seinem Volk den Traum von einstiger Größe zurückgibt, haben viele nur gewartet. Hätte sich Gorbatschow halt mal ein bisschen geschickter angestellt! Okay, er hat ein paar Milliarden D-Mark für den Abzug der Roten Armee aus Ostdeutschland bekommen, aber als Schwabe hätte er entschieden mehr herausgeholt!

Man stelle sich nur vor, er hätte Kohls legendäre Strickjacke verlangt, die der deutsche Kanzler damals bei der geschichtsschwangeren Einigung im Kaukasus getragen hatte! Was hätte man damit alles machen können! Gorbatschow hätte Christo einladen können, damit den Kreml zu verhüllen und Moskau zu einer neuen Kunsthauptstadt zu machen! Die Menschen hätten ihn für diesen genialen Einfall gefeiert!

Und mit den Resten der Jacke hätte man immer noch die gesamte Bevölkerung Sibiriens mit wärmenden Decken versorgen können!

Tja, Chance vertan!

Napoleon, Sarkozy, Lafontaine: drei kleine Franzosen (oder sagen wir: zumindest 2 ½ ...)

Natürlich war Lafontaine kein Franzose, aber das Saarland liegt so nah an der Grenze zu Frankreich, und der ehemalige SPD-Vorsitzende passt von Größe und Habitus so gut zu den beiden anderen, dass ich ihn hier einfach mit einreihen musste. Und, er wurde ja auch von vielen »Saar-Napoleon« genannt!

Vor allem soll hier aber gezeigt werden, dass diesen Dreien ein bisschen Schwabentum gut getan hätte. Alle drei hatten einen schnellen Aufstieg: Napoleon war der jüngste General, Lafontaine der jüngste Oberbürgermeister und Sarkozy der jüngste, Verzeihung: kleinste Präsident!

Von Sarkozy stammt die Anordnung, dass seine Leibwächter nicht größer sein sollten als er selbst. Da hatte es Napoleon noch besser – der war zwar auch klein, saß aber meistens auf einem Pferd. Und das hätte doch komisch ausgesehen, wenn Sarkozy Angela Merkel auf einem Gaul empfangen hätte!

Was alle drei noch gemein haben, ist, dass irgendwann der Größenwahn mit ihnen durchging. Sie wollten Dinge erreichen, die dann der Anfang vom Ende für ihre Karrieren waren. Napoleon wollte Russland erobern, Sarkozy Carla Bruni und Lafontaine die Bundespolitik. Die letzteren beiden erreichten ihre Ziele zwar für kurze (Lafontaine) oder lange Zeit (Sarkozy), aber heute sind sie auch in die Asservatenkammer der Geschichte weggeräumt worden.

Was lehrt uns das? Wären sie Schwaben gewesen, so hätten sie die Situation realistischer eingeschätzt und manches anders gemacht. Das ist nämlich auch eine Eigenschaft, die den Schwaben auszeichnet: Er strebt zwar nach hohen Zielen, kann aber durchaus einschätzen, wann man einen Rückzieher macht.

Napoleon hätte gewusst, dass es in Russland mindestens so kalt wie auf der Schwäbischen Alb ist, und kein

Mensch käme auf die Idee, auf der Schwäbischen Alb einzumarschieren. Er hätte stattdessen zahlreiche Franzosen nach Berlin eingeschleust und so die Macht in Preußen übernommen. So wie wir Schwaben das in den letzten Jahren gemacht haben. Somit hätte er auch keine Angst vor Russland haben müssen.

Sarkozy hätte eine bodenständige Frau gesucht, die gut kochen kann und sonst im Hintergrund bleibt und ihm den Rücken zum Regieren frei hält: Lothar Späth, Erwin Teufel und Winfried Kretschmann haben schließlich auch keine Models geheiratet!

Und Lafontaine wäre vielleicht am besten gar nicht in die Politik gegangen, sondern hätte realistisch festgestellt, dass er besser was ganz anderes macht, was seinen Fähigkeiten entspricht, nämlich … äh … na ja … hm …

Kim Yong Un

Wir müssen nun leider zugeben, dass auch die eine oder andere negative Figur der (Zeit-)Geschichte schwäbische Vorfahren haben muss: Der junge Diktator des bizarren Staates Nordkorea gehört anscheinend dazu. Beleg dafür ist die Tatsache, dass er vor kurzer Zeit anordnete, dass alle Studenten in seinem Land die gleiche Frisur wie er zu tragen hätten – den sogenannten Undercut, sprich: oben lang und unten kurz. Früher nannte man das Topfschnitt: Alles was rausguckte, wurde abgeschnitten und war gerade in ländlichen Gegenden Schwabens gang und gäbe, denn für modischen Frisurenschnickschnack das Geld ausgeben, das hätte gerade noch gefehlt.

Außerdem ist auch das morgendliche Styling schnell erledigt, und man kann sich wieder nützlicheren Sachen widmen, der Arbeit zum Beispiel.

Die echten Schwaben

Da wir nun an einigen interessanten Figuren der Weltgeschichte gezeigt haben, wie schwäbisch sie waren oder was besser gelaufen wäre, wenn sie schwäbisch gewesen wären, so soll hier noch kurz auf die echten historischen Schwaben eingegangen werden.

Wo kommt der Schwabe, historisch gesehen, nun eigentlich her?

Natürlich sind die Quellen hier oft nicht ganz eindeutig, denn leider gab es in der damaligen Zeit noch wenig bis gar nichts Schriftliches. Der Name »Schwaben« geht auf die Sueben zurück. Diese waren eine Stammesgruppe germanischer Völker. Ursprünglich lebten diese zwischen Ostsee und Sudetengebirge im Gebiet der Elbe. Irgendwann erkannten sie aber, dass diese Gegend nun nicht die tollste war, um dort weiter zu leben. Sie zogen deshalb vor und während des dritten Jahrhunderts los nach Süden. Denn schon damals war den Schwaben klar – dort ist die Landschaft schöner, das Klima milder, und die Bedingungen für die Industrie sind besser. Die Elbe tauschte man einfach gegen den Neckar ein – auch keine schlechte Idee.

Nicht ganz geklärt ist, inwiefern die Sueben mit den Alemannen verwandt sind oder sich mit ihnen vermischt haben. Auf jeden Fall ist klar, dass alle Volksstämme des Südens heute irgendwie miteinander verwandt sind, das heißt auch und vor allem die Schwaben und Badener und Schweizer.

Man könnte sich ja mal auf den Marktplatz in Karlsruhe stellen und dort lauthals erklären, dass wir ja alle eigentlich Schwaben sind – wäre sicher ein großer Spaß, aber bestimmt gibt es schmerzfreiere Methoden, seinen Tag zu verbringen. Und damit will ich auch dieses utopische Kapitel schließen. »Was wäre, wenn« ist kein Kriterium, mit dem sich ein Schwabe lange aufhält, solange man draußen den Rasen mähen und die Obstbäume schneiden muss!

Alles halb so wild: Der Schwabe ist auch nur ein Mensch

Nach dem Lesen der bisherigen Kapitel könnte bei dem nicht schwäbischen Leser nun der Eindruck entstanden sein, der Schwabe sei ein nahezu perfektes Wesen: schlau, erfindungsreich, erfolgsverwöhnt. Dies ist in weiten Teilen zwar zutreffend, aber genügt es auch, den Schwaben zu lieben? Bewunderung löst es allemal aus, aber um eine tiefe Sympathie zu erzeugen, fehlt noch eine Sache: die menschliche Seite des Schwaben, die zeigt, dass er mehr ist als eine perfekt funktionierende Maschine.

Ja, all Ihr Außerschwäbischen da draußen, die ihr teilweise der Ansicht seid, dass den Schwaben nur ein kleines »w« von der Schabe unterscheidet: Schwaben sind auch nur Menschen! Deshalb weichen wir ab und an mal von unseren teilweise hehren Prinzipien »a bissle« ab, und auch bei uns darf man nicht jedes Wort und jede Tat auf die Goldwaage legen!

Sie wollen Beweise dafür? Bitte schön!

Der Verkehrsminister – mal schnell am Stau vorbei

Winfried Hermann (geb. 1953 in Rottenburg) ist sicher eine der interessantesten Persönlichkeiten der seit 2012 herrschenden grün-roten Regierung von Baden-Württemberg. Ein Mann, der auch durch seine Widersprüche fasziniert. Bevor Winfried Hermann Verkehrsminister der grün-roten Regierung wurde, war er vor allem ein entschlossener Gegner des Milliardenprojekts Stuttgart 21 und kündigte vor dem Volksentscheid darüber an, bei einem Weiterbau die Verantwortung für das Projekt abzugeben.

Man weiß nicht, ob sich keiner fand, der sie dann übernehmen wollte: Auf jeden Fall kümmert sich Hermann noch heute um den Jahrhundertbau. Am liebsten befasst er sich aber mit dem Ausbau der Radweg-Infrastruktur und der Elektromobilität. Viele sagen, es wäre schön, wenn der Grüne sich mit derselben Leidenschaft auch um Autostraßen kümmern würde.

Ich habe ihn einmal von der Kabarettbühne runter folgendermaßen angeätzt: »Herr Hermann, es wäre so schön, wenn wir einen Verkehrsminister hätten, der sich auch ein bisschen für den fließenden und nicht nur für den ruhenden Verkehr interessieren würde!«

Was ich damals noch nicht wissen konnte: Bei persönlicher Betroffenheit sieht das dann ab und zu aber ganz anders aus. Natürlich kann ein Minister seine Termine nicht nur mit dem Fahrrad wahrnehmen, aber für eine gewisse Empörung sorgte Hermann dann doch im November 2013, als er in Schwäbisch Gmünd im Stau stand und zwecks eines schnelleren Vorankommens den

Einhorntunnel benutzte, der zu diesem Zeitpunkt für die Öffentlichkeit noch gar nicht freigegeben war. Oben stand Otto Normalbürger im Stau, unten raste der Minister zu seinem Termin – und gerade ein Minister, der jedes Straßenbauprojekt mit überaus kritischen Augen betrachtet.

Es gab übrigens mal eine Initiative, die den Tunnel gerne »Bud Spencer«-Tunnel genannt hätte (weil sich der mal während eines Schwimmturniers in der Stadt aufgehalten hatte) – die konnte sich nicht durchsetzen. Vielleicht wird er ja irgendwann in »Winfried-Hermann-Gedächtnis-Stauumfahrungs-Röhre« umbenannt?

Atomkraft, nein danke – aber Windkraft, na ja schon, aber jedenfalls nicht bei uns

Im März 2011 hatte das Ländle mal wieder eine Vorreiterstellung eingenommen, als es als erstes Bundesland eine grün-rote Regierung an die Macht wählte und so den Weg für den ersten grünen Ministerpräsidenten Winfried Kretschmann freimachte. Neben dem eher unglücklichen Regierungsstil seines Vorgängers Stefan Mappus trug natürlich auch das Atomunglück von Fukushima seinen Teil dazu bei, war die CDU im Südwesten doch immer ein glühender Verfechter der Atomkraft gewesen und wurde deshalb in einem Aufwasch vom Tsunami um Japan politisch mit weggefegt: Mit Pauken und Trompeten jagten die Baden-Württemberger die Schwarzen aus dem Amt. Eine neue Politik sollte her nach Jahrzehnten CDU-Herrschaft im Ländle.

Oder zumindest ein paar neue Köpfe, und vielleicht nur ein bisschen andere Politik.

Als die grün-rote Regierung dann nämlich ernst machte und als Musterkind in Sachen Energiewende lospreschen wollte, da wurde es einigen dann doch mulmig. Denn als wichtige Energiequelle sollten zahlreiche neue Windparks entstehen. Und obwohl nach aktuellen Studien zwischen 60 und 70 Prozent der Bürger die Windenergie unterstützen, sind dies wohl nur die, die keine Angst haben müssen, dass bei ihnen in der Nähe Windräder gebaut werden. Schneller als die Windräder schossen so Bürgerinitiativen und Interessengruppen aus dem Boden, die gegen die geplanten Windparks ankämpften, um so der »Verspargelung« der Landschaft entgegenzuwirken.

Man darf gespannt sein, wie es weitergeht. Vielleicht fällt den findigen Schwaben doch noch eine Lösung des Problems ein? Eventuell könnte man die Windräder ja unter die Erde verlegen, gleich neben dem neuen Stuttgarter Hauptbahnhof. Dann sind sie außer Sicht, und der Fahrtwind der Züge erzeugt sogar Energie. Ob die grünrote Landesregierung dann noch im Amt ist, werden wir ja sehen!

Die Sache mit dem Geld

Der Schwabe ist erfolgreich, er ist vor allem finanziell erfolgreich. Wer aber Geld hat, der hat auch immer Probleme. Das haben einige prominente Schwaben schon erleben müssen!

Vorneweg natürlich Uli Hoeneß – sicher, er ist schon so lange im bayrischen Exil, dass er von manchen gar nicht mehr als Schwabe wahrgenommen wird, doch bei seinen

Geschäften und als Präsident des FC Bayern hat er immer eine außerordentlich schwäbisch-typische Geschäftstüchtigkeit an den Tag gelegt. Der Vermehrungswille trieb ihn dann aber offensichtlich auf die schiefe Bahn. Ein netter Scherz, der kurz nach seiner Verurteilung auf Facebook zu lesen war: »Der Runde muss ins Eckige!«

Jetzt darf er die Spiele seines Clubs für einige Zeit nicht mehr auf der Tribüne der Alllianz Arena, sondern höchstens im Knast-Gemeinschaftsraum anschauen – sowohl Bequemlichkeit als auch Catering dürften qualitativ etwas abnehmen. Wenn man seine Gefängnisstrafe und die Höhe der hinterzogenen Summe in Korrelation bringt, kommt man – runtergerechnet auf etwa 10 000 Euro hinterzogene Steuern – auf wenige Minuten Haftstrafe, von denen er wahrscheinlich nach dem ersten, abgeleisteten Drittel als Freigänger rausdarf und nach dem zweiten Drittel endgültig begnadigt wird. Ich befürchte, dass der viel zitierte kleine Mann unter diesen Gesichtspunkten ganz neu über das Thema für sich selbst nachdenken wird.

In etwas kleinerem Maße, aber durchaus ebenfalls peinlich, wurde es für Claus Schmiedel, SPD-Fraktionschef im Stuttgarter Landtag. Herr Schmiedel ist, wenn man es mal zurückhaltend umschreiben möchte, nicht gerade bekannt dafür, mit den Schwächen seiner Mitmenschen, vor allem mit denen der Opposition, charmantverständnisvoll umzugehen.

Nun leistete er sich selbst aber einen bösen Fauxpas: Schmiedel schaffte es nicht, seine Steuererklärung für 2008 rechtzeitig abzugeben – er überzog die Frist gleich um satte vier Jahre! Die Folge waren ein Strafbefehl über 17 500 Euro. Er wird es verschmerzen können – beträgt seine monatliche Diät doch fast diese Höhe. Seinen politischen Gegnern wäre eine Haftstrafe sicher lieber gewesen. Ob das auch für einige seiner eigenen Leute gilt, so genau wollen wir da jetzt mal nicht nachforschen.

O weh, o weh – der VfB

Man könnte nun meinen, dass ein so großartiges Umfeld wie der Raum Stuttgart und das Ländle im Allgemeinen auch einen Fußballverein hervorbringen müsste, der mindestens mit den Roten aus München auf Augenhöhe mithalten könnte. Doch der leidgeplagte schwäbische Fußballfan wird nur wehmütig den Kopf schütteln.

Sicher, immer mal wieder feiert der VfB kurzzeitig Erfolge, um dann aber über Jahre wieder ins triste Mittelfeld abzutauchen oder sogar gegen den Abstieg zu kämpfen. Also dürfen sich auch mal Exspieler als Trainer oder Manager versuchen, und man möchte ja hier zumindest den karitativen Gedanken würdigen – schön, dass die Jungs von der Straße weg sind –, aber zum dauerhaften Erfolg hat das selten beigetragen. Doch selbst erfahrene Trainerfüchse haben im Schwäbischen schon bösen Schiffbruch erlitten. So führte Christoph Daum den VfB einst zwar zur Meisterschaft, verhunzte dann aber den Angriff auf die europäische Spitze, als er im Spiel gegen Leeds United einen vierten Ausländer einwechselte, was damals noch verboten war. Heute schmunzelt man darüber – lesen sich manche Aufstellungen von Bundesligateams doch wie osteuropäische Telefonbücher! Daum war bald darauf weg und der VfB wieder im Mittelmaß versunken. Man könnte sagen: Daum? Schnee von gestern!

Auch die Transferpolitik ist oft so Erfolg versprechend wie ein Diätbuch von Reiner Calmund. Da setzen sich hoffnungsvolle Jungkicker zur Konkurrenz ab, und dafür holt man zweitklassige Spieler aus Ländern, die in der FIFA-Weltrangliste dreistellige Plätze belegen. Immerhin schafft der VfB Arbeitsplätze – jedes Jahr zwei: ein Trainer im Sommer und einer im Winter.

Inzwischen, Stand 2014, ist es sogar schon so weit, dass die badischen Rivalen aus Freiburg oder der Retortenverein aus Hoffenheim dem VfB den Rang abgelaufen haben. Aber vielleicht ist ja alles nur Taktik: Um dem badischen Nachbarn nicht immer das Gefühl zu geben, er komme in Baden-Württemberg zu kurz, soll er wenigstens im Fußball ab und an vor den Schwaben stehen. Und natürlich ist es ein Zeichen an den Rest der (Fußball-) Republik: Seht her, wir könnten ja die unangefochtene Nr. 1 sein, aber wir halten uns ab und zu zurück. Guter Plan. Einzig schade daran: Es wäre schon mal wieder an der Zeit, gerade den Bayern eins überzuziehen!

Habe ich Sie überzeugt? Auch Schwaben sind nur Menschen. Sie mögen einwenden: Natürlich, aber halt in der Regel die besseren, schlaueren, erfolgreicheren!

Ich möchte Ihnen gerne widersprechen, aber leider geht gerade in diesem Moment die Druckerschwärze aus …

Das ultimative Schwabenquiz

So, lieber Leser, nun neigt sich unser Streifzug durch den schwäbischen Kosmos dem Ende entgegen, und ich hoffe, ich habe Ihnen die schwäbische Welt insofern nähergebracht, dass Sie nun mehr Verständnis, Sympathie und vielleicht sogar Liebe für den Schwaben empfinden als zuvor. Womöglich hätten Sie ja inzwischen selbst gute Chancen, als »Ehren-Schwabe« eingebürgert zu werden, wer weiß.

Darum kommen wir nun noch zu einem aufschlussreichen Test, mit dessen Ergebnis Sie Ihr Verhältnis zum Schwaben dann schwarz auf weiß in der Hand halten.

Bitte beantworten Sie die folgenden Fragen ehrlich. Es bringt ja auch nichts, wenn Sie auf der Basis eines gefälschten Ergebnisses in einer Aufwallung opportunistischer Schwabenliebe gleich mehrere Bausparverträge abschließen und dies dann später bereuen.

So, jetzt geht's aber los!

1.) Sie haben durch Erbschaft ein hübsches Sümmchen erhalten. Was tun Sie damit?

a) Einen BMW kaufen — 0 Punkte

b) Einen Mercedes kaufen — 2 Punkte

c) Einen Porsche kaufen — 2 Punkte

d) Das Geld sicher anlegen, um sich irgendwann von den Zinsen einen Mercedes oder Porsche kaufen zu können — 4 Punkte

2.) Im Urlaub versucht ein findiger orientalischer Händler, Ihnen eher wertlosen Zierrat anzudrehen. Wie verhalten Sie sich?

a) Ich handle so lange, bis er mit dem Preis auf die Hälfte runtergeht. — 3 Punkte

b) Die Leute wollen auch leben. Ich zahle den vollen Preis. — 0 Punkte

c) Ich handle so lange, bis er mir 30 % Nachlass gibt. — 2 Punkte

d) Ich handle so lange, bis er mir die Sachen umsonst gibt und noch was drauf legt. — 4 Punkte

3.) Besuch hat sich angekündigt. Leider ist der Kühlschrank nicht mehr gut gefüllt. Was tun Sie?

a) Ich renne sofort zum nächsten Supermarkt und kaufe ein. 0 Punkte

b) Ich erkläre dem Besuch, dass wir nachher Pizza bestellen könnten, jeder aber selbst zahlen müsse. 1 Punkt

c) Ich mache aus den dubiosen Resten eine Restesuppe, verzichte dann aber selbst mit Hinweis auf eine Magenverstimmung aufs Mitessen. 3 Punkte

d) Ich leihe mir bei der extrem vergesslichen Nachbarin alles aus, um vor meinen Gästen mit einem exzellenten Mahl glänzen zu können. 4 Punkte

4.) Wer sagte: »Das sind Gefühle, wo man schwer beschreiben kann!«

a) Winfried Kretschmann nach dem Wahlsieg 2011 0 Punkte

b) Stefan Mappus nach der Wahlniederlage 2011 0 Punkte

c) Friedrich Schiller nach der Uraufführung der »Räuber« 0 Punkte

d) Jürgen Klinsmann nach dem EM-Sieg 1996 4 Punkte

5.) Was meint der Schwabe, wenn er von »Grombiira« spricht?

a) Kartoffeln	4 Punkte
b) Erdbeeren	0 Punkte
c) Himbeeren	0 Punkte
d) Braunbären	–1 Punkt

6.) Wie hoch ist der Anteil der Schwaben an der Berliner Bevölkerung?

a) Knapp 10 %.	3 Punkte
b) Zu hoch	–10 Punkte
c) Genau richtig	0 Punkte
d) Wie, da leben auch noch Berliner?	3 Punkte

7.) Wie würde ein Schwabe jemanden für eine besondere Leistung loben?

a) Guad gmacht.	1 Punkt
b) Leck me bloss, des hosch subbor gmacht.	0 Punkte

c) Net ganz schlecht. 2 Punkte

d) Net gschmipft isch globt gnug! 4 Punkte

8.) Welche Gründe gibt es, die Kehrwoche ausfallen zu lassen?

a) Dringende private Angelegenheiten 0 Punkte

b) Keine 4 Punkte

c) Todesfall in der Familie 0 Punkte

d) Eigener Tod 1 Punkt

9.) Was gehört Ihrer Meinung nach unter die Erde?

a) Der Stuttgarter Hauptbahnhof 1 Punkt

b) Die Leute, die den Stuttgarter Hauptbahnhof geplant haben 1 Punkt

c) Der Weinkeller 2 Punkte

d) Der Hauptstadtflughafen 4 Punkte

10.) Welches bekannte Komikerduo brachte die Menschen zum Lachen?

a) Häberle und Pfleiderer 4 Punkte

b) Heckler und Koch 0 Punkte

c) Kretschmann und Schmid 2 Punkte

d) Äffle und Pferdle 3 Punkte

11.) Wofür könnte der Landesvater Winfried Kretschmann wegen seiner Frisur Werbung machen?

a) Shampoo 2 Punkte

b) Friseurinnung 2 Punkte

c) Klobürsten 4 Punkte

d) Steckdosenschutz 4 Punkte

12.) Die Welt geht unter. Was kann man tun?

a) Ein Bäumchen pflanzen 1 Punkt

b) Noch schnell die Kehrwoche zu Ende bringen 2 Punkte

c) Sich freuen, dass man das alte Auto doch behalten hat 3 Punkte

....

d) Roland Emmerich um Rat fragen 4 Punkte

....

13.) Was versteckt der Schwabe erfolgreich?

a) Seinen Daimler in der Garage 3 Punkte

....

b) Fleisch in der Maultasche 3 Punkte

....

c) Seinen Dialekt 0 Punkte

....

d) Günther Oettinger in Brüssel 4 Punkte

....

14.) Was sagt der Schwabe nach dem Liebesakt zu seiner neuen Bekanntschaft?

a) Des war glasse! 1 Punkt

....

b) Solle mr glei no a mole? 1 Punkt

....

c) Isch guad, i ziag d Socke aus. 2 Punkte

....

d) Isch des a Eigentumswohnung? 4 Punkte

....

15.) Warum gehen viele Schwaben immer noch zum VfB?

a) Sie lieben ihren Verein einfach! 1 Punkt

b) Sie genießen das Zusammensein im Stadion. 1 Punkt

c) Sie freuen sich, dass sie von der anderen Mannschaft mal guten Fußball sehen. 2 Punkte

d) Billiger als ein Besuch im Dominastudio, aber viel qualvoller. 4 Punkte

16.) Was sollte ein Pfarrer im Schwäbischen tun, wenn der Korb nach der Kollekte leer zurückkommt?

a) Er hält seinen Schäfchen eine Moralpredigt. 1 Punkt

b) Er tut selbst etwas hinein. 1 Punkt

c) Er lässt den Korb noch einmal rumgehen. 0 Punkte

d) Er freut sich, dass wenigstens der Korb zurückkam. 4 Punkte

17.) Wie verbringt der Schwabe seinen Urlaub?

a) Mit einem Billigangebot aus dem Reisebüro 1 Punkt

b) Er bucht günstig übers Internet. 1 Punkt

c) Er geht Wandern auf die Schwäbische Alb und kann daheim übernachten. 3 Punkte

d) Er verbringt zwei Wochen bei heruntergelassenen Rollläden im Keller. 4 Punkte

18.) Wie nennt man die Glaubensrichtung, die die schwäbische Ethik begründete?

a) Pietismus 3 Punkte

b) Piethismus 0 Punkte

c) Piettismus 0 Punkte

d) Schwätz net, schaff. 4 Punkte

19.) Wo findet man den Satz »Arbeit ist des Bürgers Zierde, Segen ist der Mühe Preis«?

a) Werkstor vom Daimler 1 Punkt

b) Am Landtag in Stuttgart 0 Punkte

c) Schillers »Lied von der Glocke« 4 Punkte

d) Schwäbisches Kehrwochenmotto 3 Punkte

20.) Was dachte sich Gott, als er den Schwaben ihren Dialekt gab?

a) Er wollte die anderen Völker ärgern. 1 Punkt

b) Er wollte die Schwaben ärgern. 1 Punkt

c) Er wollte die anderen Völker und die Schwaben ärgern. 2 Punkte

d) Er dachte: »Ha, die sollet schwätza wie I!« 4 Punkte

Auflösung:

70–80 Punkte: Sie sind ein Vollblutschwabe! Sie sind Willy Reichert mal Maultasche hoch Spätzle mit Soße im Quadrat! Ihnen macht keiner was vor! Sie machen Urlaub am Bodensee, wandern im Schwarzwald, machen »Fresh-air-snapping« auf der Schwäbischen Alb und Sie verstehen, was Sie sagen. Und was wir sagen. Gratulation! So, wie Sie sind, wären 95 % der anderen auch gerne!

50–70 Punkte: Sie sind schon ganz nah dran! Sie sind quasi kurz vor der schwäbischen Heiligsprechung. Ein bisschen fehlt Ihnen aber noch. Bleiben Sie dran! Schließen Sie sich doch mal eine Woche lang im Kleintierzüchterverein Kleinheppach/Großheppach ein oder machen Sie ein vierwöchiges Praktikum beim Landwirt auf dem Waiblinger Wochenmarkt! Sie haben gute Voraussetzungen, ich drücke Ihnen beide Schwabendaumen!

20–50 Punkte: Was ist denn mit Ihnen los? Sie haben so schöne schwäbische Grundanlagen und doch kippt das Ganze immer hinten weg. Haben Sie etwa Verwandtschaft in Mecklenburg-Vorpommern? Sind bayerische Gene im Blut? Oder hat Sie gar das Saarland irgendwie im Griff? Befreien Sie sich! Nehmen Sie therapeutische Hilfe in Anspruch! Wir möchten Sie wirklich nicht verloren geben, aber da müssen Sie noch eine ordentliche Schippe drauflegen!

0–20 Punkte: Hallo, Herr Thierse, Sie können uns einfach nicht leiden. Wissen Sie was? Lassen Sie's dabei. Oder, wie Ihr Berliner Ex-OB Klaus Wowereit sagen würde: »Und das ist auch gut so!«

Danksagung

Ich danke allen im Buch erwähnten Personen für die Zeit, die sie in Gesprächen für dieses Buch mit mir verbracht haben. Mein besonderer Dank aber gilt meinem Freund Thomas Schreckenberger, der mir mit großer Mühe und viel Humor vor allem bei der Recherche für dieses Buch maßgeblich geholfen hat.

Große Kabarettisten bei Heyne

978-3-453-64036-8

Waldemar Hartmann
Born to be Waldi
Live aus dem Studio des Lebens
978-3-453-60141-3

Ottfried Fischer
Wo meine Sonne scheint ...
Das Kabarettprogramm zur Heimat
978-3-453-60106-2

Bruno Jonas
Kaum zu glauben – und doch nicht wahr
978-3-453-60044-7

Bruno Jonas
Bis hierher und weiter
Mit allen Nockherberg-Reden von Bruno Jonas
978-3-453-60072-0

Hans Scheibner
Das große Hans Scheibner Buch
Satire, Spott und dummes Zeug
978-3-453-40574-5

Dieter Hildebrandt
Ich musste immer lachen
Dieter Hildebrandt erzählt sein Leben
978-3-453-64036-8

Dieter Hildebrandt
Ausgebucht
Mit dem Bühnenbild im Koffer
978-3-453-60152-9

Leseproben unter **www.heyne.de**

HEYNE ‹